Mauritanie

NOUVELLES DU DÉSERT

La Mauritanie vous accueille, à bras ouverts, entre immensités sahariennes et héritages millénaires. Guides, chameliers, cuisiniers, hôteliers, restaurateurs et leurs familles retrouvent avec joie celles et ceux qui trépignaient d'impatience de revoir le Sahara authentique, après quelques années de trouble. Située entre le Sénégal et le Sahara occidental revendiqué par le Maroc, la Mauritanie est un trait d'union entre le Maghreb et l'Afrique noire. Le pays dispose de bien des atouts : ses panoramas d'abord, allant des majestueuses dunes de l'erg Ouarâne aux centaines de kilomètres de plages désertes sur sa façade atlantique, en passant par les imposants massifs tabulaires des régions de l'Adrar et du Tagant. La reconnaissance de son riche passé culturel, ensuite, que les villes de Chinguetti, Ouadâne, Oualâta et Tichit ont obtenue par leur inscription au patrimoine mondial de l'Unesco. Le parc national du banc d'Arguin, également inscrit au patrimoine mondial, et le parc national du Diawling, au potentiel prometteur, comptent parmi les incontournables. Un grand nombre de sites préhistoriques truffés de peintures rupestres et de vestiges archéologiques sont encore inconnus ou méconnus. Et le meilleur pour la fin : la gentillesse, l'hospitalité, la convivialité et pour tout dire l'humanisme des Mauritaniens constituent à nos yeux leur carte maîtresse, l'as de cœur, votre meilleur souvenir. À très bientôt au pays des sages, Inch'Allah !

SOMMAIRE

Le dromadaire est appelé ici chameau. © FRANÇOIS JANNE DOTHEE

6 INSPIRER

Réunir quelques-unes des très bonnes raisons pour nous (et pour vous) d'aller parcourir la Mauritanie n'a pas été un exercice difficile... Bonne lecture !

29 DÉCOUVRIR

Premier contact avec la Mauritanie au parcours de ces chapitres thématiques, qui vous en diront un peu plus long sur ce très grand pays.

77 NOUAKCHOTT

Nouakchott vous souhaite la bienvenue ! La capitale mauritanienne vous ouvre les bras, tout près de l'océan, et fait la jonction entre le nord et le sud du pays.

107 SUD

En direction du Sénégal, la Mauritanie verdit, quand vers le Mali la région du Tagant conserve ses mystères... À explorer !

131 NORD

De Nouadhibou à Zouérate, en passant par Atar, et la région de l'Adrar, le nord de la Mauritanie vous promet un dépaysement rare.

167 ORGANISER SON SÉJOUR

Pour préparer votre « to-do list » d'avant départ, c'est par ici ! Une rubrique qui se veut utile et pratique, dont vous pourrez avoir besoin sur place aussi.

Paysage côtier de Mauritanie.

Laâyoune
Boujdour
SAHARA OCCIDENTAL
Dakhla
ZOUERAT
EL AZRA
Aghouinite
PRESQU'ÎLE DU CAP BLANC
Inal
CHOÛM
OUADAN
NOUADHIBOU
PARC NATIONAL DU BANC D'ARGUIN
ERG AKCHÂR
PASSE D'AMOGJÂL
LABBÉ
AZOÛGUI
ATAR
TERJIT
CHÂMI
Akjoujt
OUJEFT
AMATLICH
AOUKER
KSAR EL BARKA
NOUAKCHOTT
NBEÏKA
TAMC
MOUDJERIA
BOUTILIMIT
MEDERDRA
MAGTA LAHJAR
LAC DE RKIZ
ALEG
KI
PARC NATIONAL DU DIAWLING
ROSSO
BOGUÉ
KAÉDI
Kaédi
SÉNÉGAL
SÉLIBABI
GOURAYE
100 KM

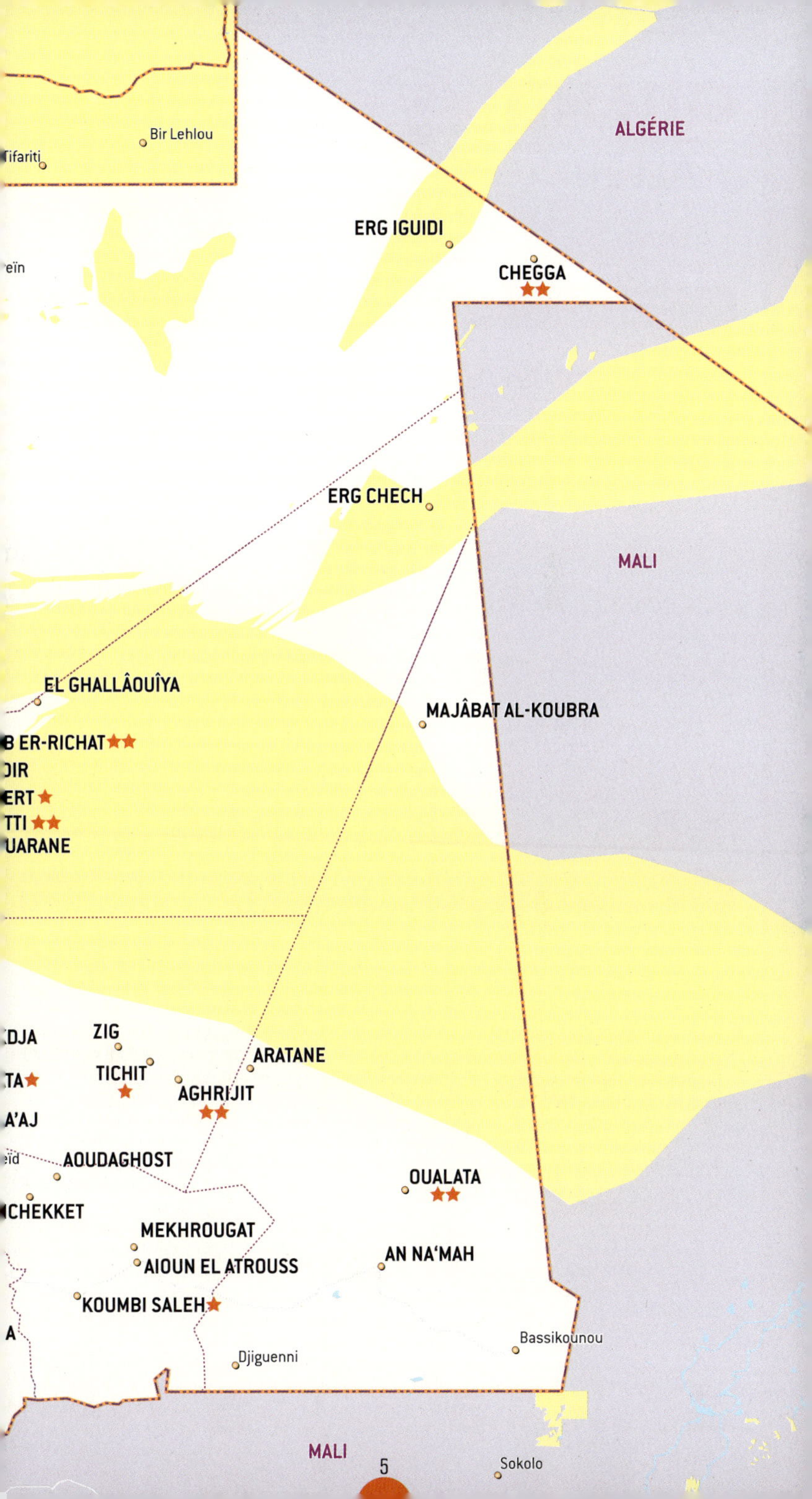

Bir Lehlou
Tifariti
ALGÉRIE
ERG IGUIDI
CHEGGA
eïn
ERG CHECH
MALI
EL GHALLÂOUÎYA
MAJÂBAT AL-KOUBRA
B ER-RICHAT
OIR
ERT
TTI
UARANE
DJA
ZIG
ARATANE
TA
TICHIT
AGHRIJIT
A'AJ
AOUDAGHOST
OUALATA
CHEKKET
MEKHROUGAT
AN NA'MAH
AIOUN EL ATROUSS
KOUMBI SALEH
A
Bassikounou
Djiguenni
MALI
Sokolo

QUAND Y ALLER

JANVIER

13° / 29°

FÉVRIER

15° / 31°

MARS

16° / 33°

FESTIVAL CULTUREL DU DJEOL
Un festival culturel dans la région du Gorgol, au sud de la Mauritanie, qui vise à reconnaître la ville historique de Djeol.

JUILLET

24° / 32°

FESTIVAL ANCIEN KSAR DE TIDJIKJA
Festival à Tidjikja ayant pour but la conservation de sa vieille ville : conférences scientifiques et culturelles au programme.

FÊTE DE LA GUETNA
Célébrée dans tout le pays, la Guetna est la fête la plus importante de la Mauritanie : elle met les palmiers-dattiers à l'honneur !

AOÛT

25° / 33°

SEPTEMBRE

25° / 34°

FESTIVAL AÏOUN POUR LE DÉVELOPPEMENT DE LA CULTURE ET DU PATRIMOINE
Découvrez Aïoun et sa région grâce à ce tout récent festival, qui milite pour le patrimoine agricole du sud de la Mauritanie.

FESTIVAL AÏN FARBA
3 jours de festival dans la région Hodh El Gharbi, pour la culture et les arts, au travers de lectures, course de chevaux, etc.

Hormis la saison des pluies qui peut amener de fortes averses, une chaleur écrasante, ainsi qu'une ribambelle de moustiques, la Mauritanie vous accueille toute l'année à bras ouverts ! Mais l'hivernage tombe aussi pendant la Guetna, alors… c'est votre choix ! Comme le pays est grand, le climat diffère selon votre positon : vérifiez les températures en amont, car à la même période, vous pouvez avoir froid dans le désert de l'Adrar la nuit, et très chaud au bord du fleuve Sénégal.

AVRIL

17° / 34°

$ $

MAI

19° / 34°

$

JUIN

22° / 34°

$

OCTOBRE

22° / 36°

RALLYE TOULOUSE/ SAINT-LOUIS
(NOUADHIBOU)

© DELAFLOW - SHUTERSTOCK.COM

Un rallye sur les traces d'Antoine de Saint-Exupéry, et autres pionniers de l'aéropostale, qui fait escale à Nouadhibou.

$ $

NOVEMBRE

18° / 34°

FESTIVAL SAHARA ET OCÉAN DE BÉNICHAB
Un festival dans les environs du banc d'Arguin qui aborde des problématiques environnementales, notamment la gestion du littoral.

$ $ $

DÉCEMBRE

14° / 30°

MARATHON INTERNATIONAL
(NOUADHIBOU)
Et si vous releviez le défi de courir un marathon en Mauritanie ? ! Si le jogging est votre hobby, rendez-vous à Nouadhibou !

FESTIVAL DES CITÉS DU PATRIMOINE
Un événement en immersion au cœur des cités anciennes du pays, classées au patrimoine mondial de l'UNESCO. Une semaine de fête !

$ $ $

LES BONNES RAISONS D'Y ALLER

© SENDERISTAS - SHUTTERSTOCK.COM

FAIRE UN TOUR DE LANCHE
Avec les Imraguens, communauté de pêcheurs du banc d'Arguin, meilleurs amis des dauphins.

REMONTER LE TEMPS
En parcourant les bibliothèques millénaires des cités caravanières, et leurs manuscrits.

© LENA HA - SHUTTERSTOCK.COM

© FREDER - ISTOCKPHOTO.COM

DORMIR À LA BELLE ÉTOILE
Dans un pays où l'immensité du ciel et sa pureté donnent à voir de rares constellations.

© SENDERISTAS - SHUTTERSTOCK.COM

GOÛTER À LA VIE NOMADE

Au milieu de l'Adrar, à pied ou en méharée, accompagné de dromadaires.

© HOMO COSMICOS - SHUTTERSTOCK.COM

JOUER À L'ARCHÉOLOGUE

Ou au géologue, en allant à la chasse aux météorites, bifaces, peintures rupestres, etc.

© LUBO IVANKO - SHUTTERSTOCK.COM

DÉGUSTER UN POISSON FRAIS

Pêché du jour dans des eaux poissonneuses, et grillé souvent juste sous vos yeux.

© DULEYRIE - STOCK.ADOBE.COM

POUR UNE DÉCONNEXION TOTALE

Ou une vraie reconnexion à vous-même, au cœur du désert, en perdant la notion du temps.

LES BONNES RAISONS D'Y ALLER

POUR CROIRE AUX MIRAGES

En arrivant à l'oasis luxuriante de Terjit, où l'eau douce abonde, entre désert et canyon.

PRENDRE LE TRAIN MINÉRALIER

Appelé aussi train le plus long du monde. L'occasion de goûter à son authenticité rustique.

SUIVRE LES MIGRATEURS

Ces oiseaux qui par millions trouvent refuge dans le pays.

LES 12 MOTS-CLÉS

#DROMADAIRE

Il possède toutes les qualités pour s'adapter aux conditions difficiles du désert, peut parcourir plus de 150 km en une journée, sans eau, chargé d'humains et/ou de marchandises... Sa viande et son lait font partie de l'alimentation des Mauritaniens, en particulier des nomades. Le dromadaire est partout dans le pays, et un indispensable !

© ADOBESTOCK

#GOMME ARABIQUE

Membre de la famille des acacias, le gommier a été fort exploité pour sa sève, utilisée dans le domaine pharmaceutique, la confiserie, etc. S'il est peu à peu remplacé par des produits de synthèse, il est un fixateur de dunes essentiel : ses racines, nombreuses, retiennent le sable et fertilisent le sol. Et il nourrit dromadaires et chèvres !

© PICTURE PARTNERS - SHUTTERSTOCK.COM

#HASSANYA

Le dialecte hassanya est la langue maternelle d'une population de type maure, d'origine arabe ou berbère arabisée. Parlée par les nomades, les bédouins, elle a connu peu d'évolutions et possède plus de voyelles que d'autres dialectes maghrébins. L'hassanya est de tradition orale, l'écrit se fait en arabe littéraire. Leçon n° 1 : « m'borou » = le pain !

#KHAÏMA

La khaïma ou tente du désert est emblématique de la culture nomade en Mauritanie. Des tapis et matelas au sol, quelques coussins et la famille réunie se repose, alanguie, à l'abri du soleil, du vent, et des tempêtes de sable. Malgré la sédentarisation, la khaïma perdure en ville, à l'occasion de grands événements comme les mariages, fêtes et festivals.

#LANGUEUR

Est-ce l'inexorable avancée du désert ? La morsure du vent de sable qui contraint l'attente ? La chaleur impitoyable qui accable ? En Mauritanie on vit au rythme exigeant de la nature, maîtresse en ces lieux, et loin de l'agitation du monde, on accepte et on patiente. Le touriste y goûte une langueur légendaire dont il deviendra vite nostalgique.

#MASHALLAH

Expression islamique signifiant « ce qu'a voulu Allah ». Elle s'emploie à longueur de journée en Mauritanie, pour féliciter une personne, souligner la beauté sous toutes ses formes, en ponctuation. Nul doute qu'à votre retour, ce dernier fasse partie intégrante de votre vocabulaire : vous raconterez votre voyage à force de « Mashallah » !

#MELHAFA

Originaire du Sahel, conçu pour se protéger du vent et de la chaleur, il est le symbole de l'élégance et sublime la beauté des femmes. Le vêtir est un rituel qui a traversé les siècles. Noué autour du corps, il recouvre épaules et cheveux avant de se rabattre sur l'épaule gauche. Vous reconnaîtrez même l'âge d'une femme et son statut à son melhafa.

#PALMIER DATTIER

Cet arbre, cultivé dès l'Antiquité, a été introduit en Mauritanie par les Berbères, qui le plantèrent en plein désert, là où il y avait des sources : les oasis étaient créées ! Les racines du palmier dattier peuvent boire jusqu'à 10 mètres sous terre... En février-mars, les arbres sont fécondés, et en été la datte, fruit providence, est célébrée.

LES 12 MOTS-CLÉS

#RADEAU DE LA MÉDUSE

Ce chef-d'œuvre, réalisé en 1817 par Théodore Géricault, retrace l'odyssée de la *Méduse* : en 1816, un navire français et ses 400 marins voguent au large des côtes mauritaniennes. Les hauts-fonds du banc d'Arguin ont raison du bateau ! Se réfugiant sur un radeau qui échoue, les 150 naufragés finissent par se manger entre eux ! Seuls 15 s'en sortent.

#SAHARA

Le Sahara occupe les deux tiers de la surface du territoire mauritanien. Il est le plus grand désert du monde avec une superficie d'environ 9 000 000 km^2 ! Jadis fertile, le Sahara s'étend chaque jour un peu plus vers le sud. Là où l'eau affleure, des oasis émergent, salvatrices pour les groupes nomades, se faisant plus rares de nos jours.

© DORSTEFFEN - STOCK.ADOBE.COM

#THÉ

Ici, la journée s'articule autour de 2 priorités : les 5 prières, et le thé. Le thé est une véritable cérémonie, déclinée en 3 « j » : « jmaa » le groupe, « jmar » la braise, « jar » le temps. Où que vous soyez, vous serez invité autour d'un thé que vous dégusterez 3 fois : amer comme la vie, fort comme l'amour, et suave comme la mort.

© ATTILA JANDI - SHUTTERSTOCK.COM

#ZRIG

Cette boisson est un breuvage traditionnel dont la Mauritanie dispose quasiment à volonté ! Il s'agit en effet du lait de dromadaire, à consommer de préférence immédiatement après la traite. Il peut aussi être présenté légèrement fermenté, allongé à l'eau et sucré. Dans le désert, si vous les croisez, il est la boisson d'accueil des nomades !

VOUS ÊTES D'ICI, SI…

- Vous traversez la ville avec un dromadaire à l'arrière de votre pick-up.
- Vous mangez un couscous à la semoule de blé complet, le vendredi jour de prière, pour les fêtes, ou pour les invités.
- Vous portez un chèche, ne laissant apparaître que vos yeux, parfois même cachés derrière des lunettes de soleil par jour de tempête.
- Vous cuisinez votre *al kesra* (galette de blé ou d'orge) dans le sable.
- Vous quittez la ville pour passer le week-end en brousse.
- Votre quotidien est perturbé par de fréquentes coupures d'électricité et d'eau.
- Pour guider quelqu'un, vous lui dites de « prendre le goudron et tourner au cinquième robinet ! ».
- Des ânes, zébus ou dromadaires partagent l'axe routier de votre véhicule.
- Pour dire bonjour, vous demandez : « et comment va la famille ? Et la santé ? Et cette matinée ? Et cette chaleur ? Et… ».
- À n'importe quelle demande, qu'elle soit pressée ou pas, vous répondez « Oui… Inch'Allah ! ».

INTERVIEW

MA MAURITANIE

AVEC LAËTITIA SEGON, AUTEURE DU GUIDE

Comment avez-vous atterri en Mauritanie, la première fois ?

Je rentrais de Mayotte à l'époque. J'ai retrouvé mes frère et sœur à Paris, et nous avons sauté tous les trois dans un avion, vers la Mauritanie ! C'était le mois de décembre, et nous rejoignions nos parents expatriés là-bas pour raisons professionnelles, depuis plusieurs mois déjà. Nous avons passé Noël dans leur maison, à Nouadhibou, après un road-trip magique dans l'Adrar.

Quelles connaissances aviez-vous du pays avant d'y aller ?

Quasiment aucune ! Nous avions vécu, en famille, au Sénégal et au Maroc, les deux pays qui entourent géographiquement la Mauritanie au nord et au sud, aussi j'avais quelques repères et attentes, ou plutôt idées reçues.

Qu'est-ce qui vous a le plus marquée ?

Ce sont surtout des sensations : l'incroyable palette de couleurs du soleil levant ou couchant ; l'immensité, la tranquillité et la paix du désert, de nuit surtout, et son ciel étoilé ; la liberté en bord d'Océan, avec les vagues, les embruns, les coquillages, les dauphins ; le ballet des oiseaux migrateurs ; la nonchalance feinte des dromadaires ; les melhafas qui colorent les rues de poussière ; le goût du thé ; la patience comme philosophie...

Si vous aviez l'opportunité d'y revenir, où iriez-vous ?

J'irais dormir aux Océanides et me lèverais avec les variations du soleil. Ensuite, je prendrais la route vers Chinguetti pour une nuit à l'Éden, avec un passage obligé à l'oasis de Terjit. Et je reviendrais par Nouadhibou, pour passer une journée à la cabane, en face du centre de pêche, avec les pélicans qui y font étape. Je remplirais mes valises de wax et melhafas au marché avant de partir !

DISTANCES

TEMPS DE TRAJET

	NOUAKCHOTT	NOUADHIBOU	ROSSO	ZOUÉRATE	KIFFA
NOUAKCHOTT		480 KM 6h	205 KM 3h	744 KM 9h30	598 KM 8h30
NOUADHIBOU	480 KM 6h		684 KM 8h45	1187 KM 14h30	1078 KM 14h30
ROSSO	205 KM 3h	684 KM 8h45		947 KM 12h30	599 KM 8h45
ZOUÉRATE	744 KM 9h30	1187 KM 14h30	947 KM 12h30		1337 KM 17h30
KIFFA	598 KM 8h30	1078 KM 14h30	599 KM 8h45	1337 KM 17h30	
KAEDI	410 KM 5h30	890 KM 11h30	299 KM 4h30	1149 KM 14h30	310 KM 5h
ATAR	438 KM 5h30	880 KM 11h	641 KM 8h30	307 KM 4h	1031 KM 13h30
TIDJIKDJA	602 KM 8h30	1081 KM 14h	602 KM 8h45	1340 KM 17h30	410 KM 5h30
TICHIT	829 KM 12h30	1250 KM 17h	771 KM 11h30	1509 KM 20h30	579 KM 8h30
NEMA	1085 KM 15h30	1564 KM 21h	1085 KM 15h30	1823 KM 24h	488 KM 7h
ALEG	257 KM 3h30	736 KM 9h30	257 KM 4h	995 KM 12h30	342 KM 4h45
CHINGUETTI	524 KM 7h	966 KM 12h	726 KM 10h	385 KM 5h	1116 KM 15h

Entre océan, dunes et falaises, se rendre d'une ville à l'autre en Mauritanie peut être harassant, en particulier lorsque les conditions climatiques sont difficiles (chaleur, tempête de sable, pluie). Peu à peu, les pistes cabossées sont supplantées par des goudrons, qui permettent un transit plus fluide. Des projets d'infrastructures routières sont en cours, tel qu'un axe reliant la route de l'Espoir et celle de Rosso-Boghé, ou encore la création de 47 km de routes à Nouakchott.

KAEDI	ATAR	TIDJIKDJA	TICHIT	NEMA	ALEG	CHINGUETTI
410 KM 5h30	438 KM 5h30	602 KM 8h30	829 KM 12h30	1085 KM 15h30	257 KM 3h30	524 KM 7h
890 KM 11h30	880 KM 11h	1081 KM 14h	1250 KM 17h	1564 KM 21h	736 KM 9h30	966 KM 12h
299 KM 4h30	641 KM 8h30	602 KM 8h45	771 KM 11h30	1085 KM 15h30	257 KM 4h	726 KM 10h
1149 KM 14h30	307 KM 4h	1340 KM 17h30	1509 KM 20h30	1823 KM 24h	995 KM 12h30	385 KM 5h
310 KM 5h	1031 KM 13h30	410 KM 5h30	579 KM 8h30	488 KM 7h	342 KM 4h45	1116 KM 15h
	843 KM 10h45	511 KM 7h30	680 KM 10h30	794 KM 11h30	166 KM 2h30	928 KM 12h
843 KM 10h45		1034 KM 13h30	1203 KM 16h30	1517 KM 20h30	689 KM 8h45	86 KM 1h30
511 KM 7h30	1034 KM 13h30		169 KM 3h	896 KM 12h30	345 KM 4h45	1119 KM 15h
680 KM 10h30	1203 KM 16h30	169 KM 3h		1065 KM 15h30	514 KM 7h45	1288 KM 18h
794 KM 11h30	1517 KM 20h30	896 KM 12h30	1065 KM 15h30		828 KM 11h30	1603 KM 21h45
166 KM 2h30	689 KM 8h45	345 KM 4h45	514 KM 7h45	828 KM 11h30		775 KM 10h
928 KM 12h	86 KM 1h30	1119 KM 15h	1288 KM 18h	1603 KM 21h45	775 KM 10h	

IDÉES DE SÉJOUR

On peut voyager de différentes manières en Mauritanie, le choix des itinéraires et du style de voyage est défini par la durée du séjour. Si vous restez environ 8 jours, le circuit organisé classique vous fera visiter Atar, Chinguetti, l'oasis de Terjît et peut-être Ouadâne.

Pour avoir une petite idée du pays et de la qualité d'accueil de ses habitants, la durée minimale de séjour est de 15 jours. Vous pouvez louer un 4X4 avec chauffeur (talent de négociateur exigé !). Il vaut mieux être plusieurs car vous louez le véhicule et non la place : comptez environ 120 € par jour (véhicule + chauffeur). Faire marcher la concurrence est le meilleur moyen d'obtenir le bon prix, mais cette solution est aussi pratique qu'onéreuse.

Autre possibilité : emprunter les transports locaux. Elle demande patience, condition physique et mentale, et une certaine « forme de pensée africaine », mais récompense par la convivialité de vos compagnons de voyage.

LE GRAND TOUR DU NORD

Un grand tour sur les routes pour découvrir la Mauritanie. Ce circuit peut être fait en une, ou deux semaines si vous souhaitez prendre votre temps et rester plus de temps dans chaque localité. Attention cependant à bien vous renseigner avant de partir car certaines régions peuvent présenter des risques sécuritaires.

› Jour 1 - De Nouakchott à Nouadhibou

La solution de facilité consiste à faire ce trajet de 470 km en empruntant le goudron entre ces deux villes. Pour ceux qui ont le temps et qui préfèrent respirer un parfum d'aventure à une odeur de bitume surchauffé, nous vous conseillons d'effectuer ce trajet par la piste. D'emblée, vous plongez dans le vif du sujet, ce trajet, long d'environ 500 km, durera quelques heures, en longeant en partie la plage à marée basse, à bord d'un 4x4. Dans cette dernière hypothèse, dépaysement et émotions sont garantis. Si vous passez par la plage, visitez le banc d'Arguin. Une fois à **Nouadhibou** ★★ (p.141), ne manquez pas l'excursion au bout de la **presqu'île du cap Blanc** ★ (p.147), en descendant les falaises qui donnent accès à d'immenses plages de sable.

L'architecture islamique du Palais de Justice de Nouakchott.

› Jour 2 - De Nouadhibou à Zouérate

En 4x4, vous longez la ligne de chemin de fer. En prenant le train, convivialité garantie mais conditions très rustiques pendant les 15 à 18 heures que dure le trajet. **Zouérate** (p.164) est la porte d'entrée pour traverser le Sahara et rejoindre la frontière algérienne par Bîr Mogrein, un itinéraire très aléatoire. A ne faire qu'avec un accompagnateur expérimenté car il subsiste des mines dans cette région, vestiges du conflit entre le Maroc, la Mauritanie et le Front Polisario. Une visite de la mine de fer à ciel ouvert est fort instructive.

› Jour 3 - De Zouérate à Atar

Le trajet s'effectue, soit en totalité par la voie terrestre, soit en train jusqu'à **Choûm** (p.164), puis en taxi-brousse de Choûm à **Atar** (p.148). Avant d'arriver à **Atar** (p.148), ne pas hésiter à effectuer quelques kilomètres de plus, pour ne pas rater la splendide oasis d'Azougi.

› Jour 4 - D'Atar à Chinguetti

Préférez l'ancienne piste qui passe par la passe d'Amogjâr, même si son franchissement est de plus en plus aléatoire, elle est tellement plus jolie que la nouvelle (plus rapide), et, avec un peu de chance, vous pourrez admirer de superbes peintures rupestres. Le trajet dure environ une heure de plus, en fonction des compétences de votre chauffeur à trouver « la passe », mais les paysages rencontrés vous confirmeront que ce n'est pas du temps perdu.

› Jour 5 - Chinguetti

L'un des hauts lieux de l'islam, l'une des quatre villes de Mauritanie classées au patrimoine mondial de l'humanité, son rayonnement spirituel fut immense, elle est célèbre pour ses manuscrits ancestraux dont la consultation est réservée toutefois aux initiés. De par sa situation géographique, **Chinguetti** ★★ (p.153) se bat contre le désert, dans un combat dont l'issue est au mieux incertaine. Adossée à l'est, sur plusieurs centaines de kilomètres, aux puissantes dunes de l'erg Ouarâne, elle a déjà été déplacée de l'autre côté d'un oued asséché, lors d'une bataille perdue contre le sable. Il ne subsiste de l'ancienne ville que la mosquée et quelques bibliothèques.

› Jour 6 - De Chinguetti à Ouadâne

Ouadâne ★★ (p.158), autre ville classée au patrimoine mondial, est le bout du bout du monde. Il y a 500 ans, elle surpassait **Chinguetti** ★★ (p.153), culturellement et commercialement. La disparition des caravanes a entraîné le déclin de cette cité antique. Vous pouvez emprunter la piste la plus directe en passant par Ténouchert. Depuis Ouadâne, s'il vous reste un peu de force, tentez l'expédition vers l'étonnant **Guelb er-Rîchât** ★★ (p.161), site préhistorique présentant un dénivelé de 80 m. Sur la route du retour, puisqu'il vous faudra à nouveau passer à **Atar** (p.148), ne manquez pas **Terjît** ★ (p.152), c'est vraiment une oasis de fraîcheur, alimentée par une source, coulant en toute saison, à une cinquantaine de kilomètres d'**Atar** (p.148) sur la route d'Akjoujt. Le trajet **Atar** (p.148)-Nouakchott ne présente qu'un intérêt relatif.

LE GRAND TOUR DU SUD

Chaque voyageur, selon ses propres centres d'intérêt, consacrera à la visite des étapes le temps qu'il jugera utile. De plus, sur certains tronçons de la route de l'Espoir, les travaux de réfection de la chaussée peuvent ponctuellement faire chuter votre moyenne. Attention, renseignez-vous avant de partir sur les risques de sécurité que peuvent présenter les régions que vous traverserez.

› Jour 1 - De Nouakchott à Néma

Vous empruntez sur cet itinéraire la route de l'Espoir direction Néma, à la frontière avec le Mali. Certes, les quelque 1 100 km de ce trajet sont une source de fatigue supplémentaire, mais il serait dommage de ne pas effectuer ce périple au moins une fois, soit à l'aller, soit au retour. Comptez 2 ou 3 jours de voyage.

› Jour 2 - De Néma à Oualata

Oualata ★★ (p.116), ville du désert classée au patrimoine mondial de l'humanité, a une devise : Écologie et autonomie. Un projet social tente de rendre à la ville son autonomie, tout en préservant son riche passé, et **Oualata** ★★ (p.116) vous étonnera par sa propreté. L'arrivée sur la ville, fascinante de beauté, presque intemporelle, vous fera oublier les fatigues engendrées par les trois ou quatre heures passées sur la difficile, voire très difficile, piste venant de Néma.

› Jour 3 - De Oualata à Tichit

Attention, guide obligatoire sur cet itinéraire. Si vous appréciez la solitude et l'aventure, vous devez effectuer ce trajet en prenant toutes les précautions d'usage, notamment en ce qui concerne les réserves d'eau et de carburant. Sur environ 600 km, vous allez suivre les falaises reliant **Oualata** ★★ (p.116) à **Tidjikja** (p.121).

› Jour 4 - Tichit à Tidjikja

Suite du trajet : après un arrêt à Tichit, dirigez-vous vers Tidjikja. Au hasard de votre route, observez de splendides gravures rupestres, les vestiges des quelque 400 villages qui étaient habités avant que l'aridité croissante du Sahara ne pousse ses habitants vers des contrées plus accueillantes.

© MTCURADO

Nouakchott, capitale de la Mauritanie.

› Jour 5 - Dernier jour de route vers Tidjikja

Votre route se poursuit, avec toujours Tidjikja en ligne de mire : vous l'atteignez enfin, cette belle palmeraie ! Ouvrez les yeux : les paysages se renouvellent sans cesse et sont tous plus beaux les uns que les autres, de l'oasis enfouie au milieu des sables aux falaises protégeant de profonds canyons.

› Jour 6 - De Tidjikja à Sangrafa

Aujourd'hui, vous quittez l'une des plus belles palmeraies de Mauritanie et franchissez, dans le sens de la descente, la splendide passe de **Moudjéria** (p.123). Si peu de touristes s'aventurent dans cette région que vous en profitez pour eux. Itinéraire entièrement goudronné entre Tidjikja et la route de l'Espoir.

› Jour 7 - De Sangrafa à Bogué via Aleg

Goudron correct qui vous plonge dans un autre environnement et vous propose un dépaysement total. Après l'aridité saharienne, voici la fertilité, vous pénétrez dans le grenier de la Mauritanie : les potagers, arbres fruitiers et champs de céréales fleurissent, abreuvés par la pluie et l'eau du fleuve Sénégal.

› Jour 8 - De Bogué à Rosso ou de Bogué à Sélibabi

› De Bogué, deux possibilités s'offrent à vous. Soit vous choisissez de continuer à suivre le fleuve Sénégal en remontant son cours, auquel cas vous parcourez les régions du Gorgol puis du Guidimaka, goudron de Bogué à **Kaédi** (p.128), puis piste jusqu'à **Sélibabi** (p.129). Ces régions sont les plus peuplées de Mauritanie, leurs habitants, éleveurs et agriculteurs, utilisent au mieux les pluies pour produire la majeure partie des ressources céréalières du pays.

Soit vous suivez le fleuve vers l'ouest en direction de **Rosso** ★★ (p.125). En saison sèche, aucun risque de se perdre, on suit le fleuve Sénégal. En revanche, en saison des pluies, de juillet à octobre, il est nécessaire de faire un petit détour par Rkîz. Ce trajet vous permet de découvrir l'ingéniosité des Mauritaniens qui ont aménagé des périmètres irrigués. Digues et canaux autorisent la culture de toutes sortes de céréales. Cette humidité ambiante attire non seulement les moustiques, vecteurs du paludisme, inconnu dans le Nord, mais aussi quantité d'oiseaux. **Rosso** ★★ (p.125) est le point de passage pour aller au Sénégal. Important centre commercial, le trafic est incessant sur le fleuve Sénégal, poumon de la ville.

› Jour 9 - De Rosso à Nouakchott

Un excellent goudron refait et terminé en 2021 permet de rallier rapidement la capitale. Si vous revenez à Nouakchott en passant par Keur Macène, puis en empruntant la piste qui suit la côte, c'est le moment de profiter des rouleaux de l'océan puisque vous longez l'Atlantique sur la fin du parcours. Prenez garde néanmoins à ne pas trop vous aventurer au large, les courants y sont assez forts.

DE L'AÉROPORT AU CENTRE-VILLE

Si plusieurs compagnies ont vu le jour dans la période pré-Covid (AlloTaxi, MSP Taxi), elles peinent à fonctionner aujourd'hui. Ils existent des taxis individuels privés à l'aéroport qui vous conduiront où vous voudrez, autrement l'application CarApp est vraiment efficace : utilisant la géolocalisation, elle vous met en relation avec une communauté de chauffeurs véhiculés. Sécurité assurée grâce aux commentaires disponibles sur la qualité des chauffeurs, et rapidité : en moins de 5 minutes en général, un taxi vous attend là où vous l'avez demandé. Comptez une trentaine de minutes en taxi pour rallier le centre-ville. Pas de transport en commun.

TRANSPORTS EN COMMUN

Des compagnies de minibus permettent les liaisons d'une ville à l'autre. Les principales compagnies sont : Première classe, El Moussavir, Essevir, Somacir, Prince.

AVEC UN CHAUFFEUR

Si vous n'aimez pas marcher, le taxi est une excellente façon de vous déplacer à Nouadhibou et surtout à Nouakchott. Les autres villes du pays n'étant pas très grandes, il est facile de les découvrir à pied. Si vous ne trouvez pas de taxi, c'est vraiment que vous le faites exprès. Ils sillonnent les rues en klaxonnant dès qu'ils arrivent à la hauteur d'un piéton, surtout s'il est blanc, et ralentissent dans l'attente d'un signe de sa part.
De manière générale, en Mauritanie, tout véhicule peut s'improviser taxi ! Il vous suffit de demander à quelqu'un, et la magie opère pour vous mener d'un quartier à l'autre, à l'intérieur d'une même ville.

Taxi-brousse. Voilà le moyen de transport qui va vous permettre de circuler presque partout en Mauritanie. Les taxis-brousse coûtent entre 100 et 500 MRU pour 100 km. Une liste détaillée des tarifs pratiqués serait aussi inutile qu'exhaustive. Les prix varient en fonction de nombreux critères : état de la route ou de la piste, véhicule utilisé (break ou 4x4 pick-up), type de place occupée, celle à côté du chauffeur étant plus confortable et donc plus onéreuse que celles situées à l'arrière.

EN VOITURE

Il est indispensable de louer un 4x4 pour visiter les centres d'intérêt du pays, à moins d'être motorisé ou de voyager par les transports collectifs qu'utilisent les Mauritaniens. Concernant les loueurs de véhicules, 90 % d'entre eux se trouvent à Nouakchott et c'est un peu la jungle pour s'y retrouver : beaucoup d'entre eux ne possèdent pas de véhicules et ne se mettent en quête d'une voiture que lorsqu'ils ont trouvé un client.
Un peu de jugeote et beaucoup de patience vous permettront néanmoins de vous en sortir. La location quotidienne d'un 4x4 revient environ à 3 500 MRU avec chauffeur, carburant non compris.

Code de la route. L'interprétation que les Mauritaniens font du code de la route est quelquefois déroutante. Cette remarque n'est d'ailleurs pas spécifique à la Mauritanie, elle est valable dans la plupart des pays africains. D'autre part, l'état de certains axes routiers devrait vous inciter à la plus élémentaire prudence. C'est pourquoi, si vous louez une voiture, nous vous recommandons de vous assurer également les services d'un chauffeur. La circulation n'est pas très dense en Mauritanie, même à Nouakchott ; il n'empêche que se faufiler à travers les rues de la capitale nécessite une certaine habitude. Il faut croire que les Mauritaniens sont d'excellents conducteurs, car les accrochages sont extrêmement rares. En brousse, il convient de faire très attention aux animaux qui peuvent traverser devant votre véhicule à tout instant. La traversée des villages requiert la plus grande vigilance, car les enfants, pas toujours habitués au trafic, se soucient peu des voitures. La conduite tout-terrain, quant à elle, est réservée aux personnes expérimentées, car dans le désert les pièges sont nombreux. Les secteurs de regs cassants, où votre véhicule est soumis à rude épreuve, succèdent aux immenses étendues de sable. Si vous vous plantez dans les dunes de l'erg Ouarâne, ne comptez pas vous en sortir aussi facilement que si vous étiez à la dune du Pilat !

1246 kgCO_2e / personne
Aller-retour Paris-Nouakchott

→ Le calcul de cette consommation CO_2 est fait à partir de Paris. L'idée est ici de montrer concrètement l'empreinte carbone de ce trajet, même s'il n'existe pas d'autre alternative que l'avion pour se rendre dans cette destination de manière directe.

HORAIRES

Les administrations, les banques et certains commerces appliquent le principe de la journée continue et sont ouverts de 7h à 16h.

LES ÉVÉNEMENTS

En dehors des fêtes religieuses propres au calendrier musulman, les festivités et autres événements culturels sont plutôt rares en Mauritanie. À l'exception de la fête des dattes, la Guetna, que tout Mauritanien qui se respecte ne manquerait pour rien au monde ! Cet événement est célébré dans toutes les régions du pays. En juillet ou en août, suivant les précipitations et les conditions climatiques, les palmiers-dattiers sont à l'honneur et livrent leurs premières dattes à l'occasion d'une grande cérémonie qui se fête dans toutes les villes et villages de brousse qui ont une palmeraie. C'est l'occasion de retrouver la famille et de danser sur les rythmes et les chants des griots, dans la fraîcheur de la nuit, réunis autour du feu. La tradition veut que l'on garde le noyau de la première datte de l'année comme porte-bonheur.

Dattier.

Jours fériés

Le vendredi, jour de la grande prière collective, et le samedi sont fériés. La semaine commence officiellement le dimanche.

Fêtes civiles

- Le jour de l'An : 1er janvier.
- La fête du Travail : 1er mai.
- La fête de l'Organisation de l'unité africaine : 25 mai.
- La fête de l'Indépendance : 28 novembre.

Fêtes religieuses

Dans la religion musulmane, on parle de calendrier de l'Hégire, en référence au jour où Mahomet s'enfuit de La Mecque pour se réfugier à Médine. La première année de l'Hégire commence donc le 16 juillet 622. L'année est partagée en 12 mois, mais ceux-ci sont alignés sur le mouvement de la Lune et non pas du Soleil. Ainsi, les mois durent 29 ou 30 jours, et une année lunaire dure 354,5 jours en moyenne, contre 365,25 jours en moyenne dans le calendrier solaire, soit une différence de 10,75 jours. Pour déterminer l'année de l'Hégire dans laquelle nous sommes, il nous suffit donc de résoudre l'équation suivante : année de l'Hégire = (année chrétienne – 622)/0,97. Ainsi : (2023 – 622)/0,97 = 1444. Nous sommes donc en 1444 selon le calendrier de l'Hégire. De même, le Nouvel An musulman se situe chaque année 10,75 jours avant celui de l'année précédente dans le calendrier chrétien.

- Aïd el-Kebir commémore le sacrifice d'Isaac par son père Abraham obéissant à un ordre divin, lorsque Dieu, satisfait de sa soumission, lui envoya un bélier à sacrifier à la place de son fils. On la nomme également la « fête du mouton », puisque ce jour-là chaque famille sacrifie un mouton.
- 1er Moharram. Nouvel An musulman.
- Achouara. C'est le dixième jour de l'année. Il s'agit à l'origine de l'anniversaire de la mort de Hussein, le petit-fils du prophète, en 680.
- Mouloud. Cette fête commémore la naissance de Mahomet. Elle aura lieu le 26 septembre 2023 (plus ou moins un jour).
- Aïd el-Seghir ou Aïd el-Fitr. C'est la « petite fête », qui clôture le ramadan. Elle aura lieu le 9 avril 2024.
- Le ramadan débutera le 11 mars 2024. Rupture du jeûne un mois plus tard.

SE RÉGALER

HORAIRES

La plupart des adresses, restaurants ou cafés, boulangeries, etc., sont ouvertes en journée continue. Certaines sont fermées le vendredi, jour de prière, mais cela n'est pas valable pour l'ensemble du territoire.

BUDGET / BONS PLANS

Tout dépend du standing de l'établissement. Vous pourrez déjeuner ou dîner des plats locaux (ou internationaux si vous vous trouvez à Nouakchott ou Nouadhibou), entre 250 et 400 MRU l'assiette. Dans les hôtels haut de gamme, à la capitale, il faudra compter un peu plus. Et même si, parfois, certaines adresses semblent laisser à désirer au premier abord, le service est toujours aux petits soins, et vous mangerez toujours à votre faim.

EN SUPPLÉMENT

Laisser un pourboire n'est pas une pratique courante en Mauritanie. Libre à vous de réclamer votre monnaie ou non, et si on essaye effectivement parfois de tout faire pour ne pas avoir à vous la rendre, on ne saurait que vous conseiller la patience et la dérision.

C'EST TRÈS LOCAL

Couscous, méchouis, grillades de viande, brochettes de poissons... La Mauritanie, sur le plan culinaire, est marquée à la fois par ses nombreuses communautés, et par quelques contraintes : les légumes sont ceux qui ont pu être cultivés, essentiellement dans le Sud, ou importés du Maroc, lorsque les relations avec le Front Polisario sont clémentes. Du poisson au menu, grâce aux eaux fertiles et généreuses. Et des plats conviviaux, de partage, où le plat est au centre et où chacun pioche dedans, les vendredis jour de prière, à l'occasion des fêtes ou des rassemblements. Si vous avez la chance d'être invité sous la tente ou chez un habitant !

Dans les restaurants, notamment à Nouakchott, vous trouverez aussi bien des spécialités locales, de la restauration rapide, que des plats d'influence internationale (pizzas, burgers, etc.).

A ÉVITER

Pendant la période du ramadan, évitez de vous afficher en train de boire, de fumer ou de manger entre le lever et le coucher du soleil, par respect pour les adeptes du jeûne.

FAIRE UNE PAUSE

A PARTIR DE QUEL ÂGE

La consommation d'alcool est interdite en République islamique de Mauritanie : n'essayez même pas de contourner cette règle, vous ne trouverez nulle part de quoi vous émécher dans le pays.

C'EST TRÈS LOCAL

Pour faire une pause, la coutume locale est de boire les trois thés cérémonials ! Ne manquez pas non plus les jus de fruits frais, et les nombreuses variétés de pâtisseries orientales, fourrées aux dattes ou au miel.

HORAIRES

En Mauritanie, vous apprendrez la patience ! Si les adresses ont en général une amplitude horaire importante, en revanche l'empressement n'y est pas le bienvenu. Mais l'accueil, bien que parfois un peu indolent, est toujours chaleureux ! N'oubliez pas que le vendredi est jour de prière : cela signifie que certains lieux seront fermés ce jour-là, en tout ou partie.

Pause thé.

(SE) FAIRE PLAISIR

BUDGET / BONS PLANS

Le cash est la seule forme de paiement envisageable en Mauritanie pour la plupart de vos achats : au marché, dans le taxi, à l'auberge, au restaurant… À l'exception bien sûr des rares adresses de standing qui acceptent parfois les cartes de crédit.

Devises. Attention, l'obligation faite à l'entrée sur le territoire mauritanien, de déclarer l'intégralité de vos devises a été supprimée par la circulaire N° 006/GR/98 émise par la Banque centrale de Mauritanie le 27 juillet 1998. Si un douanier devait vous demander de vous plier à cette contrainte, soyez ferme et refusez. Il est interdit de sortir des ouguiyas du pays et, de toute façon, vous auriez les plus grandes difficultés à les changer à votre retour. Si vous venez en Mauritanie en provenance du Mali ou du Sénégal, vous n'avez pas le droit de rentrer dans le pays avec des francs CFA. Le problème consiste donc, d'une part, à prévoir approximativement l'argent nécessaire à votre séjour avant de partir, et d'autre part, à ne pas convertir trop de vos devises en ouguiyas une fois sur place. La commission pratiquée dans les banques mauritaniennes pour changer vos devises en ouguiyas est d'environ 2 %.

Banque. Les agences bancaires sont nombreuses à Nouakchott et beaucoup d'entre elles se sont récemment équipées de distributeurs automatiques de billets acceptant les cartes Visa. Plus besoin donc, en théorie, d'emporter de grosses sommes en euros… Dans la pratique, les commissions pratiquées par les banques européennes sur les retraits en Mauritanie restent élevées (4-5 € par retrait), et l'importation de liquidités à changer sur place reste la solution la plus économique. Pour changer des euros en ouguiyas, vous serez fortement sollicité dans la rue, aux alentours du marché central. Pour les grosses sommes à changer, préférez les agences bancaires (Société Générale), où vous profiterez d'un taux souvent plus intéressant que dans la rue… mais tout dépend bien entendu du cours du change.

En dehors de la capitale, les distributeurs acceptant les cartes Visa sont présents à Nouadhibou et Atar. Ailleurs, il vous faudra prévoir des ouguiyas, car le change ne s'y pratique pas, ou à des taux peu avantageux, comme c'est le cas à Rosso.

C'EST TRÈS LOCAL

En Mauritanie, il faut fouiller ! Les marchés seront des lieux de chasses aux trésors, de découvertes, d'expérimentations : ils grouillent véritablement ! D'humains, d'animaux, d'objets, de fruits et légumes, de poissons, de viandes… À même le sol parfois, vous ne pourrez pas passer à côté de ces exemples du quotidien mauritanien. À ramener sans faute : des dattes, des tissus, de l'artisanat, de la poutargue, une khaïma !

Le marchandage est une pratique très courante en Mauritanie. Beaucoup de prix se discutent : le taxi, l'hébergement, les cigarettes, tous les petits services, sans parler des souvenirs typiques que vendent des boutiques spécialisées à Nouakchott, et qui méritent sans doute une visite, à condition d'être préparé. Pour simplifier, disons que vous devez retenir deux choses pour ne pas sombrer dans la crainte de vous faire constamment rouler dans la farine.

La première est qu'il faut définir avant toute transaction le prix que l'on juge juste, et ne jamais accepter de payer plus que ce dernier. Chose aisée au premier abord, mais cela demande en réalité beaucoup d'assurance et d'habileté de la part du voyageur européen. La sollicitation est grande, vous ne passez pas inaperçu, et tout le monde sait bien qu'avec un taux de change à 1 € contre 40 MRU, le voyageur européen est forcément un bon client. La seconde chose à retenir est d'être prêt à toute éventualité en repartant sans l'objet convoité et sans maudire le vendeur pour autant. Cela s'apprend et demande de la patience. Un temps qui en vaut la peine, car le marchandage réussi est un incroyable moyen de partager, d'échanger, et de tisser des liens.

PRATIQUE

BOUGER & BULLER

BUDGET / BONS PLANS

En Mauritanie, l'immensité du désert sera votre terrain de jeu ! Le bord de l'océan Atlantique aussi, magnifique pendant du Sahara, avec ses immenses plages et sa côte dessinée. Si vous aimez marcher, la randonnée, le trek ou la méharée feront de vous un voyageur comblé.

C'EST TRÈS LOCAL

Le sport le plus local tourne autour du dromadaire ! Monter à dos de cet animal n'est pas une mince affaire, mais aidé des Mauritaniens, cela sera simple. Pour les amateurs de pêche, cette destination est aussi rêvée. À noter : la pétanque est pratiquée dans le pays !

Enfin, si vous allez du côté du banc d'Arguin, ne manquez pas de faire une escapade en lanche canarienne, cette longue barque à voile utilisée par les pêcheurs Imraguens. Elles ont l'avantage de pouvoir approcher des îles en silence sans trop déranger les oiseaux, et vous pourrez admirer la dextérité des Imraguens qui les conduisent sans difficulté dans les chenaux du banc d'Arguin, connaissant les marées. Vous pourrez même assister à leur élégante façon de pêcher, et déguster sur la lanche un mulet grillé.

PRATIQUE

SORTIR

C'EST TRÈS LOCAL

La Mauritanie n'est pas LA destination pour sortir, c'est une certitude ! Vous trouverez, dans les grandes villes, quelques lieux ouverts le soir mais rares et calmes. De plus, n'oubliez pas que vous êtes en République islamique : la consommation d'alcool y est interdite.

FUMEURS

Il est permis de fumer dans les cafés, restaurants et autres lieux accueillant du public en Mauritanie.

SE LOGER

BUDGET / BONS PLANS

Hôtels. Il existe de nombreux hôtels à Nouakchott et Nouadhibou. En dehors des quelques hôtels de luxe (mais pas de chaîne internationale présente), certains petits hôtels surprennent agréablement par leur standing, pas toujours si éloigné des standards européens. En dehors des deux principales villes du pays, vous ne trouverez plus beaucoup d'hôtels, mais une quantité d'auberges de niveaux de confort différents.

Chambres d'hôtes. Les chambres d'hôtes offrent souvent le meilleur rapport confort-prix et vous permettent de loger directement chez l'habitant, ce qui permet plus d'authenticité et plus d'échange avec vos hôtes.

Auberges. Les auberges constituent la majorité des offres d'hébergement en Mauritanie. Elles proposent souvent plusieurs types d'hébergement, en chambre ou sous tente, et s'adaptent ainsi à la plupart des budgets et des exigences de confort. Ce sont des lieux très conviviaux où l'on se raconte ses journées et ses petites aventures autour d'un verre de thé. Le confort est souvent spartiate.

Campings. Les campings sont relativement peu nombreux en Mauritanie. Ils ne présentent souvent pas d'intérêt financier par rapport aux auberges, mais quelques-uns sont situés au bord de l'océan et séduisent par leur cadre exceptionnel.

C'EST TRÈS LOCAL

Plusieurs adresses vous proposeront de passer la nuit sous une tente berbère, la khaïma, expérience à tenter pour se penser nomade, le temps d'une soirée.

VIE QUOTIDIENNE

ALLO ?

- Pour appeler de Mauritanie vers la France, composez le + 33 suivi du numéro de votre correspondant sans le 0.
- Pour appeler de France vers la Mauritanie, composez le + 222 suivi des huit chiffres de votre correspondant.
- Le téléphone entre l'Europe et la Mauritanie fonctionne assez bien et, si ce n'est pas le cas, on y parvient presque toujours en insistant.

Utiliser son téléphone mobile. Si vous souhaitez garder votre forfait français, il faudra avant de partir, activer l'option internationale (généralement gratuite) en appelant le service clients de votre opérateur.

- Qui paie quoi ? La règle est la même chez tous les opérateurs. Lorsque vous utilisez votre téléphone français à l'étranger, vous payez la communication, que vous émettiez l'appel ou que vous le receviez. Dans le cas d'un appel reçu, votre correspondant paie lui aussi, mais seulement le prix d'une communication locale. Tous les appels passés depuis ou vers l'étranger sont hors forfait, y compris ceux vers la boîte vocale.

ACCESSIBILITÉ

Voyager avec des enfants ne présente en soi aucune difficulté en Mauritanie. Ils seront émerveillés face à tant de découvertes. De plus, ils prendront un grand plaisir à escalader des dunes de sable, monter sur des dromadaires, croquer des dattes fraîchement cueillies, découvrir des oasis, dormir à la belle étoile… Autant de souvenirs inoubliables pour des enfants à partir de 4 ans. Les guides seront très attentionnés à leur égard. Attention toutefois à la chaleur, prévoir un éclairage la nuit, et trouver des passe-temps pour les moments où on attend que la chaleur soit moins forte.

La destination Mauritanie n'est aucunement contre-indiquée pour une femme souhaitant voyager seule.

SANTÉ

Les plus fréquents des problèmes de santé sont la diarrhée, les infections des voies aériennes et les maladies de peau. Il est fréquent de se faire piquer par des insectes dont certains transmettent des maladies (comme le paludisme) qui peuvent se déclarer après le retour. De plus, les piqûres d'insectes se surinfectent facilement en milieu tropical et il faudra être attentif aux petits bobos. Pour éviter les piqûres, veillez à vous couvrir bras et jambes en portant des tenues vestimentaires adaptées. Dans le désert, la chaleur du jour, le froid de la nuit et la déshydratation sont ce qu'il y a de plus à craindre.

Service des urgences de l'hôpital de Nouakchott ✆ + 222 45 25 21 35

Pharmacie Kennedy à Nouakchott (face boulangerie-pâtisserie Prince) ✆ + 222 45 25 36 93

Hôpitaux à Nouadhibou. Hôpital espagnol : +222 22 22 37 59. Hôpital cubain : +222 49 74 79 81

SÉCURITÉ

- **Informations générales.** Si vous séjournez en Mauritanie en voyage organisé, pas de problème, votre encadrement vous mettra à l'abri de certaines complications. Pour les voyageurs individuels, il convient de tenir compte des points suivants :

Le manque d'infrastructures d'hébergement conduit à déconseiller le pays aux personnes à mobilité réduite. Une femme seule peut voyager en Mauritanie à condition de respecter certaines règles de bon sens et de savoir-vivre. Séjourner dans le désert en Mauritanie entre mai et septembre demande une bonne condition physique, voire mentale, les températures frôlent les 50 °C à l'ombre et beaucoup de structures sont fermées.

- **Informations spécifiques.** La seule façon d'accéder en Mauritanie par le nord du pays, c'est de suivre le goudron qui mène de Dakhla à Nouadhibou en passant par le poste frontière de Bir Gandouz. Tout autre moyen est hautement périlleux, à cause des nombreuses mines, conséquences des conflits ayant affecté la région. Pour la même raison, une fois arrivé en Mauritanie, si vous effectuez le trajet entre Nouadhibou et Atar, via Choum, ne circulez jamais au nord de la voie ferrée. Seule exception, le site sécurisé de Ben Amira, le plus grand monolithe d'Afrique. À faire néanmoins avec un guide local.

Se lancer dans une expédition sur plusieurs jours, en 4x4 ou à dos de dromadaire, à l'est d'une ligne Bir Mogrein-Zouérate-Chinguetti-Néma demande une excellente préparation, une expérience du désert et surtout beaucoup d'humilité. Et même en réunissant ces conditions, nous vous déconseillons ce genre d'aventure.

Dans le reste du pays, il convient de respecter certaines règles de base si l'on veut partir en 4x4 et dormir en bivouac : réserves suffisantes en eau et en carburant, deux véhicules au minimum et surtout être accompagné d'un guide et/ou d'un chauffeur. Dans tous les cas de figure, il est prudent de signaler aux autorités sa destination et le jour d'arrivée prévu. Comme dans tout pays africain, la conduite de nuit est fortement déconseillée. A Nouakchott, la criminalité se développe. Il est déconseillé de se rendre dans les quartiers périphériques la nuit, tout comme de flâner sur les plages aux abords de la ville. Sur le plan sanitaire, évitez de caresser chiens et chats (risque de rage), vérifiez que vous êtes vacciné contre la fièvre jaune et prévoyez un traitement antipaludéen pour la partie du pays située au sud de la route de l'Espoir.

▸ **Pour connaître les dernières informations sur la sécurité** sur place, consultez la rubrique « Conseils aux voyageurs » du site du ministère français des Affaires étrangères : www.diplomatie.gouv.fr/voyageurs

Sachez cependant que le site dresse une liste exhaustive des dangers potentiels et que cela donne parfois une image un peu alarmiste de la situation réelle du pays.

LGBTQ

La Mauritanie réprime l'homosexualité, les peines pouvant monter jusqu'à sept années de prison, même si peu de procès sont engagés pour ce motif.

AMBASSADE ET CONSULATS

AMBASSADE ET CONSULAT DE FRANCE. Rue Ahmed Ould Mohamed, Tevragh-Zeina, Nouakchott. Tél. +222 45 29 96 99

INSTITUT FRANCAIS. Rue Ahmed Ould Mohamed, Tevragh Zeina, Nouakchott. Tél. +222 45 29 96 31.

POSTE

L'envoi d'une lettre nécessite environ une semaine pour faire le trajet entre la France et Nouakchott. Un colis risque de mettre un peu plus de temps.

Si votre expédition doit arriver dans une région peu ou mal desservie, cela risque d'être plus problématique, mais sauf exception elle parviendra à son destinataire.

La Société Mauritanienne des Postes, Mauripost, basée à Nouakchott (✆ +222 44 33 36 50 – www.mauripost.mr), traite plusieurs services, dont l'envoi de lettres et colis sur le territoire et à l'international.

Aussi, si vous souhaitez envoyer une trace de votre passage en Mauritanie à vos proches, vers d'autres horizons plus ou moins lointains, c'est là que vous pourrez trouver tout ce dont vous aurez besoin. Un réseau de bureaux de poste est réparti sur l'ensemble du territoire national, cependant vous aurez du mal à les localiser. Ici, vous pourrez prendre des renseignements précieux.

PASSPORT

DÉCOUVRIR

Vous vous apprêtez à partir pour la Mauritanie ? Excellente idée. Votre sac est bouclé ? Parfait ! Il vous reste désormais à découvrir les multiples facettes de ce passionnant pays ! Dans les pages qui suivent, vous devriez trouver réponse aux différentes questions que vous vous posez : quelles sont les spécialités culinaires nationales ? Quels sont les sports chéris des locaux ? Quelles sont les manifestations culturelles incontournables ? Quelles sont les principales caractéristiques climatiques des diverses régions du pays ? Quels sont les artistes contemporains à découvrir ? Quels sont les défis économiques auxquels l'État mauritanien doit faire face en ce début de XXIe siècle ? Quelles sont les dates marquantes ayant émaillé l'histoire de ce territoire ? Quels sont les animaux et végétaux emblématiques de cette partie du continent ? *Et cetera* ! Nous vous souhaitons une bonne lecture.

THÉODORE MONOD

Théodore Monod : 1902-2000, et près de 75 ans à explorer le désert… Étudiant en zoologie et en géologie, connaisseur de la langue arabe pour avoir étudié à l'Institut des Langues orientales, le voici qui débarque sur les côtes mauritaniennes en 1922, avec pour intention d'observer les ressources halieutiques de la région. Mais bien vite, il se détourne de l'Atlantique pour plonger dans le Sahara, océan de sable dont il devient l'un des plus grands spécialistes du XXe siècle. Son parcours pourrait être celui d'un personnage de roman d'aventure ou de reportage : du Hoggar au Soudan, de l'Adrar aux montagnes du Tibesti, à dos de dromadaire ou à pied, l'explorateur chasse et récolte les traces du vivant. Ses recherches ont contribué notamment à dresser la topographie de régions encore inconnues. Engagé, humaniste, homme de foi, quelque part utopiste : rencontre avec un défenseur de la vie sous toutes ses formes.

Le terreau de l'enfance

Théodore Monod naît à Rouen en avril 1902, benjamin de 4 garçons, au sein d'une longue lignée de pasteurs protestants. Son père est le fondateur de la Fraternité Spirituelle des Veilleurs, et lui transmet une instruction religieuse. Alors que Théodore a 5 ans, son père est nommé à la paroisse de l'Oratoire du Louvre : toute la famille s'installe à Paris, dans le 5e arrondissement, et Théodore apprend par cœur le nom des grands naturalistes, se promenant au Jardin des Plantes. De toutes les personnes auxquelles il rend grâce, sa figure paternelle reste en tête, inspirante tant dans le domaine de la foi que de la pensée. Dans une interview, Théodore confie regretter qu'il n'y ait plus de pasteur Monod. Mais s'il ne s'est pas consacré à la vie spirituelle, il est un pèlerin, il n'a jamais cessé de marcher, preuve que le terreau familial a forgé sa personnalité.

À 16 ans, il crée sa propre société d'histoire naturelle ! Deux ans plus tard, il entre à la Sorbonne pour y approfondir ses connaissances, et en sort diplômé à la fois en géologie, zoologie et botanique. Stagiaire au laboratoire des pêches et productions coloniales d'origine animale au Museum d'histoire naturelle, il se rend à Port-Étienne, aujourd'hui Nouadhibou, pour réaliser une étude sur les phoques moines, résidant dans la presqu'île du Cap-Blanc. À 24 ans, il est docteur en sciences.

Le « fou du désert »

Surnommé ainsi par les journalistes, Théodore Monod n'est connu du grand public qu'à l'âge de 87 ans, à la sortie d'un film réalisé par Karel Prokop, *Le Vieil homme et le désert*. On y découvre alors l'explorateur barbu, la peau burinée par le soleil du Sahara, l'œil encore plein de malice même s'il est devenu presque aveugle. Pas moins de 124 voyages sont répertoriés dans sa carrière de scientifique, dont le dernier dans l'Adrar en décembre 1998, à 96 ans ! Durant ses expéditions à travers le désert, Monod part accompagné de 2 personnes et de 5 chameaux : 3 montures, et 2 dromadaires portant 2 tonnes de matériel, et 45 litres d'eau ! Parfois, ce sont 3 semaines de marche d'un puits à l'autre, au soleil, en plein vent, toute la journée… Ses méharées sont réalisées dans des conditions frugales, voire ascétiques. Imaginez ce que de telles expéditions représentent dans les années 1950, sans moyen de communication ni système satellite ! Théodore Monod, pourtant, devient homme du désert par hasard. Il arrive tout jeune à Port-Étienne, pour l'étude des poissons. Il suffit d'une initiation à la vie chamelière, de Port-Étienne à Saint-Louis (Sénégal), pour que naisse sa passion pour le Sahara. Ce voyage initiatique est ainsi le premier d'une impressionnante série. En 1934 et 1935, Théodore Monod se lance dans une très grande expédition dans l'Ouest saharien, avec un point fixe : la région de Chinguetti. Il est alors en quête d'une météorite géante (100 m de long et 40 m de haut !), décrite par un certain Ripert. Une météorite qui s'avère être un fantasme, mais que le naturaliste utilise comme prétexte pour circuler quasiment librement dans le Sahara ! L'exploration du Guelb er Richat, dans l'Adrar, se fait à cette occasion : Théodore Monod s'y aventure le premier, et apporte une description précise de la formation géologique. Il se dirige ensuite vers la falaise de Tichit dans l'Akouer, puis à proximité du Mali, narrant tout cela dans un livre, *Le Fer de Dieu*.

Un savant polyvalent

L'endurance et la passion pour le désert ne sont pas les seules qualités de l'explorateur… Par ses découvertes, Théodore offre à la Préhistoire saharienne un éclairage approfondi : en 1927, au Mali, il met au jour le squelette de l'homme d'Asselar, datant de -10 000 à -7 500 ans ! Un jour, alors qu'il quitte l'Adrar pour le Tagant, il

© EKATERINA KHUDINA - SHUTTERSTOCK.COM

Plateau de l'Adrar.

est attiré par une colline dont les formes et la couleur l'interpellent : il s'approche, et découvre des kentrolites (minéraux composés de manganèse et de plomb), qui lui permettent d'éclairer la stratigraphie de tout l'Adrar. Ces masses calcaires emprisonnent en effet les organismes vivants les plus anciens au monde ! Théodore Monod leur consacre un mémoire, qui sert de base à tous les travaux ultérieurs sur la géologie ouest-africaine. Il contribue, par ses méharées, à combler les blancs des cartes éditées par les colons, explorant des zones qu'aucun Blanc n'a fréquentées avant lui.

En 1938, Théodore crée et dirige l'IFAN de Dakar, l'Institut français d'Afrique noire, et ce jusqu'en 1965. Grâce aux quelque 30 000 échantillons rapportés de ses missions (plantes, roches, fossiles, crustacés, insectes, etc.), l'IFAN ne tarde pas à devenir le plus grand centre scientifique de l'Afrique de l'Ouest. Ses compétences en botanique ont permis d'élaborer un herbier de 5 000 références, et de mettre en lumière 35 espèces végétales ! Il découvre en 1940 dans le Tibesti (Tchad) une plante de la famille des gentianes, baptisée *Monodiella Hexuosa*. Un véritable Graal botanique !

En 1942, il est nommé directeur du laboratoire des pêches d'Outre-Mer, au Museum d'histoire naturelle, au sein duquel il est ensuite professeur. Il est même considéré comme le plus grand ichtyologue au monde, grâce à des centaines de dessins réalisés à l'encre de Chine ! À plus de 90 ans, il détaille encore le système musculaire des poissons-perroquets, et ne cesse pas de travailler jusqu'à la fin de sa vie. Plusieurs espèces marines portent même son nom, hommage rendu par le monde scientifique ! Quelques exemples : les crustacés Monodanthurea Wägele et Monodaeus Guinot, le poisson Monodichthys Chabanaud, le champignon Monodia Breton & Faurel, ou encore le mammifère Monodia Heim de Balsac.

Un grand humaniste

Dans le *Courrier de l'Unesco*, en 1994, Théodore Monod défend le peuple touareg, dont il craint la disparition des traditions : « C'est aux nomades qu'il appartient de décider de leur avenir. S'ils veulent conserver, comme ils en ont certes le droit, leur autonomie historique, culturelle ou linguistique, puisque les Touaregs ont une langue et même une écriture. » Il a été le témoin d'une civilisation du désert, aujourd'hui pour la plupart sédentarisée. Grand scientifique, professeur, explorateur, l'homme est avant tout profondément engagé et prend position dans des combats humanistes. Il est l'un des signataires du *Manifeste des 121* sur le droit à l'insoumission durant la guerre d'Algérie, dénonce l'apartheid en Afrique du Sud, défend la condition animale… Irréductible, il se lance même, à l'âge de 97 ans, dans une grève de la faim de 3 jours dans le Val-d'Oise, pour demander l'abolition des armes atomiques ! Selon lui, « le peu qu'on puisse faire, il faut le faire ». Investi sur tous les fronts, il se dit pourtant sans illusions.

© EMRE AKKOYUN - STOCK.ADOBE.COM

Guelb er Richat.

Un écrivain solitaire

Dès l'âge de 16 ans, Théodore Monod griffonne dans des carnets, plus tard rassemblés par son fils Cyrille et publiés aux éditions du Pré aux Clercs. « Il est un âge où l'homme sent le besoin d'exprimer ses pensées, ses sentiments ; c'est l'objet de ce modeste journal, miroir fidèle de mon esprit » : Monod passe sa vie dans l'écriture, par nécessité. D'un tempérament profondément solitaire, la communication orale n'est pas son fort, ni la sociabilité. Pas étonnant que le désert l'ait trouvé, et que leur histoire ait été si intense. À dos de chameau, il écrit des poèmes mélancoliques, autour de la fuite du temps. Parmi ses ouvrages nombreux, *Méharées* est un inclassable pour qui souhaite une approche initiatique du Sahara. Plus léger, *Un thé au clair de lune* est un conte illustré que Théodore envoie à sa fille, alors âgée de 4 ans. Poétique et spontanée, innocente par aspect, cette histoire est une invitation à la découverte des animaux du désert, et une ouverture à l'autre, à tous les autres.

Souvenirs sahariens d'un vieux géologue amateur

C'est ainsi que Théodore Monod se définit, en 1986, à l'occasion d'une allocution au Comité français d'histoire de la géologie. Il y évoque quelques souvenirs, modestement comme toujours, et retrace les découvertes faites en Mauritanie. Il replonge alors dans l'Adrar, en voici un petit extrait : « Il y a à Aouelloul, un petit cratère de 250 m de diamètre, très net, sur un plateau de grès («Grès d'Oujeft»), à structure transverse ressemblant un peu à du bois fossile. Je l'avais d'abord entrevu d'avion et l'ai ensuite recherché au sol ; j'ai eu beaucoup de peine à le trouver, parce qu'un cratère vu de profil sur une plaine ou sur un plateau, ce n'est pas un cratère que l'on voit, mais un petit guelb, une petite colline. Quand je suis arrivé sur le cratère lui-même avec les bédouins, il m'ont dit : «Si c'est cela que tu voulais, il fallait nous dire que tu voulais aller au Hofrat Aouelloul, si tu nous avais dit le nom de cet endroit, on t'y aurait mené directement». Mais j'ignorais le nom de cet accident. C'est un petit point de chute, associé à une impactite, verre naturel dans lequel on a fini par trouver des spherules de kamacite, un minéral de météorites. Aouelloul est donc un petit point de chute de météorite, pas très ancien probablement car encore très frais. » On peut lire, à travers les mots, son désir éperdu de savoir, de trouver, et la tentative (ou tentation ?) de comprendre le monde qui l'entoure. Évidemment il y a des choses qu'il n'a pas vues, d'autres encore qu'il a peut-être mal vues, mais la densité de son œuvre, de son travail, de son parcours, a influé sur toute l'histoire de la géologie ouest-africaine. « Avoir passé sa vie à faire ce que l'on avait envie de faire, c'est extraordinaire ; et être rétribué pour cela, alors là c'est insolent. Ça devrait être interdit ! ». On ne peut que sourire à la lecture de ses mots, et admirer l'homme, de l'enfant au vieillard, qu'a été Théodore Monod.

GÉOGRAPHIE

Logée entre le Sahara occidental et le Sénégal, la Mauritanie s'étend sur une superficie de 1 030 000 km^2. Ce grand pays d'Afrique de l'Ouest, aux frontières multiples, est dominé par le désert du Sahara, un désert de sable et de roche, parsemé de quelque 350 oasis. Bordée par l'Atlantique sur près de 600 km, la Mauritanie n'est traversée que par un seul cours d'eau permanent : le fleuve Sénégal. Si ce n'est pas le pays offrant les plus subtils contrastes, c'est en revanche celui qui illustre le mieux ce que peut être l'immensité du rien, et sa magie, si tant est que le rien existe. En voyant le soleil se lever sur le littoral mauritanien, en le regardant se coucher dans les dunes de l'Adrar, au milieu des pélicans, flamants roses et dauphins du banc d'Arguin, ou parmi les forêts de manguiers aux abords du fleuve Sénégal, on ne peut qu'admirer la force et la simplicité qui caractérise ce grand pays.

Un pays bien entouré

La Mauritanie est multi-frontalière : au nord, elle est bordée par le Sahara occidental (un territoire non autonome revendiqué par le Maroc et la République arabe sahraouie démocratique) et par l'Algérie. À l'est et au sud-est, on y trouve le Mali, une zone de frontière que l'on peut considérer comme inaccessible, comparable à un *no man's land*. Le fleuve Sénégal, au sud-ouest, matérialise la séparation avec le pays du même nom.

Et enfin, à l'ouest, l'océan Atlantique ouvre l'horizon de la Mauritanie sur tout son littoral. Sa situation géographique en fait un trait d'union entre l'Afrique du Nord et l'Afrique subsaharienne, ce qui se reflète par la double appartenance de ses habitants, tant arabo-berbères, Maures ou Harratines (anciens esclaves noirs des Maures), que Toucouleurs, Soninké, Peuls, Wolofs, ou Noirs africains. La Mauritanie se situe entre le 15e et le 27e degré de latitude nord, ce qui lui vaut parfois d'être considérée comme faisant partie intégrante du Maghreb. Globalement, le pays est d'un relief assez monotone, la grande majorité étant située entre 200 et 500 mètres d'altitude. Les 5 régions du nord (Adrar, Dakhlet Nouadhibou, Tagant, Tiris Zemmour, Inchiri) représentent à elles seules les deux tiers du pays, mais abritent à peine plus de 10 % de sa population : une zone désertique donc, tandis que la capitale est surpeuplée (plus d'un million d'habitants pour le district de Nouakchott).

Entre sable, roche et fer

Avec 4,6 millions d'habitants pour une superficie équivalente à deux fois celle de la France, la densité de population de la Mauritanie est l'une des plus faibles au monde : c'est en effet le désert qui occupe la plus grande surface, plus des deux tiers, dans ce pays situé au troisième rang des pays les plus grands d'Afrique occidentale, derrière le Niger et le Mali. La Mauritanie est un pays de sable occupé par l'immense désert saharien et ses alignements dunaires, appelés ergs. Les regs, quant à eux, sont des étendues désertiques formées de cailloux. Le massif de l'Adrar, dans le nord du pays, émerge des dunes de sable : on distingue à l'est de ce grand plateau de grès une formation géologique exceptionnelle, d'une quarantaine de kilomètres de diamètre : le Guelb er Richât, ou dôme de Richat, dont l'aspect concentrique, visible depuis l'espace, lui vaut le surnom d'œil de l'Afrique. Si l'impact d'une météorite a été évoqué dans un premier temps pour expliquer l'origine de cette structure, il s'agit en fait d'un phénomène volcanique : des remontées de magma et d'eau ont formé des trous dans la croûte terrestre, créant un dôme qui s'est ensuite effondré, du fait de l'érosion. Avec le temps, des anneaux se sont formés, laissant voir différents types de roche. L'accès à cette région est facilité par la présence de l'aéroport d'Atar, véritable porte d'accès vers les cités-bibliothèques de Chinguetti et Ouadane.

En berbère, *adrar* signifie crête montagneuse. À ce propos, le point culminant du relief mauritanien est le Kediet ej Jill, à 915 m d'altitude, situé près de Zouérate. Cette zone est par ailleurs le point de départ du train de chemin de fer (un des plus longs au monde), qui achemine le minerai jusqu'au port de Nouadhibou. Les autres massifs de Mauritanie sont le Tagant et l'Assaba.

Près de 350 oasis

La Mauritanie est le foyer de nombreuses oasis, îlots de vie bienvenus au milieu de l'océan de roche et de sable qu'est le Sahara. Ces dernières se situent principalement dans les régions de l'Adrar, du Tagant, de l'Assaba et des deux Hodhs, à savoir le Hodh Ech Chargui et le Hodh El Gharbi. Elles offrent l'hospitalité pour les touristes, et sont une aubaine pour l'agriculture locale.

Oasis dans la région de Tagant.

La petite oasis de Terjit, à 50 km d'Atar, est un site inattendu : située à l'ombre de la faille d'un canyon, elle offre palmeraie et réservoirs d'eau naturels, dans lesquels l'eau coule à toutes les saisons. L'oasis de Maaden, fondée par un maître soufi, abrite un projet d'agroécologie, coordonné de concours par Point Afrique et la fondation Terre et Humanité. Dans ce village, logé entre une colline de grès noir et le cordon dunaire de Leklewe, se trouvent coopératives de femmes, ainsi que plantations de carottes, aubergines et gombos. L'ambition ? Parvenir à l'autosuffisance alimentaire, tout en respectant la terre et le vivant.

Le fleuve Sénégal

À l'extrême sud du pays maure serpente le fleuve Sénégal : d'une longueur totale de 1 700 km, ce dernier prend sa source dans le Fouta-Djalon, en Guinée. Malien sur la moitié de son cours, il symbolise la frontière entre le Sénégal et la Mauritanie. Il est le seul cours d'eau permanent du pays, et sa rive forme une plaine alluviale, appelée Chemama, qui permet la culture de céréales comme le riz, le sorgho et le mil. La vallée du fleuve Sénégal est donc fertile, agricole, accueillant aussi de belles plantations de vergers. Pendant la saison des pluies, le fleuve Sénégal peut atteindre 20 km de largeur près de son embouchure ! Près de Rosso, le barrage de Diama régule la montée des eaux en amont, tout en fournissant de l'électricité. Ce barrage a également pour objectif d'empêcher, en aval, la remontée des eaux salées de l'océan qui, dans le passé, nuisait aux cultures. La Mauritanie, le Mali et le Sénégal appartiennent à une organisation pour la mise en valeur du fleuve Sénégal : les objectifs sont, à l'aide des barrages, de réguler son cours, afin d'en améliorer la navigabilité et d'optimiser l'irrigation de ses berges.

La côte, dessinée par les vents

Les côtes mauritaniennes sont rocheuses : le phare du cap Blanc, près de Nouadhibou, se situe à l'entrée de la baie du Lévrier. C'est une falaise de sable, longue de soixante kilomètres environ, haute de quinze mètres, sculptée par les alizés qui soufflent fort dans cette région. Au nord de Nouadhibou, dans la baie de l'Étoile, le sel se cultive, grâce au projet de saliculture solaire Sa.Sol.No, mené conjointement par la Fondation Slow Food International, Mauritanie 2000 et l'association française UNIVERS-SEL. Juste à côté, à l'auberge des Dauphins, on observe des sortes d'immenses champignons, sculptures de grès, taillées par l'érosion. Cette baie a révélé des vestiges archéologiques, malheureusement dégradés depuis l'expansion de Nouadhibou. En descendant jusqu'au cap Timirit, limite sud du Parc national du banc d'Arguin, c'est le terrain de prédilection des oiseaux et poissons. Le décor est un dédale de petits îlots et bancs de sable.

NATURE

Il était une fois une Mauritanie oasis, au climat humide, habitée par les hippopotames et les éléphants... C'était il y a plus de 6 000 ans, et aujourd'hui il faut bien reconnaître que l'essentiel de la faune mauritanienne a disparu. Le désert est toujours parcouru par différentes espèces de chacals, hyènes et renards, dont le plus caractéristique est le fennec, avec ses grandes oreilles. Dans le sud du pays, de rares crocodiles subsistent autour de grandes mares, aux alentours de Moudjéria et Tamchekket. La façade atlantique, quant à elle, déborde de vie : les eaux mauritaniennes ont été reconnues comme les plus poissonneuses de la planète, et en paient le prix après des années de pillage. Du côté de la flore, la Mauritanie fait partie, avec 10 pays africains, d'un projet nommé la Grande muraille verte. L'idée ? Planter des végétaux en masse, du Sénégal à Djibouti, pour contrebalancer l'avancée du désert.

Entre regs, ergs et oasis

Déserts rocheux ou dunes de sables au nord de la Mauritanie : dans l'Adrar, le minéral domine et la végétation est très limitée. Les dromadaires parviennent à se nourrir de quelques buissons et acacias, qui résistent à l'aridité du Sahara. Et puis, au détour d'une dune ou d'un massif rocheux, voilà qu'une oasis se dévoile, havre de verdure au milieu du désert : les palmiers dattiers y abondent, offrant ainsi un peu d'ombre, et la possibilité sous son feuillage de cultiver quelques végétaux. Le village écologique de Maaden en est un exemple, soutenu par le Fonds de Dotation Pierre Rabhi. Plus au sud, la végétation se densifie : gommiers, dont la gomme arabique a longtemps constitué une importante source de revenus pour le pays, baobabs, dont on consomme autant le fruit, les feuilles que les graines... Jusqu'à atteindre les abords du fleuve Sénégal, où manguiers, citronniers, papayers et autres fruitiers rivalisent avec une jungle fleurie.

Parc national du banc d'Arguin

Le long du littoral mauritanien, entre Nouadhibou et Nouakchott, s'étend le banc d'Arguin, parc national inscrit au patrimoine mondial de l'UNESCO.

DÉCOUVRIR

Loup doré dans le parc national d'Arguin.

S'il est connu pour avoir été le lieu de naufrage de la célèbre frégate française *La Méduse*, cet écosystème abrite une remarquable diversité d'oiseaux, plusieurs espèces de tortues et mammifères, ainsi que des bancs de poissons. Entre dunes de sable, îlots, eaux peu profondes et marécages, le banc d'Arguin représente au total 12 000 km². Exceptionnellement contrasté, il est l'habitat le plus important de l'Atlantique occidental pour les oiseaux nicheurs d'Afrique de l'Ouest, et les échassiers migrateurs de la zone paléarctique. La partie maritime est aussi le lieu d'une activité biologique importante : les eaux sont poissonneuses, et accueillent dauphins et autres mammifères marins.

Sous l'océan

Les côtes mauritaniennes sont alternativement abordées par un courant froid venant des Canaries, et un courant chaud en provenance du golfe de Guinée, ce qui explique l'incroyable diversité de la faune maritime. Ce n'est pas la seule raison : le littoral, soumis aux alizés du nord-est, connaît d'importantes remontées d'eaux froides du fond vers la surface, un phénomène appelé *upwelling*. Ces eaux, riches en nutriments, sont à l'origine d'une intense activité phytoplanctonique, et donc du développement de l'ensemble de la chaîne alimentaire, depuis le zooplancton aux poissons, mammifères marins et oiseaux de mer. Si vous aimez la pêche, vous pourrez ramener dans votre panier mulets, raies, daurades, mérous, barracudas, bars, thons, maquereaux, poulpes et langoustes ! Mais attention, le pays pâtit déjà du pillage des industries russe, chinoise, turque et autres, laissant l'océan dépourvu de bien des espèces.

Au nord de Nouadhibou, le cap Blanc abrite une espèce en voie de disparition, le phoque moine, que vous aurez peut-être l'occasion d'observer si vous vous armez de patience ! Ils sont aujourd'hui réduits à environ 500 représentants sur la planète, la seule colonie du cap Blanc étant estimée à environ 200 individus. Cette côte est faite de hautes falaises abritant des grottes inaccessibles à l'Homme et constitue ainsi un territoire idéal aux femelles qui donnent naissance, tous les deux ans, à un seul petit. Le phoque moine, qui atteint un poids de 300 kg pour une longueur de 3 mètres une fois adulte, n'a aucune peine à se nourrir dans des eaux aussi généreuses.

Parc national du Diawling

Situé dans le bas-delta du fleuve Sénégal, le parc national du Diawling est créé en 1991 : les espaces naturels du fleuve se voyant dégradés par la construction de barrages, une zone de 16 000 ha devient site protégé, et le foyer de nombreuses espèces végétales et animales : oiseaux migrateurs, aigrettes, cormorans, pélicans, hérons y séjournent, attirés par la présence de poissons, notamment durant l'hivernage.

Depuis une dizaine d'années, les gestionnaires du parc recréent l'inondation saisonnière, à l'aide de digues et d'ouvrages, principale source de la richesse du parc. Mais l'eau se fait de plus en plus rare, ainsi que les crocodiles qui y avaient élu domicile. Restent les phacochères, bovins et quelques chèvres, qui tiennent compagnie aux dromadaires, et se régalent de la flore de la mangrove.

Ode au roi du désert

S'il est un emblème du Sahara, c'est bien le dromadaire, roi du désert ! On estime à 2 millions le nombre d'individus en Mauritanie, soit un dromadaire pour deux habitants ! Il est utilisé pour sa viande, son lait, sa peau, et pour sa coopération incroyable pour transporter bagages et individus, notamment dans la région de l'Adrar.

Le manque d'eau ne lui fait pas peur, le dromadaire peut parcourir des centaines de kilomètres sans boire. Farouche, le dromadaire n'aime pas beaucoup qu'on le touche. C'est incroyable de les voir arriver de nulle part, en plein désert, ou encore sur le goudron entre Nouakchott et Nouadhibou, parfaitement libres et solitaires.

Une biodiversité menacée

Les deux parcs nationaux de Mauritanie ont un rôle essentiel : ils permettent la survie d'espèces animales et végétales, dans un pays émergent, dont les moyens insuffisants peinent à œuvrer pour la protection de l'environnement. Le goudron reliant Nouadhibou à Nouakchott contourne le parc national du banc d'Arguin, ce qui n'était pas le cas auparavant, et mettait en péril la faune et la flore. Un problème majeur réside : la présence de sacs en plastique, partout, par terre, jusque dans le désert... Or, on sait que ce matériau met plusieurs décennies à se recycler, sans pour autant que son interdiction ne soit une priorité. Jusqu'à peu encore, on pouvait observer un cimetière de bateaux au sud de Nouadhibou ! Ils gisaient là, donnés par quelques pays riches : une flotte de navires livrée, pas d'équipage formé pour les conduire... Résultat : 150 bateaux n'ayant jamais pris l'eau rouillaient inexorablement près du littoral... Ils ne font aujourd'hui plus partie du paysage, heureusement. Du côté maritime, la surexploitation des eaux mauritaniennes par les usines étrangères ne fait pas débat, il n'y a qu'à voir les pêcheurs locaux revenir bredouille de leur quête artisanale et quotidienne. Il serait bon d'assurer la durabilité de la pêche et une meilleure gestion des ressources halieutiques...

CLIMAT

La superficie de la Mauritanie dépassant le million de km², le climat varie d'une région à l'autre, et avec lui le relief, la biodiversité, le mode de vie. Le pays pourrait ainsi être réparti en trois zones aux conditions climatiques différentes : la zone désertique d'abord, qui représente 90 % du pays, le littoral atlantique ensuite, qui rallie Nouadhibou à Nouakchott, et enfin l'extrême-sud, au départ de Nouakchott jusqu'à la frontière du Mali au sud-est, et jusqu'à la frontière du Sénégal plein sud, matérialisée par le fleuve du même nom. Avant de regarder de plus près ces variations climatiques, quelques vérités communes à l'ensemble de la Mauritanie : la saison des pluies court de juin à septembre, n'affectant que le sud du pays. Quelles que soient la région et la saison, l'ensoleillement quotidien dure neuf heures en moyenne. Et le vent y souffle, soulevant tantôt l'océan, tantôt les dunes de sable.

Saharien au nord

La Mauritanie est occupée en grande partie par le désert du Sahara, notamment au nord, dans lequel il ne pleut que très rarement. L'hiver y est plutôt frais (10 °C la nuit dans le désert, jamais moins de 20 °C le jour), et les températures dépassent facilement les 40 °C d'avril à septembre ! La pluie y est de plus en plus rare. Le réchauffement climatique aidant, les périodes de sécheresse se succèdent, et le sable gagne du terrain. L'harmattan, qui souffle suivant un axe nord-est, contribue lui aussi à l'avancée du désert.

Sahélien au sud

Lorsque l'on quitte Nouakchott en direction du Mali ou du Sénégal, le thermomètre a tôt fait de s'emballer ! C'est une région touchée par la mousson d'été. À Néma, les pluies peuvent atteindre 110 mm au mois d'août : la superposition de l'humidité et du mercure, atteignant les 36/37 °C durant l'hivernage, rend la chaleur difficilement tolérable. Le long de la frontière avec le Sénégal, les températures dépassent les 30 °C même en hiver ! Le printemps est très chaud, et la saison des pluies arrive comme un soulagement (parfois plus de 200 mm en août).

Cap sur la côte

Le littoral, de Nouakchott à Nouadhibou, bénéficie des vents marins, ce qui lui confère un climat presque tempéré. Du côté de Nouadhibou en hiver, il fait 20 °C environ, et septembre est le mois le plus chaud (rarement plus de 30 °C, sauf si le vent vient du désert). Les brumes y sont fréquentes, ce qui offre du relief au paysage. Du côté de la capitale, le climat est chaud toute l'année mais supportable... Dès lors que les tempêtes de sable ne soufflent pas ! On peut s'y baigner de janvier à décembre : la température de l'Atlantique varie de 18 à 25 °C.

Nouakchott inondée ?

La capitale mauritanienne, située en dessous du niveau de la mer, est confrontée à d'importantes inondations dès lors que la pluviométrie est abondante. L'hivernage 2022, particulièrement dense, a provoqué plusieurs disparitions, et le déplacement contraint de milliers de familles. Si le réchauffement climatique est en cause, bouleversant le taux de pluviométrie, il n'est pas le seul responsable : il s'avère que Nouakchott est construite en grande partie sur une nappe phréatique, le gouvernement ayant distribué des titres fonciers dans les bas-fonds et autres zones d'écoulement des eaux usées... !

Face aux changements climatiques

Avec un tel climat, la Mauritanie ne peut qu'être sensible aux changements climatiques : ceux-ci ont en effet des conséquences immédiates et désastreuses sur le quotidien des locaux. Les impacts futurs du changement climatique devraient inclure des pluies plus imprévisibles, une plus grande sécheresse, et une augmentation des températures moyennes, exacerbant la désertification et la pauvreté rurale. En réponse à ces défis, avec l'appui du Programme des Nations unies pour l'Environnement, la Mauritanie a obtenu un Plan National d'Adaptation et le soutien du Fonds Vert Climat, avec pour objectif de renforcer les capacités d'adaptation et de résilience.

ENVIRONNEMENT

En Mauritanie, en matière d'écologie, tout reste à faire. Avec 80 % de terres arides, ce pays désertique est constitué d'un environnement très vulnérable. La majorité de son sol est dépouillé de végétaux, laissant les vents procéder à une lente érosion en emportant le sable vers les océans ou teinter de jaune le ciel européen. À cela s'ajoutent une mauvaise gestion des sols, un surpâturage et une surexploitation des maigres ressources, menant à une situation hors de contrôle. La désertification, principal problème écologique mauritanien, prive les habitants de ressources en eau et en nourriture, mais favorise aussi de nombreuses maladies. C'est ainsi que la moitié des cas de mortalité infantile est directement liée à l'environnement, souvent à des maladies respiratoires dues à la poussière, ou à des maladies digestives dues à une malnutrition ou au manque d'eau potable. Des solutions, parfois extrêmement ambitieuses, et donc à la hauteur des enjeux, sont apportées, mais le manque de ressources ralentit leur implantation.

Contre l'avancée du désert : une muraille végétale

La Mauritanie fait partie des 11 pays engagés dans le projet ambitieux de la grande muraille verte. Ce mur végétal, traversant l'Afrique d'ouest en est, du Sénégal à Djibouti, a pour but premier d'empêcher l'avancée du Sahara vers le Sahel. La muraille devrait mesurer près de 8 000 km, soit presque la distance entre Paris et Pékin ! Si, pour l'heure, faute de moyens, seuls 15 % de la muraille ont été réalisés, principalement en Éthiopie, au Niger et en Érythrée, elle devrait être achevée d'ici 2030, d'autant que des financements se débloquent de la part de pays développés. Les retombées d'un tel projet, en plus de lutter contre la désertification, sont multiples : protection contre le vent, et donc la poussière, qui cause de nombreuses maladies, protection contre l'érosion, absorption de 250 millions de tonnes de CO_2, renouvellement des sols morts, augmentation de la pluviométrie grâce à la transpiration des arbres. Le projet porte aussi une ambition sociale, puisqu'il pourrait nourrir des milliers de personnes et créer de nombreux emplois.

Pour que ses bénéfices soient optimaux, la muraille végétale sera constituée d'espèces indigènes à chacun des écosystèmes qu'elle traverse, de manière à s'adapter au climat, au sol, et à accueillir une biodiversité foisonnante. Ainsi, la Mauritanie a été divisée en plusieurs zones écologiques. La zone sahélienne devrait accueillir des *Senegalia senegal*, des *Leptadenia pyrotechnica* et des *Balanites aegyptiaca*, autant d'espèces d'arbres locales parfaitement adaptées à la sécheresse.

Une chaleur étouffante

Avec un climat aride, la Mauritanie fait partie des pays aux premières loges du réchauffement climatique. Ses sécheresses sont de plus en plus fréquentes, de plus en plus intenses, et de plus en plus prolongées. Les vagues de chaleur, dépassant parfois exceptionnellement les 50 °C, causent occasionnellement des morts et chacune mène à une contraction importante de l'économie, puisque plus de 60 % des Mauritaniens dépendent financièrement de l'agriculture.

Dans le même temps, les feux de brousse engloutissent chaque année jusqu'à 500 000 ha de précieuse végétation. En 2021, quatre jours auront suffi pour que 200 000 ha de végétation partent en fumée.

Si le climat naturel pose les bases de cette situation catastrophique, le réchauffement climatique n'y est pas innocent. La Mauritanie ne contribue pourtant qu'à 0,1 % des émissions de CO_2 mondiales, mais en subit les conséquences de plein fouet. C'est peut-être pour cela qu'elle comprend l'importance de s'engager face au réchauffement climatique. Elle s'est ainsi engagée à réduire de 92 % ses émissions de CO_2 d'ici 2030, avec l'aide du Programme des Nations unies pour le développement (PNUD). L'énergie solaire est envisagée comme une solution : un projet d'autant plus vital qu'une grande partie de la population ne reçoit pas encore d'électricité, pourtant considérée comme un facteur de développement. Jusqu'à 200 villages pourraient ainsi être électrifiés, d'après l'accord signé en juin 2022 avec le PNUD.

Les déchets face au manque d'infrastructures

Les villes sont les plus grandes victimes des décharges où s'amoncellent les déchets sans autres issues. La plus grande du pays, située au sud de Tivirit, reçoit chaque jour près de 1 000 tonnes de détritus, qui s'y accumulent depuis une quinzaine d'années, principalement venus de la capitale **Nouakchott** ★★★ (p.77). Face à cette montagne qui ne cesse de grandir, la population manifeste vivement pour réclamer une solution. Il faut dire que si la fermeture de la décharge a été annoncée il y a deux ans, elle n'est toujours pas effective, faute d'autre solution. Cette situation pèse pourtant lourd sur l'environnement, puisque les déchets se retrouvent régulièrement dans la nature, où viennent polluer les maigres ressources en eau. Elle cause aussi du tort à la santé publique, puisque les cas de cancers se multiplient face à cette pollution. Toutefois, des solutions existent. La ville d'Atar (p.148), dans l'ouest du pays, se veut même depuis 2021 une vitrine d'une politique qui pourrait être menée à l'échelle nationale. Avec l'aide occidentale, deux camions, une chargeuse et un utilitaire ont été fournis à la ville de près de 30 000 habitants, des formations ont été dispensées, et le matériel déjà présent a été réhabilité, pour venir compléter le matériel et les comités déjà présents. La gestion des déchets mise en place dans la ville s'annonce déjà être un succès.

L'eau : un long combat

Sécheresse persistante et manque de fonds pour créer des infrastructures mènent la Mauritanie à une quête permanente pour l'or bleu. Si les ressources souterraines sont déjà rares, et les pluies peu fréquentes, il existe même des communes situées à des endroits sans nappe phréatique continue. Et quand, finalement, on accède à l'eau, celle-ci est salée par le sable du désert ! Les grandes villes comme Nouakchott sont quant à elles surtout confrontées au manque d'infrastructures d'assainissement de l'eau. Si l'accès à l'eau s'est sensiblement amélioré ces dernières années, l'assainissement peine, en effet, à s'installer, si bien que l'eau est source de nombreuses maladies (malaria, diarrhée, dengue)…

Les solutions à ces problématiques sont surtout confrontées au manque de fonds. Ainsi, Nouakchott est dans l'attente d'investissements pour une centrale de dessalement qui devrait traiter 200 000 m³ par jour : une petite révolution pour la ville d'un million d'habitants. La banque mondiale et l'Agence française de développement (AFD) ont chacune contribué à l'accès à l'eau potable, à hauteur de 50 millions d'euros au total, mais le défi à relever est tel que les progrès, bien que bien présents, sont lents.

Les parcs nationaux

Sur son territoire, la Mauritanie dénombre trois parcs nationaux, et d'autres aires protégées sous d'autres statuts. Parmi eux, le parc national du Diawling est un véritable succès de la protection environnementale ! Il ne partait pourtant pas du bon pied, puisqu'il a ouvert ses portes à la suite d'une catastrophe environnementale. Le delta du fleuve Sénégal était autrefois l'une des régions les plus luxuriantes d'Afrique de l'Ouest. La faune et la flore s'enrichissaient au rythme

© TRAVEL TELLY - SHUTTERSTOCK.COM

Vanneau éperonné.

des crues cycliques du fleuve, qui inondaient la vallée, jusqu'à ce que la construction de deux barrages dans les années 1970 ne viennent perturber ce cycle. Ils auront ainsi asséché le terrain, le livrant à la désertification. C'est ainsi qu'est né, en 1991, le parc national du Diawling, comme une solution durable pour rétablir l'équilibre. Trente ans plus tard, la végétation a repris ses quartiers, accompagnée d'une riche flore. À sa création, le parc ne comptait que 3 espèces d'oiseaux. Aujourd'hui, on en dénombre 369, dont plusieurs espèces menacées !

Le parc national du Banc d'Arguin a quant à lui un objectif de conservation double, puisqu'il couvre à la fois des écosystèmes terrestres et marins. Son intérêt est tel qu'il a été classé au patrimoine mondial de l'Unesco en 1989. Il faut dire que la rencontre entre son étendue désertique et les côtes atlantiques crée un environnement remarquable et très contrasté, où de nombreuses espèces vivent. Il constitue ainsi l'un des habitats les plus importants au monde pour les oiseaux nicheurs, dont il compte entre 50 000 et 80 000 individus ! Dans l'eau, ce sont 45 espèces de poissons et 11 espèces de crustacés qui s'épanouissent. On trouve également des espèces menacées comme des tortues vertes (*Chelonia mydas*), classées en danger, ou le dauphin à bosse de l'Atlantique (*Sousa teuszii*), en danger critique d'extinction.

Enfin, le parc national d'Awleigat, dont la création a été décidée en 2006, n'en est encore qu'à ses balbutiements. Il a pour objectif de conserver la biodiversité locale, voire de réintroduire certaines espèces qui ont déserté le territoire, comme l'autruche d'Afrique (*Struthio camelus*).

HISTOIRE

La Mauritanie n'a pas toujours été ce grand pays, enclavé par le Maroc et le Sénégal, dans lequel le temps semble s'être arrêté. La Mauritanie n'a même pas toujours été cette vaste étendue désertique, où les épisodes de sécheresse se succèdent ! Elle fut en son époque verte, humide et tempérée, et le foyer de civilisations en quête de ressources et de vivres. Plus tard elle sera tour à tour possession de l'empire du Ghana, du royaume des Almoravides, prise par la conquête arabe ou encore colonie française, et elle accède (enfin) à l'indépendance en 1960. Depuis, le pays subit des putschs en nombre, et semble rencontrer des difficultés quant à l'acquisition d'une forme de stabilité politique. En 2019 cependant, la première élection présidentielle sans coup d'État a eu lieu, apportant l'espoir d'une justice nationale… En quelques dates phares, bref aperçu de l'histoire de la République islamique de Mauritanie.

Aux origines

800 000 AV. J.-C.

Apparition des premières traces humaines : bien qu'aucun squelette datant de cette période n'ait été retrouvé en Mauritanie, l'analyse des restes osseux trouvés plus au nord et au sud ainsi que les caractéristiques techniques de l'outillage trouvé sur les sites paléolithiques permettent d'avancer une cohabitation d'hommes blancs, venus d'Afrique du Nord, et d'hommes mélanodermes venus du sud ou de l'est, ces mouvements de population étant liés aux variations climatiques du Sahara, qui n'a pas toujours été un désert. Il y eut un Sahara tempéré, humide et verdoyant ! Le mode de vie des paléolithiques sahariens reste pour l'heure inconnu, néanmoins vestiges fossiles et outils de pierre témoignent de leur présence (galet aménagé, biface).

8 000 AV. J.-C.

Arrivée d'une population de chasseurs-pêcheurs venus du sud (Bafours), attirés par le climat tempéré, la fertilité des terres et la présence de gibiers, poissons et coquillages. On estime la population des villages de la falaise de l'Aouker à 400 000 personnes à l'époque néolithique, quand aujourd'hui demeurent quelque 800 habitants à Tichitt ou à Oualata !

4 000 AV. J.-C

Découverte de la céramique : à cette époque, autour des points d'eau, l'argile abondait. Le tournage était fait à la main, les poteries étaient montées au colombin, pour réaliser des formes très diverses, allant du bol à la jarre, en passant par la réserve d'eau. À cette même période, trois activités nouvelles révolutionnent l'ère néolithique : l'élevage et l'agriculture, entraînant une sédentarisation progressive, et donc une nécessité à la construction et l'architecture.

En 2000 av. J.-C., c'est la fin de l'ère néolithique : la région se désertifie progressivement, ce qui conduit les populations à migrer à nouveau vers le sud.

Ier SIÈCLE

Le dromadaire remplace le cheval, animal désormais trop fragile dans le Sahara redevenu sec et aride. Le chameau est l'instrument de la domination des Berbères, beaucoup plus résistant aux conditions difficiles qu'offre le désert.

À cette même époque, des mines de cuivre sont découvertes à Akjoujt, et permettent la fabrication d'armes et d'outils plus efficaces.

IIIe-VIIIe SIÈCLES

L'Empire du Ghana

Création de l'Empire du Ghana par les Soninkés, peuple animiste vivant à la limite sud du Sahara. Initialement appelé Wagadou, ce petit royaume s'agrandit par la suite pour devenir le premier des trois grands empires marquant l'Afrique de l'Ouest.

En 734, les premiers Arabo-berbères renversent le pouvoir dans l'Empire du Ghana. Leur occupation favorise le commerce transsaharien de l'or, des esclaves et du sel, contribuant ainsi à l'expansion du royaume, qui s'étend alors du delta du Niger jusqu'à la haute vallée du Sénégal.

XIe-XIIe SIÈCLES

L'épopée almoravide

Fondation de l'Empire almoravide par des tribus de Berbères sahariens. Ces confréries de moines guerriers entreprennent de propager un islam austère, de la Mauritanie à la péninsule Ibérique, en passant par le Mali.

En 1054, les Almoravides musulmans prennent Aoudaghost, la capitale économique de l'Empire du Ghana.

En 1077, c'est au tour de la capitale, Koumbi Saleh, de tomber aux mains d'Abou Bekr (meneur des Almoravides). La région accueille de plus en plus de marchands du Maghreb et l'islam s'implante naturellement au sud du Sahara, y compris auprès des populations noires-africaines : ainsi, la guerre sainte est gagnée.

En 1147, c'est la fin de la domination des Almoravides musulmans.

À la fin du siècle, la Mauritanie devient une extension du Mali et de Sanghey, qui étaient alors deux grands empires.

DÉBUT DU XVe SIÈCLE

Conquête arabe

Seconde vague d'arabisation menée par des tribus hassanes, venues de Haute-Égypte, qui imposent leur langue, le hassaniya.

Le commerce d'or et d'esclaves est progressivement détourné vers les côtes atlantiques, et s'intensifie : le premier comptoir européen (portugais) s'établit dans la baie d'Arguin. Un comptoir est un lieu de départ pour la traite négrière.

1855-1858 — **Territoire français**
Annexion de la rive mauritanienne du lac Sénégal par le Français Louis Faidherbe, officier du génie et gouverneur du Sénégal.

1889 — L'État français crée la Mauritanie occidentale.

1919 — La Mauritanie devient un territoire militaire appartenant à la France.

1920-1932 — L'entièreté du territoire mauritanien est occupée par la France (l'extrême nord du pays résistait encore...). La Mauritanie devient alors colonie de l'Afrique-Occidentale française (AOF). Elle est administrée depuis Saint-Louis du Sénégal.

1946 — De colonie de l'AOF, la Mauritanie change de statut, pour adopter celui de territoire d'Outre-mer de la République française.

1957 — Nouakchott devient la capitale de la Mauritanie.
Cette même année, premiers accrochages entre l'Armée de Libération Nationale et l'armée française.

28 NOVEMBRE 1958 — La République islamique de Mauritanie est proclamée. Cependant, elle demeure au sein de la Communauté française : un statut de république autonome lui est conféré.

28 NOVEMBRE 1960 — **L'indépendance (re)trouvée**
Moktar Ould Daddah, président du gouvernement provisoire de la République islamique de Mauritanie, proclame l'indépendance de son pays.

5 JUIN 1961 — Un régime de type présidentiel est instauré par la nouvelle Constitution. Deux mois plus tard, le premier président de la Mauritanie est élu, en la personne de Moktar Ould Daddah.

1973 — La Mauritanie obtient une nouvelle monnaie, l'ouguiya. Elle sort alors de la zone du franc CFA, monnaie adoptée sous la colonisation française. La même année, la Mauritanie devient membre de la Ligue arabe.

1975 — La Mauritanie occupe une partie du Sahara occidental, quitté par les Espagnols. Débute alors un conflit avec le Front Polisario, mouvement nationaliste sahraoui, qui prône l'indépendance du Sahara occidental. En 1979, Mauritanie et Front Polisario signent un cessez-le-feu. La Mauritanie délaisse ses revendications sur une partie du Sahara occidental, à la faveur du Maroc, qui s'installe dans les zones anciennement convoitées par la Mauritanie.

10 JUILLET 1978

Des coups d'État en série

Ould Daddah est renversé par un coup d'État, mené par Mustapha Ould Saleck. En 1980, un gouvernement civil est constitué.

1981

Abolition officielle de l'esclavage.

12 DÉCEMBRE 1984

Suite à un nouveau coup d'État, le colonel Maaouya Ould Sid'Ahmed Taya s'installe à la tête de la Mauritanie.

1989

Rupture des relations entre la Mauritanie et le Sénégal, à la suite d'un conflit entre paysans sénégalais et pasteurs peuls mauritaniens. Des émeutes violentes éclatent dans les deux capitales la dernière semaine d'avril. Le 3 mai, le gouvernement maure expulse de son territoire l'ensemble de la communauté sénégalaise, même les Mauritaniens d'origine sénégalaise.

24 JANVIER 1992

Première élection présidentielle multipartite : c'est le colonel Maaouiya Ould Sid'Ahmed Taya qui l'emporte, à la tête du pays depuis son coup d'État de 1984.

En mars de la même année a lieu la première élection législative multipartite.

En 1997, le président Maaouiya Ould Taya s'offre un second mandat, remportant l'élection de nouveau.

2003-2005

Première tentative de coup d'État sérieuse contre Maaouya Ould Sid'Ahmed Taya, qui échoue.

En novembre de la même année, le président est réélu pour un troisième mandat. C'est le point de départ de nombreux mouvements sociaux et de tentatives de putschs, qui ébranlent le pays jusqu'au renversement de Taya en août 2005. Le nouvel homme fort de la Mauritanie est alors le colonel Ely Ould Mohamed Vall.

2007

L'horizon d'une démocratie

Le 25 mars voit apparaître la première élection présidentielle du pays avec un second tour, elle offre la victoire à Sidi Ould Cheikh Abdallahi.

En avril, alors qu'elle en avait été exclue en 2005 à cause d'un coup d'État, la Mauritanie réintègre l'Union africaine.

En décembre à Aleg, au sud du pays, 4 membres d'une même famille, des touristes français, sont assassinés. Al-Qaïda au Maghreb islamique (AQMI) revendique ces meurtres, ce qui place la Mauritanie dans une zone rouge par la diplomatie française.

2008

Nouveau coup d'État en août, sans violence : le président Sidi Ould Cheikh Abdallahi est chassé du pouvoir par le général Mohammed Ould Abdel Aziz, qui installe un gouvernement civil de transition. Le diplomate Moulaye Ould Mohamed Laghdaf, ancien ambassadeur à Bruxelles, le dirige.

En septembre, dans le nord de la Mauritanie, 12 soldats sont tués par l'organisation terroriste Al-Qaïda au Maghreb islamique (AQMI)... C'est l'appel à la guerre sainte, que la Mauritanie se gardera de rejoindre.

2009 En juillet, Abdel Aziz est donné vainqueur des élections présidentielles, à l'issue d'un vote contesté.

Il est réélu le 21 juin 2014, avec 82 % des voix.

21 MAI 2014 Des ministres de l'Intérieur du Groupe des Cinq du Sahel (G5 Sahel) créent à Nouakchott une plate-forme de coopération destinée à la lutte contre le terrorisme. Le G5 Sahel réunit la Mauritanie, le Mali, le Burkina Faso, le Niger et le Tchad.

13 AOÛT 2015

La question de l'esclavage

Le Parlement adopte une nouvelle loi durcissant la répression de l'esclavage, considéré comme crime contre l'humanité dans le pays depuis 2012.

20 OCTOBRE 2016 Fin du dialogue national entre la majorité et quelques partis d'opposition : la limitation des mandats présidentiels est maintenue.

JUIN 2019

L'espoir d'une stabilité

Mohamed Ould Abdel Aziz soutient le général à la retraite et ancien ministre de la Défense Mohamed Ould Ghazouani, qui est élu dès le premier tour des élections présidentielles avec 52,01 % des voix. Pour la première fois, une passation de pouvoir a lieu sans coup d'État ! Depuis l'indépendance du pays tout au moins, en 1960 pour rappel. Une illusion de démocratie à nuancer néanmoins : alors que des manifestations éclatent, menées par des militants de l'opposition, après l'annonce de la victoire du candidat à la présidentielle, ceux-ci sont arrêtés pour mettre un terme à ce remue-ménage. Au même moment, coupure du réseau Internet : la Mauritanie retrouve la connexion quelques jours plus tard, rétablie par le gouvernement...

6 MAI 2020 Un projet de loi relative à la lutte contre la violence à l'égard des femmes et des filles est approuvé par le Conseil des ministres, en réponse aux manifestations des Mauritaniens exigeant la criminalisation du viol et des violences faites aux femmes et aux filles.

JANVIER 2023 Inculpés pour corruption depuis mars 2021, le procès contre l'ex-président mauritanien Mohamed Ould Abdel Aziz et plusieurs hautes personnalités s'ouvre en janvier 2023. L'ancien président est poursuivi pour des soupçons d'enrichissement personnel.

LES ENJEUX ACTUELS

Avec un taux de croissance de 2,5 % en 2021, la Mauritanie tente de faire face aux effets négatifs de la pandémie de Covid-19, qui a rejailli sur le marché du travail, interrompu la reprise progressive du tourisme, et entraîné une hausse du taux d'extrême pauvreté. Un long chemin reste à parcourir, sous la menace de plusieurs risques : la crise liée à la guerre en Ukraine et son impact sur l'économie réelle, les conséquences du cours élevé du pétrole et des denrées alimentaires (ralentissement de l'activité économique et insécurité alimentaire), les cycles récurrents de sécheresse et leur incidence (baisse de la production agricole et du revenu des ménages), ainsi que l'insécurité dans la région du Sahel qui expose la Mauritanie à de possibles troubles, rendant méfiants les touristes étrangers potentiels. Tour d'horizon des défis majeurs à relever pour ce pays trait d'union entre Maghreb et Afrique subsaharienne.

Une stabilité politique ?

Depuis son indépendance en 1960, la Mauritanie a connu 6 coups d'État ! Le dernier date de 2008, contre le général Mohamed Ould Abdel Aziz qui s'autoproclame président en 2009, après avoir revendiqué sa victoire lors d'une élection très contestée. En janvier 2023 s'est ouvert un procès contre cet ancien président, poursuivi pour enrichissement illicite.

Depuis le 1er août 2019, c'est Mohamed Ould El-Ghazaouani qui est au pouvoir, son élection marquant la première transition pacifique de l'histoire politique mauritanienne ! Les partis politiques représentés au Parlement se sont réunis autour de la nouvelle présidence afin de lancer un renouveau démocratique et social, ainsi qu'un pacte républicain. Un premier pas vers une stabilité politique pour la Mauritanie ? Le lendemain de l'élection présidentielle de 2019, l'accès à Internet était bloqué, empêchant ainsi la liberté de l'échange...

Face au terrorisme

La Mauritanie revendique être le pays le plus paisible de la zone Sahel. Si des attaques terroristes sont fréquentes dans les pays voisins (Mali notamment), la Mauritanie n'en a pas connu depuis 2011. Le gouvernement organise régulièrement des conférences sur l'islam, prônant le rejet de la violence et de l'extrémisme, véhiculant un message d'ouverture, et cherchant ainsi à endiguer les menaces de radicalisme religieux. Le pays souhaite de cette façon relancer le tourisme, en rassurant les visiteurs étrangers sur sa stabilité. La reprise du tourisme en Mauritanie permettrait dans le même temps de relancer une économie très précaire. Pour cela, l'agence Point-Afrique œuvre depuis de nombreuses années : en décembre 2021, après deux ans d'un confinement isolant la Mauritanie du reste du monde, un vol était à nouveau affrété vers Atar, l'Adrar souhaitant prendre un nouveau départ.

La question du Sahara occidental

Selon l'ONU, à l'heure actuelle, le Sahara occidental est un territoire non autonome : le royaume du Maroc et la république arabe sahraouie démocratique se le disputent. Comme d'autres parties du monde – la ville de Jérusalem par exemple –, son statut définitif est en suspens, dans une zone d'entre-deux. Si un cessez-le-feu demeurait néanmoins, en novembre 2020 il a été troublé : dans la zone du poste-frontière de Guerguerat, alors que le trafic routier vers la Mauritanie était gelé par les indépendantistes sahraouis, le Maroc s'est lancé dans une opération de déblocage. Mécontent, le Front Polisario a déclaré l'état de guerre en réaction... Les deux entités s'affrontent depuis lors de combats sporadiques.

La Mauritanie important l'essentiel de ses fruits et légumes du Maroc, ce conflit impacte directement la vie quotidienne des Mauritaniens et il est donc vital pour eux qu'une entente perdure.

Un pays de transit

La Mauritanie est un pays de transit pour les réfugiés et migrants qui cherchent à se rendre en Afrique du Nord ou en Europe. Elle est également un pays d'accueil pour celles et ceux qui cherchent un emploi saisonnier dans les secteurs de la pêche et de l'industrie minière. Les deux plus grandes villes du pays, Nouakchott et Nouadhibou, ont accueilli en 2020 près de 6 000 réfugiés. À l'extrême sud-est de la Mauritanie, à 60 km de la frontière malienne, se situe le camp de Mbera, qui compte plus de 55 000 réfugiés maliens fuyant les violences des groupes jihadistes ou celles de l'armée malienne, un camp qui prend des allures de ville permanente... Malgré un accord de paix ayant mis fin aux soulèvements dans le désert du nord du Mali, les tensions continuent et les populations n'envisagent pas de retourner dans leur pays d'origine.

L'éducation comme moteur de croissance

L'un des défis de la Mauritanie consiste à améliorer son système éducatif, lequel constitue un frein au développement économique du pays. Non accessibilité de certains enfants à une éducation de base, manque d'infrastructures et de moyens humains... Le gouvernement doit nécessairement contribuer à l'amélioration de la qualité de ses enseignants et à la réduction de l'absentéisme, ainsi que mettre l'accent sur une plus forte implication de la communauté au niveau local. L'accès à l'éducation secondaire, notamment pour les filles, est un sujet primordial. En 2022, la Mauritanie s'engage à renforcer le droit à l'éducation : en effet, une nouvelle loi rend l'enseignement obligatoire de 6 à 15 ans et reconnaît que « l'éducation est un droit fondamental garanti à toute la population mauritanienne, sans discrimination de genre et d'origine sociale, culturelle, linguistique ou géographique ». Une loi qui, de plus, proscrit les châtiments corporels et toutes les formes de maltraitance morale... L'UNESCO accompagne le pays dans l'application de cette loi, prometteuse.

L'autonomisation des femmes

Un projet pour l'autonomisation des femmes et le dividende démographique au Sahel cible les filles âgées de 10 à 19 ans, susceptibles d'être victimes de mariage forcé ou de grossesse précoce. Ces dernières sont accompagnées, par l'Agence Française de Développement et la Banque mondiale, dans le but de mettre fin aux pratiques néfastes et de les maintenir à l'école. Pour les femmes artisanes exerçant dans le pays, la réunion au sein de coopératives permet une meilleure visibilité, une entraide, ainsi qu'une économie un peu moins fragile.
À noter : la création de l'Observatoire national des droits des femmes et des filles, en 2020, afin de lutter contre toutes les formes de discrimination à leur encontre, et de promouvoir leurs droits dans les politiques publiques.

De nouvelles perspectives

Gestion des ressources naturelles, développement des filières d'élevage, amélioration de la santé et de l'hygiène, renforcement de la sécurité alimentaire, accès à l'eau, augmentation des sources d'énergie renouvelable, telles sont les actions à mener pour offrir à la Mauritanie des perspectives de croissance. Classée parmi les pays les moins avancés de la planète, la Mauritanie doit se consolider. De plus, avec les épisodes de sécheresse se succédant, et le secteur de la pêche subissant une pression continue de la part des usines étrangères, le pays a besoin d'être soutenu pour faire face à un désastre écologique probable. Une perspective prometteuse à l'horizon : un gisement sous-marin, situé 5 200 mètres de profondeur au large, sur la frontière entre la Mauritanie et le Sénégal, contiendrait 425 milliards de mètres cubes de gaz ! Une manne financière espérée...

ARCHITECTURE

« Le pays au million de poètes » et au fascinant et mystérieux désert a attiré nombre d'aventuriers et d'explorateurs. Certains y ont découvert des sites préhistoriques révélant une étonnante architecture domestique et funéraire. D'autres y ont mis au jour les vestiges des premières capitales de l'Empire du Ghana et de la dynastie Almoravide. Mais les véritables trésors mauritaniens sont ses ksour, villages fortifiés du désert classés au Patrimoine mondial de l'Unesco. La période coloniale, elle, a laissé d'intéressants forts et les vestiges de prospères cités minières. Depuis l'indépendance, Nouakchott, la capitale, fait face à une croissance urbaine sans précédent qui fait naître partout des quartiers informels. Mais nombreux sont ceux à imaginer de nouvelles politiques urbaines plus durables et à développer des projets mêlant tradition et respect de l'environnement, des notions indissociables des richesses vernaculaires du pays. Fascinant !

Architecture de légende

Les superbes étendues du désert mauritanien abritent les témoins d'une fascinante architecture préhistorique funéraire. Les alignements de pierre, dont les plus complexes peuvent aller jusqu'à 3 rangées savamment agencées, y côtoient d'étonnantes nécropoles, à l'image de celle du site de Lembetet el-Kbir. Cette dernière, qui s'élève à 40 m au-dessus du reg, abrite 160 tombeaux de formes variées. Sur l'affleurement rocheux et jusque dans la plaine, on retrouve des tumuli de formes circulaires ou rectangulaires, tandis que le sommet et le haut des pentes rocheuses abritent des monuments funéraires aux formes plus élaborées. Les *bazinas* ou tombes à degrés, de formes circulaires, sont constituées de 3 assises concentriques. La chambre funéraire proprement dite y est placée au centre et est construite en encorbellement. Le corps du défunt y est placé sur une dalle servant de plancher, ou directement sur le sol. Le site abrite également des barkhanes, vastes amas de pierre qui, comme leur nom l'indique, prennent une forme rappelant un croissant de sable. L'ouverture entre les 2 branches de la plus grande barkhane atteint 27,60 m. La chambre funéraire s'y compose d'une structure circulaire en blocs de quartzite grossièrement appareillés. Dans d'autres parties du Sahara, aventuriers et archéologues ont également découvert des chouchet (pluriel de choucha), monuments funéraires composés d'une tour aux allures de cheminée et d'assises circulaires régulières dont la forme générale rappelle la margelle d'un puits. Le désert saharien abrite aussi d'incroyables vestiges de grands villages néolithiques, tels Chebka, de forme allongée, Akreijit, en éventail, et Tijot, de plan circulaire. Tous trois se caractérisent par une architecture en pierres sèches, un agencement alvéolaire de l'habitat et un réseau étroit de ruelles et places publiques. Le plus célèbre est le site d'**Aghrijit** ★★ (p.121) découvert par le non moins célèbre Théodore Monod. Délimité par un mur de 2 m de haut et 1,5 m d'épaisseur, le village se compose de séries de ruelles donnant sur des espaces ouverts destinés à accueillir les grands rassemblements publics. Les enclos de pierres sèches, généralement de forme rectangulaire, servent à délimiter plusieurs unités d'habitation organisées autour d'un foyer central. Akreijit possède également à sa périphérie des parcs à bestiaux et des champs délimités par des blocs de pierre. Ces collectivités agropastorales néolithiques ont ainsi imaginé un urbanisme fonctionnel dont les grands principes seront repris au fil des siècles !

Fascinant Moyen Age

Devenu un site archéologique de premier plan, **Koumbi Saleh** ★ (p.115) laisse deviner la splendeur de celle qui fut la première capitale de l'Empire du Ghana et qui a vu se développer un art architectural d'exception, fait notamment d'un usage unique de plaques de schiste local. Des descriptions que les grands voyageurs de l'époque firent de la cité, on retient que la capitale se composait de deux entités distinctes : la ville des musulmans qui abritait pas moins de 12 mosquées, et la ville du roi, avec des édifices construits en pierre et bois d'acacia et un vaste palais clôturé. L'espace séparant les deux entités était occupé par des huttes de bois de plan circulaire. Les vestiges du monument animiste et de la grande mosquée sont sans doute les plus spectaculaires du site. Autre étonnant site archéologique à ne pas manquer : le paysage culturel d'**Azougui** (p.151), première capitale de la grande dynastie des Almoravides. De l'oasis originelle, où la cité fut construite, subsiste toujours le très ingénieux système d'irrigation.

Ksour de Chinguetti.

C'est au cœur de cette fertile oasis que les Almoravides construisirent une forteresse en pierres sèches dont le mur d'enceinte protège un îlot urbain agencé en différentes concessions.
Mais les sites médiévaux les plus célèbres de Mauritanie sont bien sûr les ksour de Chinguetti, Ouadane, Tichitt et Oualata, tous classés au Patrimoine mondial de l'Unesco. Fondées aux XIe et XIIe siècles, ces cités furent à la fois d'importants centres caravaniers et marchands et de puissants foyers culturels et religieux. Le ksar est un village fortifié protégé par un mur d'enceinte et dont le tissu urbain, très dense et serré, se compose de passages étroits et sinueux menant à une grande place publique et aux espaces collectifs, tandis que les habitations, disposées de façon très compacte, se blottissent généralement autour des mosquées. Cette compacité a une fonction pratique, permettant de se protéger des vents, du sable et de la chaleur, et une fonction symbolique assurant l'application des principes d'ascétisme et de dépouillement de l'islam saharien. L'autre caractéristique phare de ces ksour est leur manière de se fondre dans leur environnement. L'utilisation de matériaux locaux (grès aux reflets gris, verts ou rouges ; argile ocrée utilisée comme torchis, pisé ou banco) assure une cohérence visuelle avec les paysages désertiques alentour. En pierres sèches et laissées nues, ou couvertes d'un crépi ou d'un torchis ocrés, les habitations y sont également massives et compactes, de volumes souvent cubiques. Leurs rares ouvertures sont protégées d'entrelacs de bois ou de métal forgé, tandis que leurs toitures, plates le plus généralement, sont constituées d'un savant agencement de troncs et branches de palmiers ou dattiers assurant protection et ventilation. Ces habitations sont organisées autour d'une cour ou d'un patio intérieur. Chinguetti est célèbre pour sa grande mosquée coiffée de 5 œufs d'autruche et flanquée d'un minaret carré, ses dizaines de bibliothèques et ses habitations en pierre de taille et revêtement de banco protégées par des portes massives en acacia. Mais c'est Oualata qui abrite les plus belles demeures. De style soudanien, ces maisons à étages sont articulées autour d'une grande cour centrale, cachées à la vue par des chicanes et se caractérisent par une structure en pierres sèches entièrement recouverte d'un crépi d'argile rouge ou ocre que les femmes décorent d'arabesques, entrelacs et motifs géométriques peints au doigt. Ornées de clous et de heurtoirs ouvragés, leurs portes en bois contribuent à la beauté de ces demeures.

Epoque coloniale

L'architecture coloniale est d'abord une architecture défensive et militaire. Volumes compacts et massifs en pierres et briques de terre, plans carrés ou rectangulaires organisés autour de cours centrales, tours d'angle, éléments bastionnés et en saillie caractérisent ces forts du désert. Dans le nord de la Mauritanie, les forts avaient pour but de surveiller les tribus nomades. Les forts les plus célèbres sont le Fort Aïn Ben Tili et le Fort de Chegga avec son impressionnant portail flanqué de part et d'autre de quatre coupoles et ses remparts crénelés d'un ton ocré qui le rendent presque invisible. On retrouve cette volonté de se fondre dans l'environnement dans les forts de l'Adrar. Le Fort Claudel de Chinguetti et les forts de Bir Ziri et Agoueidir comptent parmi les plus intéressants. A l'origine, Nouakchott, la capitale, n'était aussi qu'un camp militaire. C'est en 1959 que l'architecte français André Leconte dresse le nouveau plan d'urbanisme de la nouvelle capitale, la divisant en deux noyaux : l'un autour du fort originel et l'autre autour de la mosquée. En parallèle, les Français construisent de petites cités minières où les volumes simples et le béton sont rois. C'est le cas à Cansado, dont on peut encore voir les vestiges d'un hôtel très moderniste, ou bien à Zouerate qui alterne entre grands immeubles blancs à l'européenne et petites maisons de briques rouges rappelant les villes minières françaises.

Depuis l'indépendance

L'effervescence de l'indépendance s'accompagne d'une sorte de fièvre constructrice. Les structures étatiques sont standardisées et préfabriquées, les logements privilégiés étant des blocs d'habitation simples, de forme cubique rappelant les grands ensembles de type européen, mais ne dépassant généralement pas les 3 étages. Dès les années 1970, la ville de Nouakchott connaît une croissance sans précédent du fait d'un exode rural massif. La ville voit ainsi se développer d'innombrables quartiers d'habitat informel baptisés *kébbés*. Ces derniers sont la traduction urbaine de la délicate transition entre modes de vie agropastoraux traditionnels et modes de vie urbains importés. Nombreux sont les paysans et nomades sédentarisés à préférer ce caractère informel à l'architecture standardisée, les *kébbés* leur permettant de conserver la structure de l'enclos délimitant différents espaces fonctionnels, la cuisine étant toujours séparée des espaces d'habitation, et abritant des baraques faites de bric et de broc et des tentes traditionnelles. Face à l'augmentation de ces « bidonvilles », les autorités ont lancé quelques programmes de constructions, comme celui de la SOCOGIM (Société de Construction et de Gestion Immobilière) qui, en 10 ans, a construit 12 000 logements et attribué près de 16 000 parcelles pour favoriser un habitat contrôlé… mais ce programme était bien trop modeste pour juguler une croissance exponentielle. Face à ces échecs, certains *kébbés* sont devenus des *gazras*, quartiers d'habitat informel légalisés et disposant de meilleurs accès aux infrastructures, autant d'éléments révélateurs des dérives urbaines d'une ville créée ex-nihilo, qui n'a jamais disposé d'un cadastre officiel et dont les plans d'urbanisme n'ont jamais pu être mis en place du fait de problèmes de financement et de corruption. Aux problèmes de saturation de l'espace s'ajoutent des menaces environnementales majeures. La ville s'est développée à l'abri d'un cordon dunaire que les infrastructures portuaires ayant modifié les courants marins ne cessent de déstabiliser ; les structures s'étant construites directement sur ces dunes montrent d'ailleurs des signes de grande fragilité. Face à ces menaces, un nouveau SDAU (Schéma Directeur d'Aménagement et d'Urbanisme) a été mis en place pour l'horizon 2040. Objectifs : densifier les quartiers formels, restructurer et équiper les quartiers informels, et renoncer aux sites impropres tout en protégeant l'environnement via notamment une politique de mobilité urbaine durable. En matière architecturale, le projet d'extension/réhabilitation du Lycée Théodore Monod est un bel exemple de ce vers quoi la capitale pourrait tendre à grande échelle. Pensé en harmonie avec le reste du campus de l'ambassade de France où il prend place, le lycée possède une ossature en béton armé recouverte d'un enduit fin et habillée de pierres de taille de la région d'Attar, tandis que l'intérieur est protégé par d'élégants brise-soleil en béton. Pour l'isolation thermique et l'étanchéité, les architectes se sont inspirés d'une technique traditionnelle basée sur l'emploi de coquillages associés au sable. La blancheur des matériaux permet une réverbération importante du soleil et donc d'éviter l'échauffement de la toiture. Allier tradition et modernité, voilà la clé !

Richesse vernaculaire

Dans les plaines désertiques du Sahara, certaines communautés, dont les Peuls, vivent dans des habitats de chaume. Ressemblant à des dômes, ces habitations se composent d'une ossature le plus souvent en tiges de mil sur lesquelles sont placés des treillis de roseaux tressés. Cette structure est ensuite recouverte de couches de chaume cousues entre elles. Les portes y sont souvent basses pour se protéger des assauts du désert, tandis que de petites ouvertures permettent une ventilation constante. On retrouve cette ossature en bois dans les *tikit*, huttes des villages touarègues aux toits de palmes tressées. Au cœur du Parc national du Banc d'Arguin, les pêcheurs ont construit de petites maisons cubiques à toit plat et aux murs joliment colorés, mais beaucoup de ces pêcheurs sont en réalité des nomades sédentarisés qui n'ont jamais abandonné leur habitat traditionnel : la tente ou khaïma. Dans les grands centres urbains, on retrouve même ces tentes sur les toits des maisons ou dans les cours intérieures. Au cœur du désert, ces tentes sont le plus souvent réalisées en coton blanc ou en peaux de bête noires (chez les Touaregs, les peaux sont entièrement dépourvues de leurs poils avant d'être cousues). Leur solide système de charpente, pensé pour supporter plusieurs couches de tissus, se compose d'un mât central, d'une poutre faîtière et de montants tendus par des tirants fixés à des cordes, elles-mêmes stabilisées par des piquets dans le sable. A l'exception du *glad al khaïma*, collier décoratif placé sur le sommet, la sobriété prime à l'extérieur, tandis que l'intérieur fait l'objet de toutes les attentions décoratives avec tapis muraux et coussins. A Nouakchott notamment, ce sont les femmes qui s'occupent de la confection des tentes. Elles achètent différents tissus bigarrés sur les marchés et s'attellent à les coudre solidement selon des motifs géométriques élaborés rappelant le patchwork.

Glad al khaïma.

BEAUX-ARTS

Au cœur de brassages ethniques ancestraux, la Mauritanie se distingue par sa diversité culturelle. Ce vaste territoire abrite de précieux témoignages picturaux des premiers Hommes. De tout temps, la peinture fut l'égale de la musique et de la poésie dans le cœur des populations mauritaniennes. A l'heure actuelle, la culture de « la patrie au million de poètes » se redessine grâce à une éclosion de lieux d'échanges. Les artistes sont les premiers à encourager les regroupements culturels. L'action sociale est volontiers associée à l'art, que ce soit à titre individuel ou collectif. Ainsi, de grands talents comme la plasticienne Amy Sow sont à l'initiative d'échanges et de manifestations multiculturelles. Grâce à leurs actions, une nouvelle génération prometteuse s'affirme sur le devant de la scène artistique. Attachés aux traditions et ouverts sur le monde, Oumar Ball, Béchir Malum ou encore Malika Diagana se tournent vers demain.

Art rupestre

A l'instar d'autres pays sahariens comme l'Algérie, le Mali, le Niger et le Tchad, la Mauritanie est riche en peintures et en gravures rupestres. Datées du début du Néolithique (vers 7 000 av. J.-C.), elles représentent les spécimens de la faune sauvage : crocodiles, girafes, éléphants et rhinocéros. D'autres artistes, 4 000 ans plus tard, nous montrent surtout leurs troupeaux de bovins. Vers 1 000 av. J.-C., les scènes de chasse font leur apparition sur la roche.

Les gravures et peintures rupestres sont concentrées dans la région de l'Adrar, à El-Ghallâouïya, au nord-est de Ouadane et dans la passe d'Amogjar (p.152). Une célèbre frise de danseurs orne l'un des abris sous-roche du site d'Agrour Amogjar. Plus généralement, les *dhars* qui longent les pistes entre Atar, Tidjikja, Tichit et Oualata sont truffés de ces représentations, particulièrement à Aghrijit ★★ (p.121). Ce petit village, situé à une trentaine de kilomètres à l'est de Tichit, présente l'avantage, en plus de ces gravures rupestres, d'être un site archéologique exceptionnel.

Scène culturelle

Terre de métissage arabo-berbère et subsaharienne, la Mauritanie voit ses artistes s'organiser depuis une vingtaine d'années. La peinture est le moyen d'expression dominant. L'Union des Artistes Peintres de Mauritanie est fondée en 1999 ; en 2009, le M-Art, un collectif de jeunes plasticiens, s'organise. Pour la plupart autodidactes, les artistes s'adaptent au manque de structures. Saleh Lô apprend la peinture grâce à des tutos. Il traite des thèmes sociaux, comme les enfants de la rue et l'esclavage, dans un style réaliste. Habile portraitiste, il multiplie les résidences et les programmes d'échanges culturels. Malika Diagana exprime son talent par la photographie. Née d'un père mauritanien et d'une mère cap-verdienne, elle poursuit des études de graphisme et de vidéo à Dakar. Dans ses portraits, le plus souvent en noir et blanc, elle évoque un multiculturalisme entre passé et futur.

Amy Sow

L'artiste Amy Sow est très impliquée dans le milieu de l'art. Née en 1977 à Nouakchott, elle questionne la condition féminine dans ses peintures. Sa première exposition est accueillie en 2004 au Musée National (p.86)de Nouakchott. Bien vite, la plasticienne d'origine peule est reconnue au-delà des frontières. Elle est invitée à exposer au Festival mondial des arts nègres de Dakar, en 2010, puis en Espagne, et aux États-Unis.

A la tête du Festival Libre Art (+), elle ouvre Art Gallé (p.85) à Nouakchott, à la fois galerie d'art et résidence d'artistes. Ce lieu, entièrement construit en matériaux de récupération, a reçu Emmanuel Macron lors d'une visite officielle. A noter, « Ar Galle » signifie en peule « viens à la maison » !

Artistes mauritaniens d'ailleurs

Des artistes, expatriés, ont choisi la Mauritanie comme le Britannique Chris Anthem qui aime peindre en plein air, sur la côte atlantique. On retrouve dans ses œuvres la langueur et la luminosité de la plage mauritanienne. Il expose à la galerie Zeinart, lieu de rencontres qui œuvre à une meilleure connaissance de la Mauritanie.

Depuis 1998, l'artiste française Nicole Vignote s'est établie en Mauritanie. Après avoir côtoyé le milieu artistique parisien, du côté de la Bastille, elle voyage aux quatre coins du monde avant de poser ses bagages en Mauritanie. Peintre et sculptrice, elle puise dans toutes les cultures qu'elle a croisées sur sa route. L'artiste est aussi la fondatrice de l'Association des Artistes Mauritaniens et du Cercle des Poètes. Nicole Vignote

© DULEYRIE - STOCK.ADOBE.COM

Gravures rupestres, Amogjar.

anime des ateliers d'arts plastiques et agit en faveur des droits de l'enfant à l'occasion de manifestations culturelles locales.

Première vague d'artistes

Parmi les autodidactes qui ont posé les jalons de l'art mauritanien, Hamed, né à Rosso, arrive à la peinture par la calligraphie. A la faveur de son style minimaliste tout en courbes et en couleurs chaudes, il invite à découvrir le quotidien des nomades.

Souleymane Abbas, peintre et sculpteur, vit entre la Mauritanie et le Sénégal. Ses œuvres empreintes de sagesse et de poésie se situent à la charnière de l'abstraction et de l'art subsaharien. Il est l'un des fondateurs de la Maison des artistes.

Moctar Ould Sidi Mohamed, plus connu sous le nom de Mokhis, naît en 1957 à Rosso. D'abord dessinateur, il passe à la peinture en préparant lui-même ses toiles et ses pigments. Son geste s'appuie sur l'instinct, la respiration, le mouvement automatique et la lumière. La jeune génération le cite volontiers comme son maître.

Pionnier de la peinture contemporaine mauritanienne, Mamadou Anne découvre sa fibre artistique au cours d'un voyage en Italie, dans les années 1970. Passionné de musique et de peinture, ses tableaux font penser à une danse de formes et de couleurs.

La relève

Ces vingt dernières années, de nouveaux lieux d'exposition voient le jour. En 2003, deux enseignantes ouvrent la première galerie privée à Nouakchott : la galerie Sinaa. Le lieu se déplace ensuite à l'îlot K et s'agrandit. Arts et artisanats locaux y sont les bienvenus.

La peintre Zeinebou Mint Chiaa, née en 1986 à Nouakchott, donne vie à son imagination par le dessin, et la peinture. Élève du peintre Mokhis à la Maison des artistes à la Socogim Tevragh'Zeïna, elle se tourne vers l'abstraction. Ses grandes toiles réalisées en techniques mixtes associent le sable, les pigments, le collage et la peinture. Elles ont été exposées à l'Institut Français de Nouakchott. Zeinebou Mint Chiaa utilise une partie de ses bénéfices pour aider les enfants en difficulté.

Également élève de Mokhis, Mohamed Aly arrive à la peinture par la calligraphie. Son inspiration, nourrie de culture nomade et de motifs ancestraux, s'exprime dans un style résolument moderne.

La galerie Zeinart continue de promouvoir la diversité. Parmi les artistes locaux qu'elle soutient, on peut admirer des peintres abstraits comme Mamadou Anne ou découvrir le jeune Oumar Ball, notre coup de cœur ! Ce génie précoce est très apprécié dans son pays mais aussi en Europe. La reconnaissance d'Oumar Ball est grandement méritée. En sculpture, ses silhouettes filiformes intemporelles attestent d'une étonnante maturité. Quant à ses dessins d'animaux, ils évoquent l'art rupestre, avec une touche de poésie et une pointe d'abstraction qui les rendent inoubliables. Des talents à suivre de près…

MUSIQUES ET SCÈNES

Trait d'union entre le Maghreb et l'Afrique noire, la Mauritanie est une terre de passage. Voilà, en partie, comment au fil des siècles sa musique a absorbé et mélangé les influences du Proche-Orient, à travers l'islam, ainsi que celles des Berbères. Un pays composé de différentes ethnies et dont la musique reflète la multiculturalité. C'est particulièrement frappant lorsque l'on se penche sur ses traditions musicales, clairement scindées en deux, partagées entre celles des ethnies Beidane (les « Maures blancs ») et Haratins (les « Maures noirs »). La Mauritanie est un pays de griots et surtout de griottes puisque ce sont les femmes les artistes les plus reconnues dans le domaine. Et il suffit d'écouter les œuvres de Dimi Mint Abba et Malouma pour comprendre pourquoi. On ressort généralement époustouflé par l'intensité et la beauté envoûtante de ces chansons du désert. Le souffle et le mystère du désert, on les retrouve aussi chez Group Doueh, des rockeurs des sables et virtuoses de la guitare qui n'ont pas fini de fasciner les labels et mélomanes internationaux.

Les musiques et danses traditionnelles

La musique traditionnelle maure la plus courante est peut-être l'*azâwân*. Elle est jouée par les griots maures, les Iggawin, reliés à l'ethnie des Beidanes (ou « maures blancs ») et possédant une organisation sociale calquée sur celles des griots mandingues. D'une certaine manière, la musique est le pré carré de ces griots maures puisque les Iggawin sont membres de la caste des artisans, et sont en conséquence les seuls à jouer et chanter la musique traditionnelle de manière professionnelle. Répétitive et intense, l'*azâwân* est parcourue d'influences berbères et africaines, aussi bien dans les sonorités que dans le vocabulaire. La plupart du temps, les griots interprètent des poèmes chantés en langue hassanya et louent en chanson les chefs ou incitent au courage, à la générosité mais peuvent aussi chanter des textes drôles et divertissants.

Ils s'accompagnent d'instruments traditionnels, dont l'emblématique *tidinit*, sorte de luth à quatre cordes au son métallique. Son usage est réservé aux hommes contrairement à l'*ardîn,* l'instrument des griottes, sorte de harpe d'une quarantaine de centimètres jouée par les femmes exclusivement et possédant une dizaine de cordes. Aux côtés de ces instruments, on trouve généralement des percussions comme le *t'bol* ou « tambour des sables », fabriqué à partir d'une grosse calebasse.

Les deux emblèmes de la musique traditionnelle des Iggawin sont des femmes : Dimi Mint Abba et Malouma. La première, Dimi Mint Abba (1958-2011), est surnommée la « Diva du désert ». Née de parents tous deux musiciens (sa mère est une joueuse d'*ardîn* émérite), Dimi développe un talent précoce. Cependant, sa carrière professionnelle ne débute vraiment qu'en 1976 tandis qu'elle participe au concours Oum-Kalthoum à Tunis où elle représente la Mauritanie. Fin des années 1980, début des années 1990, sa carrière s'accélère, elle enregistre quelques disques et se produit régulièrement en Europe et aux États-Unis. Parmi ses œuvres, l'album *Moorish Music From Mauritani,* enregistré avec son mari khalifa Ould Eide et leurs deux filles, est un fascinant témoignage de la musique du pays (dont l'écoute est chaudement recommandée). Virtuose de l'*ardîn*, Dimi Mint Abba demeure l'une des plus importantes ambassadrices culturelles de son pays. Un rôle que sa belle-fille Noura Mint Seymali s'emploie à prolonger via sa musique.

Autre icône du pays, Malouma (née en 1960) est aussi une femme politique et une militante importante. Dès sa première chanson *Habibi Habeytou*, Malouma adresse une critique sévère sur le traitement des femmes au sein du couple. Un succès immédiat, doublé d'une polémique auprès des autorités et des classes conservatrices qui voient d'un mauvais œil le succès de ses paroles contestataires. Après un mariage forcé qui l'oblige au silence dans les années 1980, elle revient avec un style propre, navigant entre tradition, blues, pop et jazz. Ses chansons continuent de militer et abordent des sujets controversés comme la vie conjugale, le féminisme, les inégalités ou les droits de l'Homme, ce qui lui vaut d'être boudée des ondes, voire censurée. Peu importe, Malouma devient la chanteuse du peuple. Une popularité et un engagement qui lui permettront d'être élue sénatrice en 2007.

Deux artistes, deux icônes et certainement les deux personnalités maures les plus célèbres internationalement de nos jours.

Moins connue hors de ses frontières, n'oublions pas pour autant cette excellente musicienne qu'est Tahra Mint Hembara. Elle aussi issue d'une famille de griots, au talent également précoce, la carrière de Tahra décolle à Paris tandis qu'elle est étudiante à la Sorbonne. Elle y fait la rencontre du fameux jazzman Didier Lockwood qui l'aide à enregistrer son premier album *Yamen Yamen* en 1989. Pour l'anecdote, un de ses morceaux est adapté par David Bowie [*Don't Let Me Down & Down*, sur l'album *Black Tie White Noise* en 1993]. Mais c'est surtout pour son style musical, fusion des toutes les musiques maures [*azâwân*, *medh*] et du jazz, voire du rock, que Tahra continue de marquer les esprits.

Notons que toutes les artistes précédemment mentionnées sont de grandes musiciennes d'*ardîn*, un instrument consacré au sein d'un festival se tenant tous les ans à Nouakchott, où se produisent immanquablement les meilleures interprètes en activité.

Si l'*azâwân* est la musique des Beidanes [les « Maures blancs »], le *medh* est celle propre aux Haratins [aussi appelés « Maures noirs »]. Souvent pratiqués le jeudi soir, veille de la grande prière du vendredi, ces chants à la gloire du Prophète de l'islam confinent parfois à la transe et peuvent être un peu assimilés au gospel américain.

Les Haratins pratiquent aussi des danses spectaculaires, dont les plus connues sont la *bleïda* et la *kashra*, mises en scène de représentations d'actes de la vie quotidienne - comme des parties de chasse.

Hormis les œuvres des artistes mentionnés ici, on ne peut que conseiller d'écouter également les albums *Griots de Mauritanie: Hodh Occidental: Trarza* - saisissant enregistrement de griots mauritaniens - ainsi que *Chants de Griots*, réalisé par l'Ensemble El Moukhadrami et édité en 1994 par l'Institut du Monde Arabe. Deux très belles fenêtres sur la tradition musicale du pays.

Moins conventionnel, l'Orchestre National de Mauritanie est également une bonne porte d'entrée vers la musique maure. Contrairement à ce que son nom pourrait laisser entendre, l'Orchestre National de Mauritanie n'est pas une formation symphonique mais bien un ensemble de musique traditionnelle. Et un excellent, qui plus est. Formé en 1968, il fut le groupe officiel du pays en période postcoloniale. Dirigé par le jeune Hadrami Ould Meidah, l'ensemble avait l'ambition très moderne de sortir la musique classique maure de son système rigide et complexe pour l'emmener vers des orchestrations tout en guitares électriques et cuivres. Le tout, en étant perméable aux sonorités du monde et en écrivant des textes en plusieurs langues afin de rendre hommage aux diverses ethnies du pays. Le coup d'État militaire de 1978 sonna la fin du groupe, les autorités réclamant même que les enregistrements soient brûlés. Heureusement, quelques archives ont pu être sauvées, un album ayant même été édité récemment à partir de ces dernières - sur le fabuleux label Sahel Sound [consacré aux rééditions de trésors de l'Afrique de l'Ouest]. Sur le même label, on conseillera également *Nouakchott Wedding Songs*, fabuleuse compilation de chants de mariage joués au *tidinit*, intenses, parfois jusqu'à la transe. Sahel Sound : une valeur sûre.

Les amoureux de la musique maure et les mélomanes curieux ne manqueront sous aucun prétexte le Festival International des Musiques Nomades. Créé en 2004, ce rendez-vous annuel installé à Nouakchott durant avril promeut le dialogue entre les cultures nomades et entre tradition et modernité.

Les musiques actuelles

Contrairement aux magnifiques paysages maures, la jeune scène musicale n'est pas désertique, loin de là. Parmi les artistes à connaître, Ahmedou Ahmed Lowla est un des plus intrigants. Surprenante à la première écoute, sa musique festive puise dans les sonorités traditionnelles qu'il joue comme de l'électronique, à l'aide d'un synthétiseur cheap des années 1990. Un style qu'il a baptisé « WZN » et qu'il essaye de faire connaître hors de ses frontières. Star en Mauritanie, Ahmedou Ahmed Lowla compte sur *Terrouzi*, son premier album disponible en Europe [et sorti chez Sahel Sounds, encore eux] pour y parvenir.

Eux sont connus hors de leurs frontières, surtout depuis qu'ils ont collaboré avec le groupe de rock français Cheveu. « Eux », c'est Group Doueh, un grand brassage de traditions maures, notamment l'*azâwân* mais version rock psychédélique du désert. C'est puissant, brut et plutôt virtuose à la guitare.

Citons enfin Noura Mint Seymali, la belle-fille de Dimi Mint Abba, qui emmène les traditions musicales des Iggawin vers des terres plus contemporaines. On retrouve la même fièvre, la même intensité que dans la musique des griots mais avec quelque chose de plus rock'n'roll dans l'attitude. Des morceaux tout en *tidinît*, *ardîn*, puissance et nuance.

LITTÉRATURE

En plus de ses frontières aussi mouvantes que le sable du Sahara, la Mauritanie connaît une certaine instabilité politique depuis l'indépendance obtenue en 1960. Ce contexte délicat explique, au moins en partie, que la littérature contemporaine soit encore assez timorée, d'autant plus que les langues – de l'officielle (arabe) à l'administrative (français), en passant par le peul, le soninké ou le wolof – sont aussi nombreuses que les ethnies qui composent la population de ce petit pays. Bien entendu, cela ne fera pas oublier que Chinguetti, ville inscrite au patrimoine mondial de l'Unesco, mérite son surnom de « Sorbonne du Désert » grâce à ses nombreuses bibliothèques et à leurs fonds inestimables – certains manuscrits remontent en effet au IXe siècle –, ni que la Mauritanie tire son nom des Maures, peuple berbère à la riche tradition orale. Aujourd'hui, les publications commencent à se multiplier et préfigurent certainement une riche littérature à venir.

Langues et littérature

Que la littérature mauritanienne n'ait pas encore connu un véritable essor – contrairement à celui rencontré dans des pays aussi proches que le sont le Mali ou le Sénégal, par exemple, également anciennes colonies – s'explique selon certains intellectuels par deux raisons. La première est que les écrits des auteurs nationaux peinent à intégrer les manuels scolaires. Ce problème, qui interroge plus globalement à l'échelle du continent, est désormais pris en compte : à la fin du XXe siècle ont commencé à apparaître des revues spécialisées dans la littérature émergente, et le programme de l'Université de Nouakchott a été révisé. La seconde explication tiendrait dans le rapport qu'entretient la Mauritanie avec les langues, écrites ou parlées, par les différentes ethnies qui composent sa population. Ainsi, si l'arabe (sans qu'il ne soit précisé lequel, quand bien même l'arabe classique, l'arabe moderne et l'hassanya ne sont pas forcément intercompréhensibles) est langue officielle depuis 1968, que le français l'est resté jusqu'en 1991 (mais est encore largement pratiqué et utilisé), aucun statut n'a été accordé aux langues parlées par la communauté négro-mauritanienne qui s'inquiétait, encore en 2022 avec l'adoption d'une nouvelle loi sur l'enseignement en école primaire, que l'arabe ne lui soit imposé. Ce débat – politique et résultant notamment de l'arbitraire découpage géographique lors de la colonisation – ainsi que l'unilinguisme (plus fréquent au nord qu'au sud du pays) ont sans doute contribué, eux aussi, au manque de perméabilité et donc à l'invisibilité des écrivains.

Pour autant, une littérature existe en Mauritanie. Principalement écrite en français, elle a émergé – fait étonnant – après la décolonisation puisqu'il est généralement admis que le premier ouvrage contemporain est *Presque griffonnages ou la Francophonie* que Oumar Bâ (1917-1998) a fait paraître en 1966. Ce poète, illustre mais dont le parcours est mal documenté, a par ailleurs récolté *Dix-huit poèmes peuls modernes* dont il a donné traduction (consultables en ligne sur le site Persée.fr) et rédigé l'essai *Le Fouta-Tôro, au carrefour des cultures* (éditions L'Harmattan) qui confirmait son intérêt pour la tradition orale. Dans ses pas s'inscrivit Téné Youssouf Gueye, né en 1923, qui excella dans tous les genres puisqu'il composa des nouvelles, regroupées sous le titre *L'Orée du Sahel*, des poèmes (*Sahéliennes*) et une pièce de théâtre, *Les Exilés de Goumel*, éditée en 1975 à Dakar. Son unique roman – *Relia ou le chemin de l'honneur*, s'intéressant aux us et coutumes de la société de Kaédi au sein de laquelle il avait grandi – ne connut malheureusement pas la suite escomptée. En effet, arrêté en 1986 pour avoir signé *Le Manifeste du Négro-Mauritanien opprimé*, à une époque où le colonel Sidi Ahmed Ould Taya se livrait à une terrible oppression à l'encontre des Noirs, il perdit la vie à la prison de Oualata deux ans plus tard.

La littérature contemporaine

Toujours timide, la littérature mauritanienne se fait plus accessible avec les générations de la seconde partie du XXe siècle, elle continue par ailleurs de se décliner sous toutes ses formes : théâtre avec Moussa Diagana (*La Légende du Wagadu vue par Sïa Yatabéré*, *Targuiya*, *Un quart d'heure avant*…) et poésie (*Cherguiya : odes lyriques à une femme du Sahel*, *Notules de rêves pour une symphonie amoureuse*, dont est extrait « Mon pays est une perle discrète », une formule qui deviendra proverbiale) avec Ousmane Moussa Diagana. Du côté du roman, Di Ben Amar donne vie, dans *Îlot de peine dans un océan de sable*, à un héros nomade du Nord mauritanien parti chercher fortune à Dakar. Sa quête prendra des allures d'épopée malheu-

© LENA HA - SHUTTERSTOCK.COM

Bibliothèque de Chinguetti.

reuse et se fera le symbole du douloureux cheminement qui mène de la perte des traditions à la modernité. Un thème qui trouvera écho dans le *Dernier des nomades* de El Ghassem Ould Ahmedou qui donnera à son livre une portée ethnographique incontestable. Si, à l'aube des années 1990, Moussa Ould Ebnou tentera une percée vers la science-fiction (*L'Amour impossible*, *Barzakh*), bien vite les thèmes de prédilection rattachant la littérature aux questionnements du quotidien reprendront le dessus, quand ils ne se feront pas dénonciation des problématiques sociétales comme dans *J'étais à Oulata : le racisme d'État en Mauritanie* de Alassane Harouna Boye (L'Harmattan) ou dans *Otages*, un livre au fort accent autobiographique de Mama Moussa Diaw, auteur qui a grandi entre la Mauritanie et le Sénégal, et subi les affrontements qui ont opposé ces deux pays en 1989.

Le pur témoignage rejoint le courant réaliste et le style s'aiguise avec des écrivains qui ont finalement gagné une portée internationale en faisant céder les barrières éditoriales. C'est ainsi que le poète Abdoul-Ali War, né en 1951 à Bababé et habitant désormais en France où il évolue dans le milieu du cinéma, a fait paraître son recueil *J'ai égaré mon nom* aux éditions Obsidiane en 2020. Quant à Mbarek Ould Beyrouk, s'il est toujours au catalogue de Elyzad (maison d'édition tunisienne dont les livres sont aussi distribués en France) avec certains de ses titres emblématiques tels que *Le Griot de l'émir* ou *Je suis seul*, il a désormais également intégré celui de Sabine Wespieser en 2021 avec *Parias*, une confession dans laquelle se dessine la Mauritanie d'aujourd'hui. Récipiendaire du prestigieux prix Ahmadou-Kourouma en 2016 pour *Le Tambour des larmes* (Elyzad), l'histoire d'une jeune fille qui tombe enceinte et doit fuir le mariage que veulent lui imposer ses parents, Beyrouk est sans aucun doute l'une des voix mauritaniennes importantes, mais il ne faudra pas non plus oublier Aichetou qui porte celle de ses congénères féminines dans ses textes qui oscillent, dans un bel équilibre, entre récits, nouvelles et poésie (*Je suis N'Daté…*, *La Fin des esseulées*, *Au-delà des frontières*, etc.). Bios Diallo – qui dirige l'association Traversées Mauritanides œuvrant depuis 2006 au rayonnement des écrivains via un site Internet, l'organisation de rencontres littéraires et l'animation d'une maison de quartier –, a notamment publié chez L'Harmattan (*Les Pleurs de l'arc-en-ciel*, *Les Os de la terre*, *Une vie de sébile*) et chez Obsidiane (*La Saigne*). Il contribue aussi à la magnifique revue *Apulée* initiée par Hubert Haddad au sein des éditions Zulma. Enfin, la toute jeune Fanta Dramé a fait paraître chez Plon, en 2022, un premier roman qui a tout d'un récit vrai puisqu'elle raconte dans *Ajar-Paris* la vie de son père – né en Mauritanie, exilé en France – et, à travers lui, sa double culture.

TOP 10

LECTURE

Pays de désert ouvert sur l'océan Atlantique, frontière naturelle entre l'Afrique du Nord et l'Afrique sub-saharienne, ancienne colonie française devenu indépendante, territoire où se côtoient les langues et les ethnies, la Mauritanie est décidément une terre de contrastes qui n'en finit plus de fasciner les explorateurs et d'inspirer les écrivains.

FATACUMBA ET AUTRES CONTES DE MAURITANIE

Pas moins de huit histoires issues de la tradition orale où les marabouts, princesses et lapins parlants permettent de découvrir les coutumes locales. Dès 6 ans.
Mamadou Sall et Elsa Huet, *éditions Grandir.*

PARIAS

© SABINE WESPIESER ÉDITEUR

Un roman qui dialogue entre un père qui a voulu abandonner sa famille pour une femme, et son fils qui a trouvé refuge chez des amis, ou le récit d'un drame qui dessine la réalité d'un pays.
Beyrouk, *éditions Sabine Wespieser.*

WALANGAN : L'EAU QUI DANSE

© ÉDITIONS TOHU BOHU

Une remontée du fleuve Sénégal qui permet de découvrir les pays qu'il traverse, et les conséquences du réchauffement climatique.
Yves Barou, *éditions Tohu Bohu.*

AJAR-PARIS

À la mort de sa grand-mère, l'auteure se rend pour la première fois dans le village natal de son père, un voyage qui la bouleverse. Premier roman.
Fanta Dramé, *éditions Plon.*

CE DERNIER VENDREDI AVEC TOI...

© ÉDITIONS L'HARMATTAN

Née dans le désert du Traza et élevée près de sa grand-mère, cheffe de leur campement bédouin, l'auteure revient sur son enfance si particulière.
Aichetou, *éditions L'Harmattan.*

LES NAUFRAGÉS DE LA MÉDUSE

© ÉDITIONS CASTERMAN

C'est sans doute le naufrage le plus célèbre de l'histoire. Depuis, l'épave de *La Méduse* a été retrouvée et des éléments sont exposées au Musée National de Nouakchott.
Jean-Sébastien Bordas et Jean-Christophe Deveney, *éditions Casterman.*

PIEDS NUS À TRAVERS LA MAURITANIE [1933-1934]

Un voyage dans le temps et dans l'espace, en compagnie de deux jeunes femmes qui, dans le plus parfait dénuement, ont parcouru des milliers de kilomètres à pied.
Odette du Puigaudeau, *éditions Libretto.*

LA SAIGNE

© ÉDITIONS OBSIDIANE

Dans ce recueil, le poète s'intéresse à l'amour familial pour mieux dénoncer les conflits identitaires et religieux qui divisent les siens.
Bios Diallo, *éditions Obsidiane.*

BMK PARIS BAMAKO

© HACHETTE PRATIQUE

Un livre de recettes traditionnelles qui laisse la part belle aux saveurs, salées ou sucrées, de l'Afrique de l'Ouest.
Abdoulaye et Fousseyni Djikine, Marie-Liessse Cabaret, *éditions Hachette Pratique.*

LES SAUTERELLES : PIÈCE EN CINQ ACTES

Dramaturge né à Metz en 1969, Émile Fabre a usé de sa plume pour critiquer la colonisation française.
Émile Fabre, *éditions L'Harmattan.*

A L'ÉCRAN

Un cinéma mort-né, pourrait-on dire. L'histoire du cinéma mauritanien est faite d'espoir et de déconfiture, tant elle a été construite autour de figures marquantes, sans qui le cinéma a périclité. Il en est ainsi de Hemmam Fall, producteur et l'un des pères fondateurs du septième art mauritanien, disparu trop tôt. Ou de l'Office National du Cinéma, qui disparaît à la fin des années 1970, faute de soutien. Heureusement, le cinéma mauritanien connaît un renouveau depuis les années 2000, grâce notamment au succès international d'artistes comme Abderrahmane Sissako. *Timbuktu*, premier film à rafler le César du meilleur réalisateur pour un africain, donne à son auteur Sissako une portée mondiale dont le cinéma mauritanien a diablement besoin. Et ce, en inspirant des vocations, et en insufflant une énergie à la nouvelle génération. Reste à voir si le public, inexistant dans ce pays sans salles, pourra de nouveau être au rendez-vous.

« Il n'y a pas de cinéma mauritanien »

C'est ainsi que s'exprimait un critique, questionné en 2014 par RFI à l'occasion de la sortie de *Timbuktu* d'Abderrahmane Sissako. Non pas que celui-ci n'ait jamais existé, mais il a au contraire disparu très jeune, faute de soutien et d'une réelle volonté de mettre en place une industrie nationale. Avant l'indépendance, il est en tout cas difficile de retracer l'histoire d'un cinéma mauritanien encore sous la tutelle française. Dans un pays qui comptait une dizaine de salles à peine pour 1 million d'habitants, le septième art va se construire de manière balbutiante à l'indépendance du pays. C'est par l'impulsion de deux personnalités que le public va petit à petit prendre le chemin du grand écran. Un Français du nom de Gaumèze devient l'un des premiers exploitants de salles du pays, tandis que le touche-à-tout Hammam – ou Hemmam selon les graphies – Fall développe un réseau de petits complexes, rachetant les salles jusqu'alors gérées par les colons. De gérant de salle, il devient producteur, puis réalisateur dans les années 1970, avec des films entre documentaires et fictions comme *Terjit* (1976), ou *Nomade moderne* (1977). A la fin de la décennie, la capitale Nouakchott compte dix salles de cinéma, appartenant toutes à l'auteur devenu homme d'affaires. Mais son décès prématuré en 1978, quelques mois avant celui de l'autre père du cinéma mauritanien Ould Saleck, précipite l'industrie nationale naissante vers une nouvelle période de disette. Sans aide du gouvernement nouvellement constitué, l'Office National du Cinéma, mis en place sous la république islamique, disparaît.

DÉCOUVRIR

© MOUCHAGUE PATRICK - SHUTTERSTOCK.COM

Le désert a servi de décor pour le film Le 5ème élément de Luc Besson.

Depuis, il n'y a plus vraiment de salles de cinéma en Mauritanie. La télévision satellite, le DVD et les supports numériques sont le moyen privilégié pour diffuser le cinéma dans un pays où il est extrêmement difficile de réaliser son film, encore aujourd'hui.
Cela étant dit, la créativité des cinéastes mauritaniens s'exprime à l'étranger, et ce depuis les années 1960. Parmi ces réalisateurs, citons Med Hondo, cinéaste mauritanien émigré en France, et qui connaît une carrière difficile du fait du racisme de la société française de l'époque. De ses expériences, il tire son premier long-métrage, *Soleil Ô* (1971), une œuvre furieuse et rebelle qui narre l'histoire d'un immigré noir parti à Paris pour marcher dans les traces de « ses ancêtres les Gaulois ». Et les désillusions qui s'ensuivent. Salué par la critique, il est projeté à Cannes et remporte le Léopard d'Or au Festival de Locarno. Malgré une distribution difficile, le film est passé à la postérité dans les circuits internationaux, et auprès des plus grands. Fin des années 2010, juste avant le décès de Hondo, Martin Scorsese a contribué à la restauration de cette œuvre unique, désormais visible en vidéo à la demande. Med Hondo, au-delà du cinéaste, est aussi un acteur doubleur bien connu des Français. Il a interprété les voix d'Eddy Murphy et Morgan Freeman, notamment dans *Shrek*. Une manière de continuer à vivre du cinéma, tout en poursuivant ses réalisations uniques, à l'instar de *West Indies* (1979), *Sarraounia* (1986) ou plus récemment *Fatima, l'Algérienne de Dakar* (2004).
En parallèle, plusieurs cinéastes développent une carrière en se formant à l'étranger. Début des années 2000, Abderrahmane Sissako se fait connaître avec *En attendant le bonheur* (2002), qui remporte le prix de la presse internationale au festival de Cannes. Sissako travaille à la mise en place, avec d'autres cinéastes mauritaniens dont Abderrahmane Ahmed Salem, de la Maison des cinéastes. C'est désormais ce dernier qui dirige cet institut de formation et d'accompagnement de jeunes réalisateurs, qui s'attelle à faire naître de nouvelles étoiles. La Maison des cinéastes est également à l'initiative de la Semaine Nationale du Film, l'occasion pour les jeunes créateurs de faire découvrir leurs films au public. En 2014, Sissako devient le premier Africain à remporter le César du meilleur réalisateur, avec *Timbuktu*. Tourné dans l'impressionnante ville de Oualata, c'est une œuvre qui sera également récompensée du César du meilleur film et de celui du meilleur scénario, avant de s'envoler pour les Oscars. Du côté des réalisatrices, Mariem Mint Beyrouk est la première cinéaste mauritanienne, également militante pour l'intégration des femmes dans l'industrie audiovisuelle nationale. Son documentaire *Les Chercheuses de pierre* (2008) a notamment été primé à Bruxelles, et son travail en télévision est aujourd'hui reconnu au-delà des frontières.
Une belle victoire, même si le chemin est encore long vers une réelle cinématographie nationale. En 1978, Sidney Sokhona, cinéaste mauritanien et désormais homme politique, écrivait pour les *Cahiers du Cinéma* : « L'Afrique a été colonisée, et son cinéma aussi. » Un constat amer, mais aussi un message pour les nouvelles générations, un appel à l'indépendance cinématographique, et à toujours plus de création.

Anecdotes de tournage en Mauritanie

Le saviez-vous ? *Le Cinquième Élément* de Luc Besson (1997), mettant en scène Bruce Willis, Milla Jovovich ou encore Gary Oldman et Maïwenn, a en partie été tourné en Mauritanie. Les scènes se déroulant en Égypte, entourée de mythologie et permettant de retrouver le fameux cinquième élément, mettent en lumière la beauté des déserts mauritaniens. Les intérieurs, par contre, ont été intégralement reconstitués en studio. D'ailleurs, les enfants qui animent la première séquence du film ont dû être castés à nouveau, faute de pouvoir faire s'envoler l'équipe de Mauritanie vers l'Angleterre, où ont été tournées les scènes dans les fameux studios de Pinewood.
Plus récemment, c'est la ville de Rosso qui accueille quelques scènes du film *Désigné coupable,* ou *The Mauritanian* de Kevin Macdonald (2021). Dans ce *biopic* poignant racontant l'histoire de Mohamedou Ould Slahi, enfermé à tort à Guantanamo, Tahar Rahim incarne l'homme originaire de Rosso. Le film, principalement tourné à Cape Town (qui tient lieu et place de Guantanamo), fait halte pour quelques scènes dans la région natale de Mohamedou. Salué par la critique, autant pour sa réalisation que pour les prestations de Jodie Foster et Tahar Rahim, *Désigné coupable* mérite le détour, le temps de votre voyage jusqu'à ce pays riche en paysages et en culture.

POPULATION

Avec près de 5 millions d'habitants en 2023, la population en Mauritanie ne cesse de croître : en 1960, le pays comptait 850 000 habitants environ, soit une augmentation de plus de 400 % en 60 ans ! L'espérance de vie y est de 68 ans, et la population occupe seulement 1/5e du territoire mauritanien ! Elle se répartie ainsi : population arabo-berbère au nord et dans le désert, population africaine-mauritanienne au sud. Cela s'explique par les frontières limitrophes, l'immigration jouant un rôle fort dans le paysage du pays. Les langues officielles de Mauritanie sont le français et bien sûr l'arabe, l'hassanyia plus précisément : il s'agit d'un arabe très pur importé de Haute-Égypte au XIIIe siècle par les Hassanes, tribu nomade. Le hassanyia est un dialecte issu de l'arabe littéraire du *Coran*, pratiqué par 80 % de la population. Les autres ethnies présentes dans le pays ont conservé leurs dialectes (pulaar, soninké, wolof, etc.).

Le pays des Maures

Officiellement, les Maures représentent 75 à 80 % de la population mauritanienne. Ces derniers sont à la base de la construction de l'État mauritanien, pour avoir pris les rênes du pays dès son indépendance, en 1960. On distingue 2 groupes parmi les Arabes mauritaniens : les Beidanes, dits Maures blancs, et les Haratines, dits Maures noirs. Les premiers constitueraient 30 à 35 % de la population, et les seconds 40 à 45 %. Les Beidanes sont issus de vagues successives de migrations des tribus Banu Hassan depuis le Maroc, métissées avec les peuples berbères préexistants, tandis que les Haratines sont une communauté d'esclaves affranchis d'origine africaine-mauritanienne. Ces derniers seraient d'origine bafour, ancienne communauté d'agriculteurs et de pasteurs résidant en Mauritanie et au Sahara occidental.

Nomades à l'origine, les Maures ont été contraints d'adopter un mode de vie plus sédentaire du fait des sécheresses successives, et de l'attraction des villes. Les nomades représentent aujourd'hui moins de 2 % de la population globale mauritanienne.

La question des Haratines

Aboli en 1981, reconnu dans la Constitution comme un crime contre l'humanité en 2012, l'esclavage n'existe plus officiellement en Mauritanie. Cependant, il toucherait encore entre 1 et 2 % de la population haratine au minimum, soit environ 90 000 personnes, d'après le *Global Slavery Index*. En arabe, *haratine* signifie « accéder à la liberté », et en hassania « affranchi ».

Les Haratines sont arabo-berbères par la culture, africains-mauritaniens par l'origine ethnique. Le fait de comptabiliser les Haratines parmi les Arabes mauritaniens est une continuité de l'esclavage : en effet, ils représentent un enjeu politique majeur, dans la mesure où leur intégration à la communauté arabe rend celle-ci majoritaire, et permet aux Maures de gouverner le pays. L'esclavage maure se caractérise par plusieurs facteurs : traditionnel (tâches domestiques, travail aux champs), administratif (les Haratines travaillent beaucoup plus que les Beidanes dans l'administration publique, mais montent rarement en hiérarchie), politique, etc. L'abolition officielle de l'esclavage a laissé place à une nouvelle forme de servitude : il a été observé que des Haratines, ayant été affranchis par leurs maîtres, se privent d'une partie de leurs récoltes et de leurs biens au bénéfice de leurs anciens maîtres. Il s'agirait d'une sorte de redevance éternelle, une contribution en échange d'un acte de prétendue générosité... Dans les textes religieux, pourtant, il est écrit que le maître et son esclave, une fois celui-ci affranchi, deviennent égaux.

© WIRESTOCK - ISTOCKPHOTO.COM

DÉCOUVRIR

© FRANÇOIS JANNE DOTHEE

Sur la plage des pêcheurs à Nouakchott.

Une diversité d'Africains mauritaniens

Les Africains présents en Mauritanie se distinguent en plusieurs ethnies, à commencer par les Wolofs. Ces derniers, principal groupe ethnique du Sénégal, sont estimés à 450 000 en Mauritanie. Ils sont installés le long du fleuve Sénégal, du côté de Rosso. Les Wolofs représentent 9 % de la population mauritanienne, ce qui en fait l'ethnie majoritaire. Juste après se trouvent les Toucouleurs, avec une part de 8 % environ. Principalement établie au Sénégal, au Mali et en Mauritanie, cette ethnie est convertie à l'islam depuis le XIe siècle ! Basés aux environs de Bogué et Kaédi, les Toucouleurs sont cultivateurs de céréales (mil, sorgho), éleveurs et pêcheurs. Viennent ensuite les Soninkés, autour de la ville de Sélibabi. Ils sont les descendants de l'empire du Ghana, qui s'étendait à cheval sur la frontière actuelle du Mali et de la Mauritanie, du IIIe au XIIIe siècle. Les Soninkés constituent 4 % de la population mauritanienne et sont cultivateurs. La Mauritanie compte également 4 % de Peuls (ou Pulaars), une ethnie traditionnellement nomade et pastorale, qui aujourd'hui pratique la culture du mil et l'élevage de bovins. Enfin les Bambaras, 1 % de la population, se trouvent à l'est du pays, tout près du Mali dont ils sont originaires, et sont pour la plupart agriculteurs et artisans.

À noter : en 2011, alors que la Mauritanie lançait une campagne de recensement, le mouvement « Touche pas à ma nationalité »a été particulièrement virulent à Nouakchott et dans le sud du pays, allant même jusqu'aux affrontements. Les Africains mauritaniens se révoltaient alors contre le gouvernement, accusé de chercher à les marginaliser par des questions « uniquement réservées aux Noirs », des enquêteurs en majorité maures blancs, des justificatifs impossibles à fournir... Les Africains mauritaniens craignaient alors une remise en question de leur nationalité, phénomène ayant déjà eu lieu entre 1989 et 1991 notamment. Des milliers d'entre eux avaient dû se réfugier au Sénégal ou au Mali voisins, fuyant un déchaînement de violences interethniques.

Les Imraguens, marins du désert

Minorité ethnique, les Imraguens sont établis sur la côte mauritanienne, aux alentours du cap Timirit. Bafours à l'origine, puis mêlés aux Berbères et aux esclaves des Maures, ils vivent essentiellement de la pêche du mulet, sur le Banc d'Arguin. Aujourd'hui sédentaires, ils étaient à l'époque nomades, se déplaçant avec leurs filets de pêche à la suite des poissons, de mars à mai et d'octobre à décembre. Avant les années 1930, les Imraguens se définissaient par leur technique de pêche originale : ils sifflaient les dauphins à bosse pour que ceux-ci s'approchent du rivage, entraînant les bancs de mulets dans leur sillage... et dans les filets de pêche des Imraguens. De nos jours, ils utilisent des lanches (bateaux à fond plat dotés d'une voile latine), et diversifient leur activité en élevant des dromadaires. La surpêche industrielle menaçant directement les Imraguens, le Banc d'Arguin a été heureusement érigé au rang de Parc national préservant en partie leur situation. Une partie de leur pêche est consommée sur place, et l'essentiel est expédié vers Nouadhibou et Nouakchott. Les œufs de mulet sont le composant premier de la poutargue, séchée et salée, une spécialité rare et luxueuse.

Réfugiés et résidents étrangers

En 2020, 182 286 immigrés vivaient en Mauritanie. Selon le Haut Commissariat des Nations unies, 4 974 nouvelles demandes d'asile ont été déposées par des réfugiés en 2021, la plupart originaires du Mali.

En parallèle, nombreux sont les résidents étrangers en Mauritanie : la France et l'Espagne y sont présentes pour la coopération, mais aussi et surtout s'y trouvent des exploitants de la pêche d'origine chinoise et turque, notamment à Nouadhibou.

SOCIÉTÉ

Comme toute société, la Mauritanie oscille entre tradition et modernité. République islamique qui plus est, donc fortement marquée par la religion, elle se confronte aux mœurs ancestrales, et à celles inspirées par un quotidien de plus en plus urbain, et un accès au reste du monde facilité par les écrans et autres connexions. Entre nomadisme et sédentarité, désert et ville, polygamie et divorce, c'est toute une culture qui se dessine et impacte sur l'éducation, l'emploi, la santé, la place de la femme dans la famille et dans la société. Qui aurait pu imaginer que la République islamique de Mauritanie détenait le taux de divorce le plus élevé du monde arabe ? Un pays pourtant conservateur, qui n'hésite pas à condamner à mort automatiquement les apostats, alors même que la peine de mort n'est plus appliquée depuis 1987. Par le prisme de la vie sociale, dépeinte en quelques traits, rencontre avec le peuple mauritanien.

La tradition nomade

Si les nomades ne représentent plus qu'une infime partie de la population mauritanienne aujourd'hui (1,9 % environ), la plupart regroupés dans l'Adrar, cet art de vivre reste ancré dans leur tradition : il n'est pas rare de découvrir en ville (à Nouakchott) une *khaïma* installée dans le jardin d'une maison. Il est également fréquent, pour les Mauritaniens citadins, de les entendre dire « partir en brousse » pour le week-end ou des congés, ce qui signifie rejoindre leur *khaïma* sur les routes conduisant à Rosso ou Boutilimit, pour se ressourcer et se connecter à cet esprit nomade.

Les *khaïmas* sont des tentes maures utilisées par les nomades lors de la transhumance de leurs troupeaux. À l'origine fabriquées en laine de mouton noir et poil de dromadaire, elles sont aujourd'hui plutôt en coton blanc, ce qui les rend moins imperméables. Elles peuvent atteindre 50 m^2 de surface ! Des nattes recouvrent le sol, sur lesquelles sont posés matelas et coussins, et les Mauritaniens s'y allongent, à l'abri de la chaleur et du vent.

Le taux de divorce le plus élevé du monde arabe

S'il n'est pas facile de trouver de statistiques précises en Mauritanie, et notamment sur ce sujet surprenant, le taux de divorce dépasserait les 40 % dans ce pays pourtant conservateur. La République islamique de Mauritanie possède bien des interdits (consommation d'alcool défendue, condamnation à la peine de mort pour offense à la religion), cependant le divorce y est bien toléré, même lorsqu'une personne y a recours à plusieurs reprises ! Il s'agit surtout des mariages unissant les Maures, pas les Africains-Mauritaniens. Plusieurs raisons sont avancées : des mariages forcés, arrangés, demeurent en zone rurale, amenant devant l'autel de toutes jeunes filles (dès 12 ans), qui s'émancipent après quelque temps. La rapidité des unions s'explique aussi par l'un des interdits imposé par la religion islamique : les relations sexuelles sont en effet prohibées hors engagement officiel, ce qui pousse certains couples à se précipiter.

Si les mariages d'amour ne sont encore pas la majorité dans le pays (73 % des femmes mauritaniennes n'auraient pas choisi leur mari, ce dernier étant souvent un membre proche de leur famille), ils se défont plus facilement qu'en France : pour divorcer, prononcer une phrase est suffisant, ce qui explique aussi l'important taux de désunion maritale ! Un autre facteur est aussi évoqué : la polygamie, mal acceptée par les femmes maures. En Mauritanie, il n'est pas rare d'assister à une fête de divorce, à grand renfort de traditions féminines (henné, coiffure, maquillage).

La condition féminine

Si les femmes représentent un quart des députés à l'Assemblée nationale en Mauritanie, un tiers se marie avant d'avoir 18 ans, et elles ne sont qu'une minorité à avoir accès aux études secondaires, à l'université.

Dès l'âge de 3 ans, c'est le début du calvaire pour certaines : elles doivent ingurgiter de très grandes quantités de graisses de toutes sortes, prenant jusqu'à 20 kilos en 2 mois, à raison de 10 repas quotidiens ! Cette coutume, appelée le gavage, est certes de moins en moins répandue, mais elle peine à disparaître dans les zones rurales, l'obésité féminine étant à la fois critère de beauté et signe de richesse. Dans le même temps, l'Unicef évalue à plus de 65 % le nombre de Mauritaniennes excisées... Bien qu'aucune loi n'existe contre cette cruauté, le gouvernement lutte contre, ainsi que la religion : en 2010, une *fatwa* a été lancée par les oulémas mauritaniens (docteurs de la loi musulmane, faisant office de juristes et théologiens), et ce afin de condamner l'excision.

© SYLVAIN PHILIP

Enfant jouant dans la vieille ville de Chinguetti.

De plus en plus de jeunes filles mauritaniennes se rassemblent et se proclament féministes, critiquant sans filtre les mœurs de leur société, inspirées par Aissata Kane. En effet, celle qui a été la première femme ministre en Mauritanie a lutté contre la polygamie et encouragé la scolarisation des filles, jusqu'au coup d'État de 1978. Aujourd'hui encore, elle s'implique dans la société civile, cherchant à barrer ou repousser les menaces pesant sur les femmes (esclavage, violence, mutilation, etc.).

Famille, santé, emploi

Selon la Banque mondiale, en 2016 le taux de chômage chez les jeunes Mauritaniens s'élevait à 19 %, contre 12 % pour la moyenne nationale. Et la population mauritanienne est jeune : 40 % des habitants ont moins de 15 ans ! En attendant de trouver un travail, le quotidien de ces jeunes s'échappe au café du coin, le nez derrière leurs écrans, à rêvasser d'une autre vie. D'autant qu'en Mauritanie, la cellule familiale fait foi. Il est attendu des enfants devenus grands, ou ayant émigré, qu'ils subviennent aux besoins de leurs anciens, pauvres ou trop âgés pour travailler...

Comme dans tous les pays émergents, l'accès à la santé, à la protection sociale et à la retraite est réservé à une élite. Cela renforce le culte de la tradition, notamment dans le sud de la Mauritanie : les plantes médicinales sont connues, repérées et utilisées pour soigner petits et grands maux, ce savoir étant transmis de génération en génération, sans pour l'instant se perdre. De l'argent est envoyé aux membres les plus nécessiteux, et les familles cohabitent souvent sous le même toit, du petit-enfant au grand-parent, si ce n'est plus.

Du côté du handicap en revanche, et des droits associés, la Mauritanie est en retard, bien que souhaitant récemment s'engager : la Première dame Mariem Mohamed Fadel Dah œuvre pour le développement d'une fondation dédiée au traitement spécialisé des enfants autistes, et c'est une première ! Dans la capitale, on note tout de même quelques initiatives sociales : des jeunes se mobilisent et collectent des fonds pour leurs associations (prise en charge des enfants abandonnés, aide aux malades indigents...), mais ce secteur reste à développer.

La pétanque, sport national

Certes, pour la première fois les « Mourabitounes » ont participé aux phases finales de la Coupe d'Afrique des Nations de football en 2019... Mais saviez-vous que la Mauritanie a déjà obtenu la médaille de bronze lors de championnats du monde de pétanque ?! En juillet 2022, la première édition du Championnat International de Pétanque Al-Tawari, organisée en coopération avec la Fédération Mauritanienne de Pétanque, s'est tenue à Nouakchott, avec la participation de 127 équipes dans la catégorie professionnelle et de 68 équipes au niveau des adultes de plus de 50 ans. Maroc, Sénégal, France ou encore Espagne ont participé à cet événement, aux côtés des athlètes mauritaniens.

RELIGIONS

En République islamique de Mauritanie, l'islam est érigé en religion d'État : il est inscrit dans la Constitution que « la religion du peuple mauritanien est la religion musulmane ». Une autre loi précise que, pour se présenter à l'élection présidentielle, ou ne serait-ce que pour en être citoyen, il faut appartenir à cette religion. Toute personne qui se convertirait à une autre religion perdrait immédiatement sa citoyenneté ! Voilà qui explique pourquoi 99,9 % des Mauritaniens sont de confession musulmane... Ainsi, le calendrier mauritanien est rythmé par les fêtes religieuses, dictées par l'islam et son courant sunnite. Toutefois, une communauté d'Africains subsahariens se réunit tous les dimanches dans les églises du pays. Officiellement, aucun Mauritanien ne s'est converti au christianisme. La population étant en partie berbère, en partie noire-subsaharienne, des croyances populaires résident, reflet d'un syncrétisme religieux.

Un islam sunnite

Le prophète Mahomet, né à La Mecque vers 570, a une vision de l'archange Gabriel vers 610, et s'en trouve investi d'une mission capitale : prêcher la foi en un dieu unique, Allah. Son message est recueilli dans un texte sacré, le *Coran*, qu'aucun musulman ne peut modifier. En 622, c'est l'Hégire : le prophète Mahomet, fuyant les hostilités, quitte La Mecque pour se réfugier à Médine, et y fonde une société qui, peu à peu, met l'islam au devant des anciennes coutumes religieuses, en s'opposant par tous les moyens à ceux qui n'approuvent pas cette foi nouvelle. C'est l'origine du *djihad*, la guerre sainte. Les autorités de La Mecque s'y rallient en 630 et, deux ans plus tard, le prophète Mahomet décède.

Cinq fondamentaux régissent l'islam, que les musulmans sont tenus de pratiquer : la profession de foi, l'application des cinq prières quotidiennes, le respect du jeûne du ramadan, l'aumône rituelle aux pauvres et défenseurs de l'islam, et enfin le *hadj*, le pèlerinage à La Mecque, à réaliser au moins une fois dans sa vie. Parmi ces piliers de l'islam, l'un d'entre eux rythme chaque jour : la prière. L'appel à la prière est lancé par le muezzin, du haut du minaret de la mosquée, à l'aube, à midi, aux vêpres, au coucher du soleil et à la tombée de la nuit, les heures précises variant au fil des saisons. Les musulmans ont la possibilité de prier n'importe où, la seule règle est de se tourner vers La Mecque durant ce rituel, après avoir effectué les ablutions d'usage.

Le sunnisme est le principal courant religieux de l'islam, représentant près de 90 % des musulmans dans le monde. Sa différence avec le chiisme réside dans sa fidélité à la *Sunna*, la tradition du Prophète, et se manifeste selon quelques détails : pour les sunnites malékites, dont répondent les Mauritaniens, l'homme est entièrement soumis à Dieu (Allah) et il n'y a pas de clergé, l'imam étant considéré comme un fonctionnaire désigné pour conduire la prière.

Au cours des siècles, des confréries religieuses se forment pour étudier profondément la théologie musulmane, la médecine, les mathématiques, le droit et autres disciplines scientifiques. Ces travaux poussés sont à l'origine du rayonnement spirituel et intellectuel de villes comme Ouadane, Oualata et surtout Chinguetti. Cette dernière, septième ville sainte de l'islam, possède plusieurs bibliothèques renfermant des trésors de manuscrits, remarquablement conservés.

Le calendrier hégirien

Le calendrier de l'Hégire, suivi par les Mauritaniens pour les fêtes religieuses, débute le 16 juillet 622, date à laquelle le prophète Mahomet s'est enfui de La Mecque pour Médine. L'année 2023 est donc l'année 1444 de l'ère musulmane. Ce calendrier se base sur 12 mois lunaires, de 29 à 30 jours chacun, tandis que le calendrier chrétien repose sur le mouvement du soleil.

Les débuts de mois étant fixés à l'œil nu, les dates des fêtes religieuses varient légèrement d'un pays à l'autre, et avancent de dix jours environ chaque année, par rapport au calendrier chrétien. L'Aïd el-Kebir est la fête musulmane la plus importante du calendrier, la fête du sacrifice ou du mouton : elle commémore le sacrifice d'Isaac par son père Abraham, obéissant à un ordre divin. Au dernier moment, Dieu lui envoie un mouton à sacrifier à la place de son fils et, depuis, chaque famille sacrifie un mouton à son tour, selon des rites bien précis. Autre événement essentiel : le Ramadan, qui se célèbre le 9e mois du calendrier hégirien par un jeûne. Les musulmans sont interdits de boire, de manger et d'avoir des relations sexuelles entre le lever et le coucher du soleil. Le pays tout entier prend alors un autre rythme, se réveillant à la rupture du jeûne, et célébrant la fin du Ramadan par l'Aïd el-Fitr. Enfin, le 1er Moharram correspond au Nouvel an musulman, l'Achouara, dixième jour de l'année, commémore la mort du petit-fils du prophète Mahomet, Hussein, et Mouloud la naissance de Mahomet.

Mosquée dans le désert proche de Chinguetti.

Les confréries religieuses

Les confréries musulmanes regroupent, autour d'un marabout ou cheikh, des étudiants ou talibans. Cette façon de transmettre la *baraka* (la connaissance) se nomme la *silsila*. Le but est de permettre aux étudiants de se rapprocher du prophète Mahomet, et d'Allah. S'il existe en Afrique quatre confréries principales (Qadiriya, Tidjaniya, Senoussiya, Mouridisme), deux d'entre elles sont surtout représentées en Mauritanie. La Qadiriya d'abord, la plus ancienne des confréries, apparaît en Afrique au XVe siècle. Au début du XXe siècle, ses membres ont facilité la pénétration française en Mauritanie afin de se préserver des raids des tribus guerrières. La seconde, la Tidjaniya, est fondée au XVIIIe siècle par un Algérien, Mohammed el-Tidjanî, ancien membre de la Qadiriya.

Religion ou croyance ?

Officiellement peu présent en Mauritanie, l'animisme est une croyance dont la particularité est de donner une âme à tous les phénomènes naturels. L'animisme était la croyance de l'empire du Ghana, présent en Mauritanie jusqu'au XIe siècle, aussi il n'est pas rare d'être à la fois musulman et animiste. Un Mauritanien peut très bien se révéler être un bon musulman en s'efforçant de respecter les cinq piliers de l'islam, tout en se rendant chez un féticheur pour obtenir des grigris qui faciliteront la réussite d'un projet, une union ou une entreprise. Ces croyances traditionnelles sont très présentes parmi les paysans maures notamment, qui mettent tout en œuvre pour améliorer leurs conditions de vie en priant ensemble, pour capter des forces vitales et ainsi assurer force, richesse et fécondité au groupe.

Une communauté chrétienne fragile

En 2017, le Saint-Siège nommait pour la première fois un nonce apostolique en Mauritanie, c'est-à-dire un agent diplomatique du Saint-Siège, accrédité comme ambassadeur du pape auprès de l'État. Des personnes de tous les continents, de toutes les conditions sociales se rassemblent autour de l'église de Nouakchott, mêlant aussi chrétiens et étrangers. L'unique diocèse du pays, érigé en 1965, regroupe les paroisses de Nouakchott, de Nouadhidou, ainsi que les missions d'Atar, Rosso, Kaedi et Zouérate, bien qu'elles ne comptent aucun fidèle. Les quelque 4 000 catholiques de Mauritanie sont tous étrangers et viennent d'une quarantaine de pays différents, pour la plupart africains.

QUE RAPPORTER ?

S'il est un pays où le mot « artisanat » prend tout son sens, c'est bien la Mauritanie. Traditionnellement, les hommes travaillent les métaux et le bois ; les femmes se réservent la minutie du tissage, de la maroquinerie et de la teinture. Chaque région a ses propres traditions artisanales et s'identifie par ses symboles et les couleurs choisies. Les marchés mauritaniens pourront vous sembler pauvres, ternes et poussiéreux. Sur le trottoir, de petits abris de bois où se mêlent tissus déchirés et sacs plastique abritent des présentoirs branlants exposant tout un bric-à-brac. Parfois même, une natte posée sur le sol devient échoppe. Prenez votre temps, flânez, fouillez, discutez et vous découvrirez d'infinis trésors, de simples objets de la vie quotidienne que des mains patientes ont transformés en œuvres d'art. Détournés de leur usage premier, ils deviennent pour le touriste un objet de curiosité à ramener de son voyage.

Artisanat du cuir

Les peaux de vache, de chèvre et de dromadaire accompagnent la vie de ce peuple, autrefois grands nomades et pasteurs. Les cordonnières passent des heures à confectionner et décorer les objets familiers. Vous pourrez trouver des coussins de cuir (qui sous la tente servent d'oreillers ou accoudoirs), des accessoires pour les fumeurs (tabatières à plusieurs poches pour y ranger tabac, briquet, cure-pipe), des porte-clefs, des étuis de poignard ou encore des sacs à main copiés sur des modèles européens, mais ornés de motifs traditionnels.

Artisanat du bois

Le bois était aussi très présent dans le quotidien des nomades. Aujourd'hui, les artisans continuent de travailler cette matière, de façon brute ou taillée finement et gravée au burin.

Vous pourrez ramener de votre voyage de jolies coupes en bois, noircies au feu et ornées de motifs géométriques. Fabriquées dans les régions de Kaédi et Boghé, les Mauritaniens y servent le *zrig* (boisson rafraîchissante au lait de chèvre ou de chamelle fermenté). Vous trouverez chapelets, peignes, bâtonnets du jeu « sig », loquets de portes, portes sculptées, tabourets issus de la région du fleuve, ou encore des planches coraniques (*alluha*). Quid des pieds de l'*amsàqqab* ? Ce sont de fines planches de bois très ouvragées et décoratives. L'*amsàqqab* servait de table-porte-bagages sous la tente, et de palanquin sur le dromadaire.

Bijoux

Les bijoux, rarement en or, sont le plus souvent en argent ou métal auxquels peut être associé le travail du bois (ébène ou faux ébène). Nombreux sont les bracelets, bagues, boucles d'oreilles, ou encore les parures en perles de coquillage. Vous aurez l'embarras du choix entre les perles fabriquées par les femmes à Kiffa et Oualata, à partir de verre d'importation. D'autres encore auront envie de se doter d'une croix berbère, comme celle portée par les Touaregs, appelée aussi Croix d'Agadez ou Croix du Sud.

Autour du thé

Le thé, comme les cinq prières, rythme la journée de tous les Mauritaniens. C'est un véritable rituel, défini par 3 « J » : *jmaa*, le groupe ; *jmar*, la braise ; *jar*, le temps. Il se savoure généralement en 3 verres : le premier, amer comme la vie, le deuxième, doux comme l'amour, et le dernier, suave comme la mort...

Bien qu'importé de Chine, le thé est cependant vendu dans des paquets représentant les symboles du pays (dromadaire, désert...). Pour reproduire la cérémonie du thé à votre retour de voyage, faites par exemple l'acquisition d'une petite théière en émail de couleur rouge, bleue, verte ou marron. D'autres sont finement peintes à la main. Ne manquez pas d'y associer quelques verres à thé assortis et, si vous avez plus de place, des boîtes à thé plus imposantes, en fer et peintes à la main, se trouvent dans la région du Brakna. Elles peuvent contenir à la fois théière, verres et réchaud.

© SENDERISTAS - SHUTTERSTOCK.COM

Fabrication de tapis de laine à Nouakchott.

© SYLVAIN PHILIP

Artisanat local.

Le paradis des tissus

Qui pourrait bien revenir d'un voyage en Mauritanie sans charger ses bagages de quelques pans de tissu ?! Au marché central, au marché Cinquième à Nouakchott, au marché Keyran à Nouadhibou, dans chaque ville traversée, vous trouverez des boutiques exposant voile, coton, jersey, bazin, wax... Le plus difficile sera d'arrêter votre choix !

Parmi les tissus traditionnels, le melhafa (dans ce long voile de 3,50 m sur 1,60 m, les Mauritaniennes s'enroulent de la tête aux pieds pour se protéger du soleil, du vent et de la chaleur, *melhfa* signifiant « couvrir » en arabe). Emblème de l'élégance, il se décline en un panel de couleurs et de motifs et peut être assorti aux chaussures, sacs et bijoux. Ceux teints à la main, surtout l'indigo, sont portés les jours de fête.

Vient ensuite le chèche (*haouli*), long turban de 4 à 8 mètres que l'homme enroule sur la tête et le visage pour se protéger du soleil et des vents de sable (bleu ou blanc, parfois kaki).

Vous trouverez aussi des sarouels (pantalons bouffants, très pratiques pour marcher dans le désert) et des *drâa* ou boubou (en coton simple ou en bazin damassé, bleu ou blanc).

Sur les marchés

Les marchés mauritaniens pourront vous sembler pauvres, ternes et poussiéreux. Sur le trottoir, de petits abris de bois où se mêlent tissus déchirés et sacs plastique abritent des présentoirs branlants exposant tout un bric-à-brac. Parfois même une natte posée sur le sol devient échoppe.

Les étals des marchés alimentaires regorgent de dattes de toutes sortes. Mais la plupart d'entre elles viennent d'Algérie ou de Tunisie. La production locale n'est pas suffisante pour l'exportation mais en persévérant, vous pourrez trouver les délicieuses dattes de l'Adrar (aussi dans les quelques boutiques ou supermarchés).

Autre symbole du pays, la gomme arabique : issue de l'acacia dans la région sahélienne de Mauritanie, vous la trouverez dans les marchés sous forme de cristaux, parfois de poudre. Ses propriétés liantes et émulsifiantes sont utilisées en cuisine et en pâtisserie, et elle a l'avantage de réduire l'indice glycémique.

N'hésitez pas à faire le plein d'épices en tout genre, de plantes séchées pour vos infusions (gingembre, kinkéliba, ou encore l'immanquable bissap, fleur d'hibiscus à consommer froide ou chaude), ou encore de cacahuètes crues.

Sur le marché aux poissons, vous trouverez de la poutargue, poche d'œufs de la femelle du mulet, parfois appelée caviar de la Méditerranée.

Quelques souvenirs en supplément

Les produits cosmétiques TOOGGA (à base d'huile de dattier, *toogga* étant le fruit du dattier du désert, épineux répandu dans la bande sahélo-saharienne) se trouvent à Nouakchott, à l'auberge Jeloua ou dans les galeries Zeinart et Sinaa. Ils se déclinent en huiles pour le corps, savons ou encore baumes pour les lèvres. Dans ces mêmes espaces, ne manquez pas d'acheter de la confiture de lait de chamelle, qui n'est certes pas un produit cosmétique, mais qui ravira vos papilles !

À chiner dans les boutiques d'artisanat local, à Nouakchott, ramenez des nattes tissées en végétaux avec décors en cuir, fabriquées dans la région du Diawling, au sud de la Mauritanie.

Enfin, le plus imposant sans doute, mais le plus inoubliable : pourquoi ne pas vous offrir une khaïma (tente traditionnelle des nomades) ?! Elles sont confectionnées traditionnellement par des femmes, réunies au sein d'une coopérative à Nouakchott (« Mémoire d'un continent ») car, sans réelle politique valorisant son travail, l'artisan est bien souvent isolé.

SPORTS ET LOISIRS

Comme quasiment partout sur le continent africain, le football est le sport roi, celui qui rassemble les foules derrière un petit écran et son ballon rond lors des grandes rencontres internationales et de Ligue des Champions. Des foules qui ont également pu pousser derrière la sélection nationale qui a obtenu des résultats inédits ces dernières années. Dans les tournois internationaux, la Mauritanie a aussi fait parler d'elle... à la pétanque (!), un sport très populaire dans tout le pays. Côté activités, entre deux parties d'*awalé*, on peut pratiquer la pêche sportive et le kitesurf sur la côte atlantique, autour de Nouadhibou notamment. Une région qui fera aussi le bonheur des amateurs d'ornithologie et de *birdwatching*. La nature mauritanienne, le désert en l'occurrence, attire enfin des randonneurs du monde entier qui viennent profiter des paysages époustouflants de la région de l'Adrar.

Le football, le grand sport populaire

Comme dans de très nombreux pays d'Afrique, c'est le football qui est le sport le plus suivi du pays. Longtemps discrète sur le plan international, l'équipe nationale a fait parler d'elle ces dernières années en se qualifiant pour la première fois de son histoire en 2019 pour la Coupe d'Afrique des Nations (CAN). Un exploit que les Mourabitounes, le surnom de la sélection nationale, ont réédité lors de l'édition 2021. Même s'ils ne sont pas sortis des poules, les Mauritaniens ont fait la fierté de tout un peuple en participant à la plus prestigieuse compétition du continent africain. Une période dorée que l'on ne peut dissocier du passage à la tête de l'équipe de l'ancien joueur de l'AJ Auxerre Corentin Martins qui a piloté la sélection entre 2014 et 2022, avant d'être remplacé par l'entraîneur local du FC Nouadhibou, Amir Abdou.

La Mauritanie, fan de... pétanque !

Aussi étonnant que cela puisse paraître, la pétanque est très populaire en Mauritanie. Il existe de nombreux clubs dans tout le pays et une fédération nationale qui pilote les équipes nationales. Des équipes qui ont d'ailleurs eu de beaux résultats sur la scène internationale, comme la sélection masculine de triplette (3e lors des championnats du monde 2010 notamment).

L'awalé, le jeu traditionnel

Ce jeu de stratégie très populaire, qui ressemble en bien des points au backgammon, fait partie de la famille des *mancala*. L'*awalé* se joue à deux avec un plateau formé de deux demi-bûches creuses avec six trous chacune, contenant les cailloux ou les graines. Il s'agit alors de s'emparer du plus possible de graines de son adversaire. L'*awalé*, sous différentes variantes, existe dans toute l'Afrique de l'Ouest.

Quelques activités à pratiquer

- **La pêche sportive** est pratiquée par quelques amateurs (pêche au lancer, pêche à la traîne, pêche au gros...) sur la côte atlantique, notamment au nord vers Nouadhibou, dans la baie du Lévrier (p.141) et vers le Parc national du Banc d'Arguin ★★★ (p.137). Les eaux y sont très poissonneuses et on peut tenter de remonter notamment des espadons, des barracudas, des merlus et d'imposants thons, pour ne citer qu'eux. A vos cannes !

- **Le kitesurf** est aussi l'occasion pour quelques aventuriers amateurs de spots vierges et déserts de poser leurs valises en Mauritanie (surtout entre février et septembre). Ils pourront sortir leur voile autour de Nouadhibou également, comme à la presqu'île du Cap Blanc ★ (p.147), dans la grande et superbe Baie de l'Étoile, située à une douzaine de kilomètres au nord de Nouadhibou, ou au Banc d'Arguin. Dans la région, les spots son plutôt plats et sont adaptés à tous les niveaux, même si le manque d'infrastructures invite à apporter son propre matériel et nécessite de savoir se débrouiller.

- **Birdwatching.** Dans le Parc national du Banc d'Arguin et dans la Baie de l'Étoile, les ornithologues en herbe n'oublieront pas de sortir leur paire de jumelles pour observer de très nombreuses espèces d'oiseaux migrateurs, comme les bécasseaux, les huîtriers, les gravelots... Mais aussi des cormorans, des goélands, des flamants roses, des mouettes ou encore des pélicans.

- **Randonnée et trekking.** La Mauritanie offre enfin de belles possibilités aux marcheurs de tous les niveaux. Le désert est en effet un immense terrain de jeu, que ce soit à pied, à dos de dromadaire ou même en 4x4 pour aller le plus loin possible dans la région de l'Adrar surtout. Oasis, dunes de l'erg Ouarane (p.157) et immenses plateaux offrent des panoramas spectaculaires aux marcheurs qui peuvent s'organiser une sortie sur mesure, de la simple balade avec pique-nique au trek avec nuits en bivouac en passant par la randonnée chamelière.

Besoin
de nature ?
Par ici
la sortie !
petit futé.com
Avis et conseils rédigés par des auteurs du cru depuis 45 ans
© PILAT666 - ISTOCKPHOTO.COM
SELJALANDSFOSS - ISLANDE
63° 36' 56.243'' N 19° 59' 18.848'' W

GASTRONOMIE

Presque entièrement désertique, la Mauritanie offre très peu de terres arables et comme dans d'autres régions à travers le Sahara, les locaux sont devenus principalement des nomades. De ce fait les chameaux et le bétail – comme les chèvres, les moutons et les zébus – tiennent une place majeure dans l'alimentation, sous forme de viande ou de lait, alors que légumes et céréales – difficilement cultivables – ont principalement été échangés contre d'autres produits. Le poisson, présent en abondance dans les eaux côtières très poissonneuses, a longtemps été négligé par les nomades, mais apparaît progressivement dans les assiettes notamment via l'influence du Sénégal voisin. Dans ce pays quasi entièrement musulman, la religion tient une place importante et influence évidemment la manière de manger et de boire, notamment concernant porc et alcool. On notera par contre un amour immodéré pour le thé dont la préparation jouit d'un rituel inébranlable.

Produits caractéristiques

L'agriculture n'est possible que dans l'extrême-sud du pays, notamment le long de la frontière du Sénégal. Toutefois les légumes, les féculents et les céréales restent importants dans la cuisine locale. Millet, sorgho, riz et maïs sont associés avec divers légumes et tubercules : chou, carotte, poivrons, tomate, aubergine, haricots secs, patate douce, igname, oignon, etc. On notera aussi le gombo ou okra, un légume vert semblable à un piment mais avec un léger goût de courgette. La cuisine mauritanienne fait un usage modéré d'épices et d'aromates comme l'ail, le persil, le poivre, le piment – en petite quantité – et bien sûr le bouillon-cube, condiment que l'on retrouve abondamment en Afrique de l'Ouest.

Le dattier est l'une des rares plantes poussant spontanément dans ces régions écrasées par le soleil, même s'il prospère évidemment plus facilement à proximité des oasis. Les dattes, récoltées à l'occasion de la fête de la Guetna, sont consommées fraîches en abondance. Le reste est stocké dans des outres et transformé en pâte ou séché. La Guetna va de mi-juillet à fin août environ. Les locaux se rendent dans les palmeraies pour acheter des dattes parfois en quantité impressionnante. C'est une période généralement festive : on y prépare des *méchouis*, on boit du thé, tout en participant à la cueillette. Les fruits sont mis à sécher sur les toits des huttes qui sont eux-mêmes confectionnés avec les palmes du dattier. Les locaux peuvent ensuite les consommer toute l'année.

La viande et le lait de dromadaire, riche en vitamine C, sont fort appréciés des Mauritaniens. On retrouve également de la viande de chèvre, de mouton et d'agneau, très appréciée, sans oublier le bœuf – et notamment le zébu – bien qu'il soit plus rare. La viande est consommée fraîche, grillée, bouillie ou séchée au soleil. Le lait de chèvre ou de brebis est aussi consommé et on notera également le fromage Caravane, au lait de chamelle, produit par la société Tiviski. Une prouesse quand on sait que le lait de chamelle caille très difficilement. Traditionnellement les autruches et les addax, de grandes antilopes vivant dans le Sahara, étaient chassées mais ces dernières sont devenues extrêmement rares depuis quelques décennies.

À Nouadhibou, il est possible de déguster en saison et pour un prix modique toutes sortes de poissons et de crustacés dont de succulentes langoustes qui étaient encore dans leur milieu naturel quelques heures auparavant. En effet les eaux bordant les côtes mauritaniennes sont très poissonneuses. A l'instar des populations du sud, les Maures ont appris à apprécier les poissons et les coquillages, ce qui n'était pas le cas auparavant.

L'islam tient une place centrale dans ce pays presque intégralement musulman et la religion est suivie avec énormément de rigueur, voire de rigorisme. Ainsi le porc est évidemment banni et l'alcool également dans une très large mesure, même s'il est possible de trouver un faible choix de boissons alcoolisées dans les grands hôtels de la capitale, Nouakchott. Le ramadan ou « jeûne » est le quatrième pilier de l'islam et on le suit ici avec beaucoup de ferveur. Fixé au neuvième mois du calendrier lunaire islamique, il dépend donc des cycles de la lune, ainsi sa date change chaque année. Durant le mois du ramadan, tout musulman en bonne santé est supposé jeûner du lever au coucher du soleil. Il doit également s'abstenir de boire, d'inhaler des substances (parfums), d'absorber des médicaments ou nutriments oraux non essentiels et d'avoir des relations sexuelles. Seuls les femmes enceintes, les malades ainsi que les personnes âgées ne sont pas tenus d'observer le jeûne.

Si normalement le ramadan n'impacte pas les non-musulmans, dans la réalité la majorité des restaurants seront fermés, même si ça se traduit par des banquets plus que copieux le soir.

Les axes routiers goudronnés en Mauritanie sont fréquentés par de nombreux bœufs, dromadaires, ânes, chèvres et moutons. Certains y laissent la vie, percutés par un véhicule, mais ils ne sont pas pour autant consommés, ce qui peut surprendre le néophyte. Il faut savoir que les musulmans ne consomment que la viande d'animaux tués en respectant certaines règles. Entre autres, les bêtes dont la viande est destinée à la consommation doivent être égorgées en citant le nom d'Allah. Ce rituel permet d'obtenir de la viande halal (« licite ») et empêche la consommation de viande provenant de bêtes tuées différemment.

Les classiques de la cuisine mauritanienne

Dans le sud du pays, la proximité avec le Sénégal offre une cuisine aux influences plus « africaines » avec plus de céréales, de légumes, de féculents et de poissons, alors que le centre et le nord du pays sont plus influencés par la cuisine « berbère » où viande et laitages dominent. La spécialité la plus connue, souvent considérée comme le plat national, est la *thieboudienne* ou *tiboudienne*. Ce riz au poisson est composé de légumes (navets, aubergines, chou, manioc) et de yets (coquillages). Ceux-ci ressemblent à des gros escargots de mer. Leur chair fermentée et séchée, leur odeur et leur goût si particuliers ne passent pas inaperçus. Autre plat originaire du Sénégal, le poulet *yassa* est mijoté avec jus de citron, ail et oignon et est généralement servi avec des légumes et du riz. Sans oublier bien sûr le *mahfe* un ragoût de viande cuit dans une sauce aux cacahuètes avec du gombo et de la tomate, le tout servi avec du riz. Le *fataye* est un chausson farci de thon ou de viande, servi avec une sauce tomate pimentée, originaire du Sénégal où il porte également le nom de « pastel ».

Le *méchoui* est un agneau ou un mouton entier cuit plusieurs heures au-dessus des braises jusqu'à devenir fondant. C'est un plat de fête particulièrement apprécié. Influence arabe oblige, le couscous est très populaire. En Mauritanie, il porte le nom de *ngommou* avec comme base de la semoule de millet. Le tout est ensuite garni de viande mijotée avec des tomates fraîches, oignons, poivrons, choux, carottes et ail. Notons aussi le *tichtar*, un type de lamelles de viande séchées au soleil. Autrefois élaboré à partir de viande d'antilope, il est aujourd'hui préparé à partir de viande de chameau ou de bœuf. Le *maru we-llham* est un ragoût de viande, de riz et de légumes alors que le *bonava* est un plat d'agneau en sauce avec des pommes de terre, parfumé d'un soupçon de vinaigre.

Desserts et boissons

On retrouve à vrai dire assez peu de douceurs traditionnelles en Mauritanie et la notion de dessert n'existe pas vraiment. On consommera quelques dattes par exemple avec du thé. On notera par contre dans les grandes villes des pâtisseries orientales notamment, d'inspiration marocaine ou algérienne. Importé de Chine, le thé est la boisson nationale qui coupe la faim, atténue la fatigue, diminue la soif et serait excellente pour le foie. Le cérémonial du thé est incontournable et a lieu en toute occasion et quel que soit l'endroit. Bien que présent en Mauritanie depuis peu de temps puisqu'il n'y a été introduit que vers 1860, le thé concurrence sérieusement le *zrig*, appellation locale du lait de dromadaire, la boisson traditionnelle des nomades. À son apparition dans le pays, le thé était considéré comme la boisson à la mode.

Les Mauritaniens peuvent arrêter une activité, quelle qu'elle soit, pour préparer le thé et cela qu'ils soient en voyage, au bureau ou en voiture. Vous serez immanquablement invité à en déguster. La préparation du thé répond à une méthodologie très précise qui peut dérouter le novice. En fait, ce cérémonial, s'il peut vous sembler un peu long, répond exactement au mode de vie des nomades. Le rituel de préparation surprendra avec le réchaud à bois ou à gaz, le dosage précis du thé, du sucre et de la menthe dans une théière depuis longtemps amortie, et les verres si caractéristiques.

L'extrême habileté du préparateur de thé est également à observer, un bon thé doit être transvasé à de nombreuses reprises de la théière aux verres en une cascade de liquide s'étirant quelquefois jusqu'à un mètre. Le préposé au thé doit goûter fréquemment le breuvage pour vérifier le dosage des différents ingrédients et il doit faire en sorte qu'il y ait beaucoup de mousse. Difficile de savoir si la citation est d'inspiration traditionnelle ou réservée aux touristes, mais on dit que « le premier thé est âcre comme la vie, le deuxième doux comme l'amour et le troisième suave comme la mort ». Elle se réfère aux trois thés habituellement servis, le troisième étant naturellement moins fort que le deuxième, lui-même moins fort que le premier.

Pour se désaltérer, l'eau est à consommer avec prudence (favorisez l'eau en bouteille). Les sodas appelés « sucreries » côtoient des jus de fruits dont le plus répandu est le *bissap*. Cette boisson rouge, souvent présentée dans des petits sachets, provient de l'oseille de Guinée, de la famille des hibiscus. On fait infuser ses fleurs séchées puis on sert le tout glacé. Très désaltérant ! Notons également le jus de baobab, légèrement acidulé avec un arrière-goût de pomme ou d'abricot.

petit futé
Alexa, lance Petit Futé !
Des idées week-end
et vacances
pour partir en France
et dans le monde !
petit futé
Essayez, «Alexa, je veux partir en juillet ?»
avec les
podcasts
tourisme
SUD
RADIO
Amazon, Alexa, Echo, et toutes marques associées
sont des marques d'Amazon.com, Inc. ou de ses sociétés affiliées.
© PATRYK KOSMIDER - STOCK.ADOBE.COM

AGENDA

Rares sont les festivités et autres événements culturels en Mauritanie : le pays vit au rythme du désert, plus que des manifestations ! Les fêtes religieuses, propres au calendrier musulman, font office de repères et de rassemblements. Quelques rendez-vous tentent de demeurer, mais il faut dire que les dernières années n'ont pas donné de regain à l'activité culturelle mauritanienne : si la diminution du tourisme dans le pays ne date pas d'hier, les différents confinements entre 2020 et 2022 ont empêché l'accès à la Mauritanie aux étrangers, mais aussi diminué les déplacements en interne, ce qui a pu mettre le pays au point mort. À l'exception de l'incontournable Guetna, la fête des dattes célébrée dans toutes les régions du pays en été, il y a peu de festivals à la renommée internationale, pour ne pas dire aucun ! Quelques tentatives malgré tout résistent, dont le reconnu Festival des Cités du Patrimoine.

FESTIVAL ANCIEN KSAR DE TIDJIKJA

Anciennement appelé Festival des dattes, ce festival dure trois jours et se déroule mi-juillet à Tidjikja, sur le plateau du Tagant. Cette manifestation propose des conférences scientifiques et culturelles, ainsi que des soirées artistiques. Ksar est le singulier du mot ksour : ce mot fait référence aux villes anciennes du pays, à l'architecture fortifiée. Durant cet événement sont recherchées des solutions pour permettre une conservation meilleure de la vieille ville de Tidjikja.

FÊTE DE LA GUETNA

La Guetna est une fête qui accueille, à bras ouverts, des milliers de Mauritaniens affluant vers les oasis. Célébré dans tout le pays, en juillet ou en août en fonction des conditions climatiques, cet événement met les palmiers-dattiers à l'honneur : ceux-ci délivrent leurs premiers fruits frais à l'occasion d'une grande cérémonie partagée. On danse, on chante... C'est à cette saison aussi que les grands mariages s'organisent, la Guetna évoquant les joies et les plaisirs. Il est d'usage de conserver le noyau de la première datte de l'année comme porte-bonheur.

FESTIVAL AÏOUN POUR LE DÉVELOPPEMENT DE LA CULTURE ET DU PATRIMOINE

En septembre 2022 s'est tenue la première édition du Festival pour le développement de culture et du patrimoine à Aïoun, visant à raviver le patrimoine culturel et scientifique de la région, à mettre en valeur ses particularités agricoles, tout en mettant en exergue ses capacités touristiques. L'agenda de ce festival comprend activités culturelles et sportives, une journée agricole et une journée médicale au cours de laquelle se tiennent consultations et distributions de médicaments.

FESTIVAL AÏN FARBA

Mi-septembre, dans la région Hodh El Gharbi, à Aïn Farba, se déroule un festival pour la culture et les arts depuis 2011. Concours de lecture et de récitation du *Coran*, de poésie arabe et folklorique, tir à la cible, course de chevaux et art culinaire sont au programme de ce festival qui dure 3 jours. Autour de cet événement, un projet de sauvegarde du patrimoine immatériel est en cours, motivé par l'UNESCO, ayant pour objectif de préserver et conserver l'épopée des Oulad Mbarek (épopée guerrière de Mauritanie, transmise par les griots).

FESTIVAL SAHARA ET OCÉAN DE BÉNICHAB

A mi-chemin entre Akjoujt et le Banc d'Arguin.

Organisé par l'Association Mauritanienne pour le Développement de Bénichab et des villages semblables, au mois de novembre ou de décembre, ce festival met la problématique environnementale au cœur de ses activités par une série de compétitions sportives, des concerts et récitals de poésie arabe. Il s'agit d'un événement sponsorisé par WACA, un programme de gestion du littoral ouest-africain. Bénichab se situe à mi-chemin entre Akjoujt et le banc d'Arguin.

RALLYE TOULOUSE/ SAINT-LOUIS

NOUADHIBOU

www.rallyetoulousesaintlouis.com

Un rallye sur les traces des pionniers de l'aéropostale, qui fête son quarantième anniversaire en 2023 (du 30 septembre au 13 octobre). Au départ de Toulouse-Montaudran, cet événement rend hommage à ces aviateurs qui partaient livrer le courrier dans l'hémisphère sud, emboîtant le pas d'Antoine de Saint-Exupéry... Un rallye fait escale à Tarfaya, au Maroc, et à Nouadhibou pour la Mauritanie, avant de voler vers le Sénégal, en terminant par Saint-Louis.

MARATHON INTERNATIONAL

NOUADHIBOU

À Nouadhibou, le Marathon international s'est déroulé en décembre 2022 (11e édition, 3 224 participants). La prochaine édition aura lieu en décembre 2023. L'équipe coordinatrice s'efforce de développer la pratique sportive en milieu scolaire et pour les publics handicapés, d'utiliser le sport en prévention des maladies dues à la sédentarisation et de lutter grâce au sport contre la discrimination, l'intégrisme religieux et les addictions. En février 2022, l'organisation du marathon de Nouadhibou a initié la première édition du Marathon universitaire de Nouakchott.

RAID LATÉCOÈRE-AÉROPOSTALE

NOUADHIBOU

http://raid-latecoere-aeropostale.org

Le Raid Latécoère-Aéropostale retrace les pas des pionniers de l'aviation, de Toulouse à Ushuaïa. Il se décompose en sept escales, dont une escale africaine, passant par Nouadhibou. Les autres arrêts se font au Maroc, en Patagonie-Cordillère, en Argentine-Paraguay, au Brésil et au Chili-Pérou. Tout un programme ! Cet événement est organisé par l'aéroclub Pierre-Georges Latécoère, créé en 2008, dont l'objectif est de relier les Hommes par l'aérien.

FESTIVAL DES CITÉS DU PATRIMOINE

Ouadâne fait partie avec Oualata, Tichitt et Chinguetti, des 4 cités caravanières classées au patrimoine mondial de l'UNESCO, accueillant depuis 2011 le Festival des Cités du patrimoine. Exposition d'artisanat, conférences, courses de chameaux composent cette semaine de fête, qui attire des visiteurs au-delà de la Mauritanie : elle accueille des habitants de Tombouctou (Mali), d'Agadez (Niger) et de Tamanrasset (Algérie). Après Ouadâne et Tichitt, l'édition 2023 se tiendra à Oualata.

FESTIVAL NOMADE

NOUAKCHOTT

En 2020 avait lieu la 11e édition du Festival Nomade en Mauritanie. Au programme ? Dix jours de caravane culturelle ! Entre océan Atlantique et dunes de sable, dromadaires et chevaux paradent à l'hippodrome de Nouakchott. Cet événement a lieu successivement à Nouakchott et à Montréal, ce qui donne lieu à la rencontre et au partage de musiciens des deux nationalités. Génial, non ? Il est organisé par la Fondation La khaïma, qui œuvre pour le développement des communautés agropastorales et des populations nomades en Mauritanie.

PASSPORT

NOUAKCHOTT

Ceinte par le désert au nord, à l'est et au sud, et baignée par l'océan Atlantique vers le ponant, la capitale mauritanienne ne jouit point, tant s'en faut, de l'aura des vieilles cités caravanières sahariennes ou des oasis, dunes et plateaux de l'Adrar. Pourtant, la cité, sortie de terre à la charnière des décennies 1950 et 1960 sur l'emplacement d'un modeste poste militaire établi par les autorités françaises à l'orée du XXe siècle, ravira les plus curieux. Déambuler dans l'animé quartier du Ksar, à partir duquel s'est développée la ville, faire des emplettes dans les chamarrés, tintamarresques et odoriférants marchés du centre, visiter le musée national pour une plongée dans l'histoire et la culture du pays, se faire toiser par le quadrangulaire minaret de la mosquée marocaine ou mirer les grandes pirogues colorées du port de pêche brimbalées par les vagues spumescentes sont quelques-unes des raisons invitant à découvrir Nouakchott !

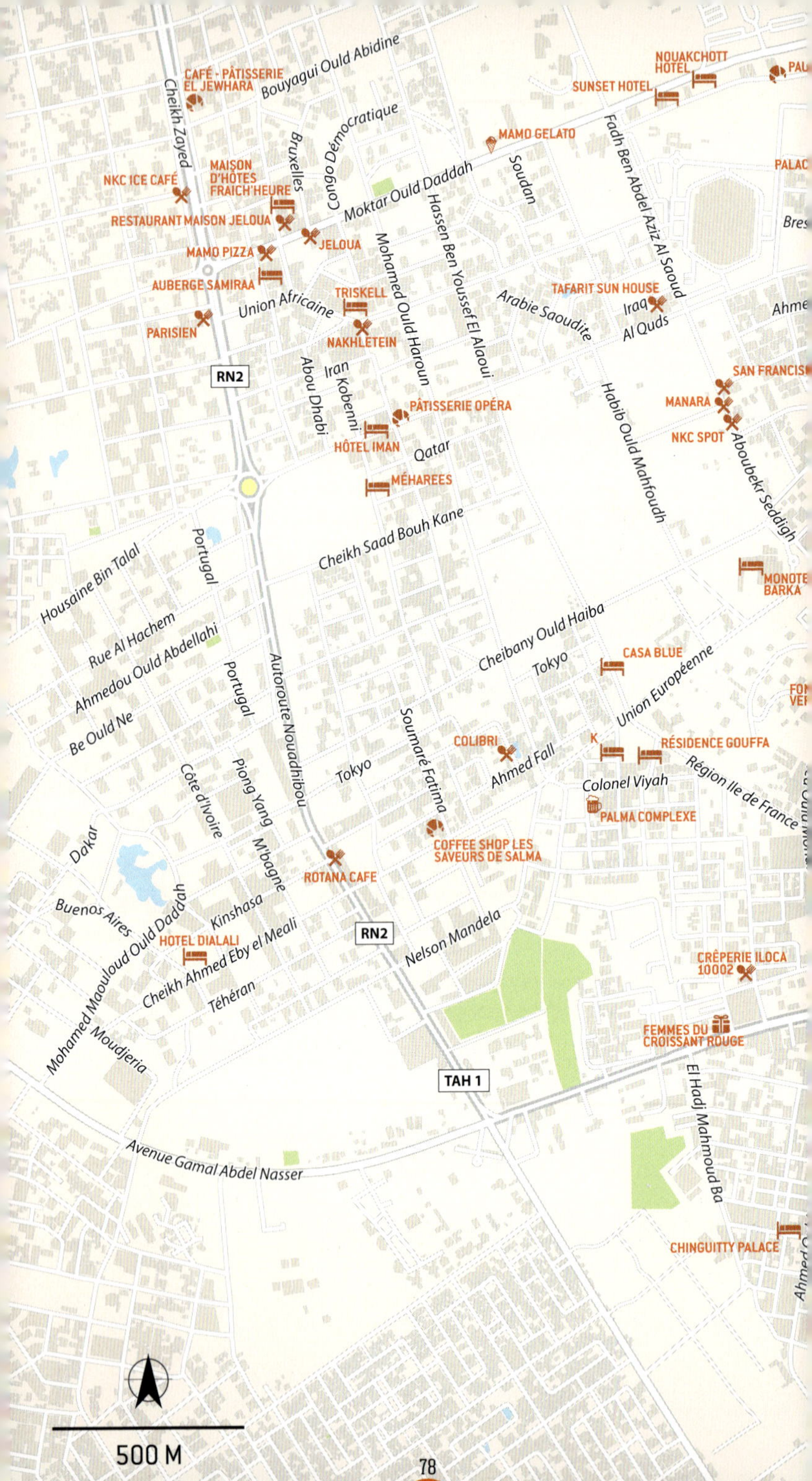
CAFÉ - PÂTISSERIE EL JEWHARA
Bouyagui Ould Abidine
NOUAKCHOTT HOTEL
SUNSET HOTEL
Cheikh Zayed
Congo Démocratique
MAMO GELATO
Bruxelles
Fadh Ben Abdel Aziz Al Saoud
MAISON D'HÔTES FRAICH'HEURE
NKC ICE CAFÉ
Moktar Ould Daddah
Soudan
RESTAURANT MAISON JELOUA
JELOUA
Hassen Ben Youssef El Alaoui
MAMO PIZZA
Mohamed Ould Haroun
AUBERGE SAMIRAA
TRISKELL
TAFARIT SUN HOUSE
Union Africaine
Arabie Saoudite
Iraq
PARISIEN
NAKHLETEIN
Al Quds
RN2
Iran
Abou Dhabi
Kobenni
PÂTISSERIE OPÉRA
MANARA
NKC SPOT
HÔTEL IMAN
Habib Ould Mahfoudh
Qatar
Aboubekr Seddigh
MÉHAREES
Cheikh Saad Bouh Kane
Portugal
Housaine Bin Talal
Rue Al Hachem
Cheibany Ould Haiba
Ahmedou Ould Abdellahi
CASA BLUE
Tokyo
Portugal
Autoroute Nouadhibou
Union Européenne
Be Ould Ne
Soumaré Fatima
COLIBRI
K
RÉSIDENCE GOUFFA
Tokyo
Ahmed Fall
Côte d'Ivoire
Piong Yang
Colonel Viyah
Région Ile de France
PALMA COMPLEXE
Dakar
M'bagne
COFFEE SHOP LES SAVEURS DE SALMA
ROTANA CAFE
Buenos Aires
Kinshasa
Mohamed Maouloud Ould Daddah
HOTEL DIALALI
RN2
Nelson Mandela
Cheikh Ahmed Eby el Meali
CRÊPERIE ILOCA 10002
Téhéran
FEMMES DU CROISSANT ROUGE
Moudjeria
TAH 1
El Hadj Mahmoud Ba
Avenue Gamal Abdel Nasser
CHINGUITTY PALACE
500 M

Nouakchott
MATLICH TOURS
OASIS
MAURICENTER
AL FANTASIA
KAIZEN
SAVEURS D'ITALIE
TIMELESS
MAQUIS
CASA PORTUGUESA
HÔTEL HALIMA
THE BEST SEMIRAMIS HOTEL
APPART'HÔTEL ZAHRA
YOUPI CAFÉ
AUBERGE DIAGUILI
PAROISSE CATHOLIQUE
LINA
RESTAURANT GRANADA
ARENA CAFÉ
SEMIRAMIS
BOULANGERIE PÂTISSERIE LES PRINCES
MAISON D'HÔTES LA BIENVENUE
PRINCE
POINT CHAUD
MOSQUÉE SAOUDIENNE
AL KHAIMA
HÔTEL HOUDA
ROTANA CAFÉ
DÉSERT MAURITANIE
AZALAÏ HOTEL NOUAKCHOTT
RESTAURANT CHINGUITTY
MARCHÉ CAPITALE
MUSÉE NATIONAL
MOSQUÉE MAROCAINE
PALMA HÔTEL
BIBLIOTHÈQUE PRIVÉE
Cimetière de Ksar
Château d'Eau
Garden Tennis Court
Capitale Garden
Palais Présidentiel
Parc de la Liberté
1 Mai
Parc des Cinéates
Centre Mohamed Salem Ould Addoud
Bakar Ould Ahmedou
Mohamed Ould Tolba el Yacoubi
Moktar Ould Daddah
Yasser Arafat
Collonel Yalla Abdellah
Lisbonne
Casablanca
Oada
Mohamed Ould Dahi
Mohamed el-Amin Ould Taher
La Mecque
Al Quds
Sidi Mohamed Ould Abass
Moulaye El Hacen Ould Moctar El Hacen
Fatimetou Aoufly Street
Mohamed Mahmoud Ould Mah
Yahya Al Kebir
Tripoli
Rue Mamadou Konaté
Abdalhi Ould Oubeid
Rue Monotel
Mohamed Khatry
Ligue Arabe
Modibo Keita
Lausanne - Suisse
Aleg
Ahmed Ould Bouceif
Kane Tijane
Avenue Kennedy
Général Charles de Gaulle
Mamadou Konaté
Rue Gandhi
Rue Lumumba
Oumar Ben el Khattab
Ba M'baré
Alioune Ben Ebi Taleb
Avenue du Roi Fayçal
R'kiz
Gamal Abdel Nasser
Wane Birane
Avenue Gamal Abdel Nasser
Nouadhibou
Tunis
Cpt. Dje
Bakar Ould Soueid Ahmad
Hennoune Ould Bouceif
Rue de l'Indépendance
Ould Ndeiyanne
Ely Ould Assas
Boghé
Bakary Magha
Indonesie
Rome
Route de l'Espoir
Bebbaha Ould El Aghel
Hadji Ould Sidina
Soueidatt Ould Waddade
Berlin
Ibrahima Kane
Abdel Aziz Sy
Indépendance
Sid'ahmed Cheikh
Ahmed Ould Horma Ould Babane
Rue 21-185
RN3
TAH 1

SE REPÉRER SE DÉPLACER

Le trafic routier à Nouakchott est quelque peu mouvementé ! Pour vous déplacer facilement intra-muros, et avoir la liberté de sortir de la ville pour explorer les alentours proches et lointains, la meilleure option qui s'offre à vous est la location de voiture, avec ou sans chauffeur. Pour de plus courts trajets, ou plus épisodiques, vous pouvez opter pour un taxi, en utilisant l'application CarApp par exemple. Les plus téméraires feront le chemin à pied, boussole au poing ! Ou se rendront à la gare routière pour tenter d'attraper un minibus bondé. En ville, vous trouverez facilement des agences de voyage ou tour-opérateurs pour organiser votre séjour : trajet, durée, parcours, avec ou sans restauration, toutes les options sont prises en compte pour vous proposer le véhicule le plus adapté à votre demande. Une capitale assez urbaine donc, dans laquelle vous croiserez peu ou pas de bus ou de train.

AÉROPORT INTERNATIONAL DE NOUAKCHOTT-OUMTOUNSY

✆ +222 41 11 58 00

www.aeroport-nouakchott.com

Établi en plein désert, à 30 km au nord du centre-ville de Nouakchott, le nouvel aéroport, inauguré en 2016, est accessible par la N2 liant la capitale à Nouadhibou. Le hall d'arrivée offre la possibilité de changer et de retirer (lorsque les DAB fonctionnent...) de l'argent, de louer une voiture (Europcar), etc. Comptoirs des compagnies aériennes desservant la destination, boutiques hors taxes et restaurant Képar composent le hall de départ et la zone d'embarquement.

COMPAGNIES DE MINIBUS

Pour une liaison Nouakchott-Nouadhibou, entre 600 et 700 MRU.

En Mauritanie, les minibus permettent les liaisons d'une ville à l'autre, les distantes étant importantes dans le pays. Les principales compagnies sont : Première classe, El Moussavir, Essevir, Somacir, Prince. À Nouakchott, vous les trouverez sur les grands axes : N1 vers Atar, N2 vers Nouadhibou, N3 vers la route de l'Espoir, etc. Pour les plus longs voyages (de Nouakchott vers le Mali, la Guinée), adressez-vous à la Sonef. Et si vous souhaitez vous rendre au Sénégal, privilégiez un minibus jusqu'à Rosso, puis le bac pour traverser le fleuve.

AGENCE MAURITANIENNE SERVICES ET REPRÉSENTATIONS

Avenue El Hadj Omar Tall

✆ +222 22 14 06 36

Comptez environ 2 500 MRU pour une location de 24 heures.

Mohamed et Boubakar forment une bonne équipe et ils s'occuperont de vous chercher un véhicule dès que vous vous serez mis d'accord. Encore une fois, la règle d'or pour faire des affaires en Mauritanie est de ne (vraiment) pas être pressé ! Et si jamais vous vous sentiez plus à l'aise de faire appel à un chauffeur plutôt que de conduire vous-même dans ce pays, aucun souci, l'agence mauritanienne des services et représentations pourra là aussi vous aider.

AVALLON RENT A CAR

N2

✆ +222 36 29 65 65

Une agence de location de véhicules, située face à la Société générale. Les bureaux sont très propres et vous accueillent de manière hospitalière, vous proposant une gamme de véhicules variée, qui vous permettront de parcourir la ville ou le pays en totale autonomie, et en sécurité. De la citadine au SUV, vous trouverez certainement le moyen de locomotion qu'il vous faut dans cette agence. N'hésitez pas à mentionner le parcours que vous envisagez de suivre durant votre séjour, cela pourra aiguiller votre choix de véhicule. Et pensez à l'assurance !

PRO SERVICES TOURS

✆ +222 46 55 35 35

www.lestoilesmaures.net

Circuits, méharées, randonnées, dans tout le pays. Prix très attractifs.

Vous voulez découvrir le pays ? Poussez la porte de Proservices Tours, on vous conduira dans le bureau de Cheibany. Installez-vous et laissez-vous compter l'histoire de la Mauritanie, les richesses de son peuple, les causes et conséquences des difficultés qui le touche... Au troisième thé (pour les plus sceptiques !), vous serez vous aussi convaincu de la sincérité qui anime ce grand érudit lorsqu'il parle de sa terre. Si bien qu'il en oublierait presque de vous parler des circuits qu'il organise et de son auberge, véritable havre de tranquillité à Atar !

BIC TOURS

Avenue Nasser

✆ +222 27 54 55 53

Agence de voyages et de tourisme proposant des circuits organisés ou à la carte à travers l'ensemble du pays : méharées, trekkings, 4x4... Les formules sont variées et s'adaptent à vos envies. Billetterie, transfert d'argent, bureau de change ou encore location de véhicules, vous y trouverez la panoplie complète pour que votre séjour en Mauritanie se passe dans les meilleures conditions. Depuis peu, vous pouvez même y réserver des billets d'avion. D'autres bureaux se trouvent à Atar et Chinguetti. Représentant de Go Voyages.

CAR APP

Si plusieurs compagnies ont vu le jour dans la période pré-Covid (AlloTaxi, MSP Taxi), elles peinent à fonctionner aujourd'hui. Ils existent des taxis individuels privés à l'aéroport qui vous conduiront où vous voudrez, autrement l'application CarApp est vraiment efficace : utilisant la géolocalisation, elle vous met en relation avec une communauté de chauffeurs véhiculés. Sécurité assurée grâce aux commentaires disponibles sur la qualité des chauffeurs, et rapidité : en moins de 5 minutes en général, un taxi vous attend là où vous l'avez demandé.

EUROPCAR

Aéroport et Avenue El Hadj Omar Tall

✆ +222 22 30 32 41

www.europcar.com

Le grand logo peint sur la concession inspire bien entendu confiance aux touristes, amenés à un moment ou à un autre, à déambuler sur l'avenue El Hadj Omar Tall. Ici, Europcar, c'est un peu comme Michelin, c'est un gage de qualité. À Boutilimit, c'est un hôtel qui porte ce nom prestigieux. Pour en revenir à nos voitures, l'avantage de cette structure plus conséquente, c'est la disponibilité immédiate des véhicules. Quant aux standards attendus sur le service, détrompez-vous, ici comme ailleurs, on négocie chaque détail du contrat.

TAXIS

Plusieurs compagnies de taxis tentent de sortir leur épingle du jeu à Nouakchott. Parmi elles, Taxi Rose, une compagnie privée particulièrement dédiée au transport des femmes, ce qui n'est pas commun. Elle est dirigée par Mina Mint Hamdi Ould Habib, que vous pourrez joindre au +222 45 25 48 00. Pour un chauffeur parlant le français couramment et connaissant la ville comme sa poche, adressez-vous à Abdul Taxi, au +222 36 20 33 40. Enfin, deux autres contacts au besoin : Alló Taxi au +222 37 61 00 12 et Fallu Taxi au +222 46 99 03 70.

À VOIR / À FAIRE

Vous voilà arrivé à Nouakchott, capitale de la Mauritanie ! Cette ville sera peut-être pour vous le point de départ d'un circuit dans le désert, ou vers le fleuve Sénégal : si tel est le cas, nombre d'agences vous proposeront des séjours sur mesure. Vous pourrez alors découvrir les villes anciennes du pays, le banc d'Arguin, opter pour la lenteur d'une méharée dans l'Adrar, ou encore faire appel à un guide pour explorer le dédale de la capitale. Et pour qui voudrait découvrir Nouakchott en solitaire, ses marchés typiques vous attendent, entre couleurs vives, sable et amoncellement d'objets en tout genre ! N'hésitez pas ensuite à aller vous détendre en bord d'océan, ramasser des coquillages laissés par les vagues, observer les pirogues des pêcheurs et avec chance quelques dauphins. Et pour finir, retour au centre-ville pour une immersion dans les galeries qui donnent à voir l'art et l'artisanat, du local à l'international.

OFFICE NATIONAL DU TOURISME

ZRA 742

✆ +222 45 29 90 90

Ouvert du lundi au jeudi de 8h à 17h, et le vendredi de 8h à 12h. Favoriser l'appel pour les contacter.

Si la Mauritanie possède un office national du tourisme, son siège ne répond pas vraiment aux critères en vigueur... « Ce bâtiment est surtout administratif, nous, on envoie les touristes vers les agences », justifie un préposé. Sachez que le pays est surtout de tradition orale, aussi n'hésitez pas à demander un rendez-vous avec le directeur ou son adjoint, très accessibles, ouverts d'esprit, prêts à rendre service, et avec un souci permanent de la sécurité et de l'accueil.

AMATLICH TOURS

Tevragh Zeina, Avenue Moktar Ould Dadda

✆ +222 20 42 43 42

Amatlich Tours propose des circuits variés : randonnée chamelière ou circuit en 4x4, dans différents coins de la Mauritanie, dont la durée varie de 3 à 32 jours ! Mais ce n'est pas tout. Avec cette agence de voyages, vous pourrez aussi vous offrir un combiné Mauritanie-Sénégal, soit l'opportunité de découvrir le pays limitrophe. Enfin, n'hésitez pas à faire la demande d'un itinéraire sur mesure si vous préférez : l'équipe est à votre écoute, et n'aura qu'un seul souhait, exaucer les vôtres ! Les circuits comprennent la pension complète.

AGENCE VISA VOYAGE

32 rue Abou Bakr As-Siddiq

✆ +222 45 25 11 60

Ouvert de 8h à 17h du lundi au jeudi, de 8h à midi le vendredi et de 9h à midi le samedi. Fermé le dimanche.

Sise entre les avenues Kennedy et El Hadj Omar Tall, l'agence Visa Voyage propose une gamme complète de services touristiques tels que la vente de billets d'avion (elle coopère notamment avec Point-Afrique et propose donc des vols secs aller-retour vers la France à des prix imbattables) et de circuits (produits par des organisateurs de voyages locaux et hexagonaux). Nous avons particulièrement apprécié la gentillesse et le professionnalisme de Mohamed et Aicha, qui font tout pour répondre aux diverses demandes des pérégrins.

ATAR VOYAGES

Quarter Tevragh Zeina

✆ +222 46 57 67 61

www.atarvoyages.com

Excursions, circuits, locations de véhicules.

Dirigée de main de maître par Seck, cette très professionnelle agence met en exergue les multiples facettes du pays. Outre l'organisation de séjours personnalisés, Atar Voyages déploie un éventail de circuits thématiques. Les ornithologues pourront ainsi assouvir leur passion en parcourant le parc du Diawling et celui du banc d'Arguin, les aficionados de méharées seront comblés et les amateurs de bivouac au creux des dunes soupireront d'aise. Sont aussi proposées une initiation à la conduite de 4x4 sur pistes, ergs et regs ainsi que la location de tous véhicules.

CHINGUITTY VOYAGES

Ksar

✆ +222 36 33 85 22

www.chinguitty-voyages.mr

La liste des prestations promises par Chinguitty Voyages s'apparente (presque) à un inventaire à la Prévert : location de véhicules automobiles (4x4, berlines, minibus...), réservation de chambres (hôtels, auberges...), élaboration de *business tours* (séminaires, *team building*...), soutien logistique lors de manifestations sportives (rallyes...), aérotourisme, etc. Bien entendu, sont également concoctés des circuits touristiques permettant de découvrir la Mauritanie, depuis le monolithe de Ben Amira jusqu'à Nouakchott en passant par l'erg Amatlîch...

DÉSERT MAURITANIE

Avenue Gamal Abdel Nasser

✆ +222 46 44 24 21

www.desertmauritanie.com

Désert Mauritanie est une agence de plus de 25 ans d'expérience qui propose de multiples possibilités de circuits : partez à la découverte des richesses culturelles qu'offre la Mauritanie, façon voyage personnalisé. Ainsi, vous pourrez arpenter le pays en trekking, à dos de chameau, à pied, en moto, en 4x4... Cette agence à la longue expérience en tourisme (la toute première du pays !) vous apporte aussi son aide pour les formalités d'usage sur place (visas, etc.). Idoumou, votre interlocuteur, est très à l'écoute de ses clients.

MAURITANIA DESERT VOYAGES

✆ +222 36 77 73 33

www.mauritaniadesertvoyages.com

Jeune, polyglotte, dynamique et professionnel, tel est Alioune, le fondateur et directeur de Mauritania Desert Voyages. Depuis 2011, ce natif d'Azougui répond aux aspirations de ses clients en élaborant d'inoubliables séjours sur mesure. Que vous voyagiez seul ou en groupe, que vous désiriez bivouaquer ou dormir entre quatre murs, que vous privilégiiez l'interaction culturelle ou la randonnée nature, Alioune et sa chaleureuse équipe sauront répondre à vos attentes !

MAURITANIAN BEST TOURS

✆ +222 27 27 27 59

Dirigée par son fondateur, le trilingue Mohamed Lemine El Hassen, l'agence Mauritanian Best Tours propose à la fois des séjours sur mesure, conçus en totale concertation avec les voyageurs afin de répondre à leurs envies, et des circuits organisés tels que le tour de l'Adrar (en 4 jours), la découverte du parc national du banc d'Arguin (en 2 jours) et la visite de Nouakchott (en 8 ou 9 heures). Ses chauffeurs, aux manettes de 4x4 en parfait état, et ses guides, consciencieux, vous permettront d'appréhender au mieux la Mauritanie.

MTS

33 avenue El Hadj Omar Tall

✆ +222 20 00 07 75

www.mts.mr

Bien en vue sur l'avenue El Hadj Omar Tall (ex-avenue Charles de Gaulle), Mohamed Salem Travel & Services (MTS), spécialisé dans la distribution de voyages, n'est pas, à proprement parler, un tour-opérateur. Dans les locaux de cette société, vous pourrez acquérir des billets d'avion, réserver une chambre d'hôtel à Tevragh Zeina ou à l'autre bout du monde, organiser vos transits en douceur et sélectionner le circuit organisé vous seyant le plus. Polyglotte, le staff de MTS a mis en place un service d'assistance joignable 24h/24 et 7j/7.

PRO SERVICES TOURS

✆ +222 46 55 35 35

www.lestoilesmaures.net

Propriétaire de l'auberge Les Toiles Maures à Atar, l'allègre et loquace Cheibany partage son temps entre Nouakchott et l'Adrar. N'hésitez pas à prendre contact avec lui afin de vous enquérir des activités proposées par son agence, Pro Services Tours. D'une durée oscillant entre 8 et 15 jours et, dans la plupart des cas, programmés entre mi-octobre et mi-avril, les tours guidés vous mèneront – à pied, à dos de chameau, en 4x4 ou en train – dans les plus enchanteurs coins et recoins de l'Adrar, du Tagant et du parc national du banc d'Arguin.

SIDI RANDOS VOYAGES

12 Ilot K
✆ +222 43 53 77 59
www.sidirandos.com

Quoique la randonnée pédestre figure parmi les animations proposées par Sidi Zeidane et sa compétente équipe (cuisiniers, chameliers, conducteurs de tout-terrain...), ce sont la méharée et le raid automobile qui s'adjugent la part du lion au sein de cette agence. Juché sur la bosse de votre camélidé, vous aurez ainsi la possibilité d'explorer des zones reculées et de rencontrer moult familles beidanes. Les expéditions en 4x4 – organisées de concert avec des tour-opérateurs européens, à l'instar de Tagoulmoust Aventure – raviront, quant à elles, les as du volant.

SIDI TOURS MAURITANIA

Îlot K
✆ +222 22 23 23 01
www.tourmauritania.com

Féru de voyages et ferré sur son pays, polyglotte et épris de rencontres : tel est le portrait de Sidi Chighali Jedna, le fondateur et animateur de Sidi Tours Mauritania. À l'écoute et prodigue en conseils, ce dernier saura répondre à vos envies en vous concoctant un séjour sur mesure ou en vous proposant le circuit *ad hoc*. Planifiés avec soin et très bien encadrés, les tours, de un à quatorze jours, vous permettront de découvrir maints aspects de la Mauritanie. L'agence offre, en outre, la possibilité de louer des véhicules (berlines, 4x4).

TIME FOR MAURITANIA TOUR OPERATOR

rue hennnoune ould bouccif
✆ +222 48 17 55 53

Chez Time For Mauritania, Hademine s'occupe de vous, et de tout ! À l'écoute, grand connaisseur de son pays, il saura vous concocter un voyage sur mesure, et vous mettre en relation avec l'un des guides de son équipe, sur lequel vous pourrez compter, et qui répondra à toutes vos questions. Les circuits sont bien organisés, entre temps de visite, de trajet et de pause, le tout pour que vous gardiez des merveilleux souvenirs de votre voyage. À contacter les yeux fermés !

VISIT MAURITANIA TOURS

✆ +222 41 40 14 00
www.visitmauritaniatours.com

Visiter les anciennes cités caravanières, se rafraîchir au mitan de l'oasis de Terjît, voguer sur une lanche dans le golfe d'Arguin, s'époumoner au sein des imposantes dunes d'Azoueiga, admirer le paysage depuis les fenêtres du « train du désert », déambuler dans Nouakchott ou découvrir la saillie rocheuse de Makhrougat, tout cela est possible avec Visit Mauritania Tours. Sous la houlette de Lemine Moulaye Taher, plongé de longue date dans l'industrie touristique et fin connaisseur du Sahara, cette sérieuse agence fournit des prestations de qualité.

BIH TOUR DU DESERT

✆ +222 32 53 22 60

Voici Bih, guide du désert mauritanien qu'il arpente à la recherche de nouveautés. A dos de chameau ou en 4x4, Bih propose des aventures sur mesure à travers la terre des sables. Ayant une connaissance approfondie de l'Afrique de l'Ouest, il est surtout spécialiste de la Mauritanie, prêt à vous faire découvrir son pays. Bih a tout le matériel nécessaire pour passer une bonne nuit sous la tente et confectionner un repas mauritanien. Il parle français, anglais, espagnol et néerlandais. Pour sortir des sentiers battus, c'est peu de le dire en Mauritanie...

YESLEM EXPLORATION

✆ +222 46 40 26 45

Yeslem, qui connaît très bien le pays, élabore avec son équipe francophone plusieurs façons de découvrir la Mauritanie : randonnées pédestres, méharée à dos de chameau, voyage en 4x4... Diverses formules de voyages sont également proposées à la carte. Avec une assistance tout au long du voyage, c'est l'assurance d'un séjour dans les meilleures conditions. Yeslem Exploration fournit également, pour ceux qui le souhaitent, du matériel de camping. Des cuisiniers se chargeront de vos repas tout au long de votre séjour. Une adresse conseillée.

D'ART ESPACE DES CRÉATIONS

Rue de Doha

Ouvert du lundi au samedi, de 10h à 19h.

Créé par Malika Diagana, réalisatrice et photographe, et par Saleh, artiste visuel, D'Art espace des créations est un lieu d'échange, de créativité et d'accueil, qui œuvre pour l'émergence des arts en Mauritanie. Les deux entrepreneurs culturels offrent à voir la peinture et la photographie au travers d'expositions, et proposent des événements culturels en partenariat avec des structures locales. Pour un regard différent sur la culture et l'identité mauritaniennes.

BIBLIOTHÈQUE PRIVÉE

Zone Université

✆ +222 47 65 76 45

Ouvert tous les jours sur rendez-vous, appelez simplement le numéro mentionné.

Vous faites des recherches sur la Mauritanie, le Sahel ou vous aimez les livres et l'odeur du papier ? N'hésitez pas une seconde : appelez Ahmed Mahmoud Mohamed, dit Jemal, un homme d'exception. Des manuscrits de son grand-père aux encyclopédies, bibliographies, textes de loi en passant par la sociologie, l'anthropologie, l'histoire, la géographie, cet homme a composé lui-même ce fonds bibliothécaire qu'il ouvre à toute personne intéressée : étudiants, chercheurs, touristes, résidents… Un lieu aussi magique que son concepteur.

ART GALLÉ ★

Cité plage

✆ +222 46 44 83 34

Créée par Amy Sow, une artiste pluridisciplinaire mauritanienne, cette galerie d'art et résidence d'artistes vous invite à venir boire un bon expresso, un thé mauritanien ou un *bissap* tout en visitant ses expositions éphémères. Ce lieu d'échanges et de rencontres, avec du bois (détonnant dans le quartier), des idées innovantes et de la récupération partout, vous accueille également lors de manifestations et d'ateliers spéciaux : arts plastiques avec les enfants, soirée découverte de la culture mauritanienne ou d'un mets local… Contactez Amy et vous découvrirez !

FONDATION VERGNOL

Îlot m

✆ + 222 45 25 19 60

www.mauritanie.org

Visites exclusivement sur rendez-vous.

Afin de mieux connaître la Mauritanie de la Préhistoire à nos jours, une visite à la fondation Vergnol s'impose. Livres, photos, cartes postales, timbres, bijoux, objets d'artisanat traditionnel ont été patiemment et passionnément recueillis pour être exposés au musée de la fondation. Une superbe collection, comme un écrin protégeant les richesses nationales qui sont à la fois les garantes d'une mémoire collective et un vecteur pour les générations futures. La fondation se trouve tout près de l'ambassade de France. N'hésitez pas à prendre rendez-vous !

INSTITUT FRANCAIS

Rue Ahmed Ould Mohamed

✆ +222 45 29 96 36

www.institutfrancais-mauritanie.com

Médiathèque ouverte le mardi, le mercredi et le samedi de 11h à 20h, le jeudi de 11h à 21h et le vendredi de 16h à 21h.

Amoureux de salles obscures ? Musicomane invétéré ? Féru de belles-lettres ? Mordu de photographie ? Toqué de danse contemporaine ? Rat de bibliothèque ? Quelle que soit votre passion, quels que soient vos centres d'intérêt, l'Institut français saura satisfaire vos moindres goûts artistiques et culturels. Sont ainsi proposés, pêle-mêle, des rencontres littéraires, des projections de films, des expositions diverses, des soirées lecture, des concerts et des ateliers artistiques (arts plastiques, danse classique, breakdance, éveil musical…). À vos agendas !

MOSQUÉE SAOUDIENNE

rue Alioune

Située en plein centre-ville, au nord, vous la verrez très certainement : ses hauts minarets sont des repères précieux dans Nouakchott, qui pourront vous servir pour retrouver votre chemin. Construite dans les années 1970, la mosquée Faysal, dite mosquée saoudienne, possède deux minarets caractéristiques. En janvier 2023, elle a été dotée de tapis de prière de haute qualité, et ce sur toute sa superficie, à savoir 6 600 m^2 ! Sa couleur sable la rend parfaitement intégrée à la ville, et les jours de grand vent, elle semble disparaître.

PAROISSE CATHOLIQUE

Ilot K131 Tevragh Zeina

✆ +222 45 25 04 27

Fin 2018, la république islamique de Mauritanie a officiellement reconnu l'Eglise catholique, ce qui a permis d'échanger des ambassadeurs avec le Saint-Siège. La paroisse de la cathédrale Saint-Joseph, érigée en 1965 par le pape Paul VI, est un petit havre de paix où l'on peut loger en cas de nécessité. Le dimanche, plusieurs messes ont lieu : à 7h30, 9h et 11h. Elles sont principalement fréquentées par les Africains subsahariens résidant en Mauritanie, qui représentent environ 2 000 fidèles, et d'une quarantaine de nationalités différentes.

Mosquée saoudienne de Nouakchott.

MUSÉE NATIONAL ★★

Rue Mohamed el Habib

✆ +222 45 25 37 22

Ouvert du dimanche au jeudi de 8h à 16h, le vendredi de 8h à 13h et le samedi de 8h à 15h. Entrée à 50 MRU.

Organisé en deux espaces, le musée présente au rez-de-chaussée une partie dédiée à l'archéologie et l'ethnologie, qui retrace l'évolution de l'homme dans les régions de l'actuelle Mauritanie. Dans l'espace à l'étage, ce sont les objets de la vie quotidienne nomade qui sont exposés : habitat traditionnel, palanquins, jeux, instruments de musique, vaisselle, plantes médicinales… Le bâtiment abrite également l'Institut mauritanien de recherche scientifique, le Centre de conservation des manuscrits mauritaniens et la Bibliothèque nationale.

LE POINT CHAUD

El khaima City Center, Rue Mamadou Konate

Vous comprendrez pourquoi le marché aux portables est surnommé « point chaud » quand vous vous retrouverez au milieu de la foule ! C'est là que vous trouverez des cartes SIM pour les 3 opérateurs mauritaniens : Mattel, Mauritel et Chinguitel. Les galeries accueillent tous les corps de métiers relatifs à l'achat et la réparation des téléphones et du matériel électronique. Dans la cour, les vendeurs de musique se font la guerre à coups de décibels, les vendeurs de thé déambulent d'une boutique à l'autre… L'un des lieux où le dépaysement prend tout son sens.

LES ECHOS DU SAHEL

Cité plage
✆ +222 27 05 96 87

Les Echos du Sahel ainsi que les deux autres structures qu'elle héberge ne sont pas un magazine mais bien une association visant à la promotion et la démocratisation de l'art pour tous. C'est un lieu d'échanges culturels et de création artistique qui offre aux enfants, aux jeunes et moins jeunes ateliers, cours, supports et outils dans les domaines suivants : techniques du son, label musical, studio d'enregistrement, soutien aux projets innovants, école d'art et de danse, concerts, événements... Un vrai lieu de création à Nouakchott.

MOSQUÉE MAROCAINE ★

rue de la mosquée marocaine

Au sud de la ville, la mosquée marocaine est un édifice de référence à Nouakchott car son architecture rappelle la grande Koutoubia de Marrakech. Elle se caractérise par son minaret carré. Puisque vous êtes venu jusqu'ici, profitez-en pour visiter le marché aux tentes mauritaniennes (khaimas), facilement repérable. Également à proximité, le marché SOCIM est plutôt dépaysant avec ses étals de fruits et légumes, ses vendeurs de charbon, de bidons vides d'huile moteur et de friture que l'on récupère notamment pour transporter l'eau…

PLAGE DES PÊCHEURS

À 10 minutes du centre, découvrez le port de pêche artisanal et la plage des pêcheurs, avec ses bateaux en bois multicolores aux couleurs du Sénégal. Il faut y aller en fonction des marées, quand les bateaux reviennent chargés de poissons et qu'ils sont étalés devant le chaland. Les uns les autres se bousculent, s'apostrophent, tandis que les poissons frétillent encore. C'est une vraie plongée dans la vie nouakchottoise, un bain de foule et de poiscaille ! Petite mise en garde toutefois : il arrive que des *pickpockets* se glissent dans la cohue.

LES PLAGES

Sultanes, Bahamas, Océanides... Non, vous n'êtes ni à Istanbul, ni aux Antilles, ni en Grèce, mais bel et bien sur le littoral mauritanien, à moins de 20 kilomètres au nord-nord-ouest du centre-ville de Nouakchott. Bien que la capitale jouisse d'un charmant rivage, liséré de sable immiscé entre le béton et l'onde amère, ses grèves les plus cotées sont situées à l'écart de la cité. Au sud, les bords, sauvages à souhait, s'étirent de façon (presque) ininterrompue jusqu'au delta du fleuve Sénégal. Au nord, les plus proches plages n'ont certes pas la (quasi) virginité de leurs congénères méridionales, mais elles sont dotées d'infrastructures les rendant des plus seyantes. Si vous optez pour le septentrion, empruntez, depuis Nouakchott, la N2 menant à l'aéroport international et à Nouadhibou. Pour rejoindre la plage Bahamas, ne manquez pas le panneau directionnel, fiché près du bitume, marquant le point de départ de la piste d'accès. Pour les plages des Sultanes et des Océanides, prenez, 2 kilomètres plus au nord (PK 13), la voie asphaltée conduisant au Al Salam Resort. Ces trois plages, quoique géographiquement très proches, se singularisent par leur atmosphère et leur composition sociologique. Généralement très fréquentée le week-end, la plage des Sultanes, avec son restaurant, son sable fin, son terrain de volley et ses parasols coiffant des transatlantiques, est particulièrement goûtée des expatriés. Le sympathique propriétaire des lieux, Nicolas (+222 44 33 22 53), à la fois au four et au moulin, a eu la judicieuse idée d'y installer des cabanons équipés (réfrigérateur, climatisation, douche...) et des tentes afin d'ouïr le ressac la nuit durant. Comptez 5 000 MRU pour 24h pour les premiers, 1 000 MRU la nuitée pour les secondes. Beaucoup plus calme et bien moins pourvue, la plage des Océanides (+222 22 91 91 52) dispose de *khaïmas*, idéales pour se retrouver en famille et déguster un méchoui. Ici, on peut se sustenter (poissons, crustacés...) et trouver l'inspiration, comme l'écrivain Beyrouk qui a écrit deux de ses romans en ce lieu. Enfin, la populaire plage Bahamas (+222 20 75 77 77) se caractérise par sa couleur locale : virevoltants pitchouns, dromadaires (50 MRU pour une très petite balade le long des flots), effluves des mets concoctés sous les toiles, musique sans sourdine... Bon enfant, cette grève est également munie d'une pataugeoire et de balançoires, à destination des plus jeunes. Quelle que soit votre plage d'élection, il vous faudra débourser 100 MRU pour le parking.

SE LOGER

Bien que la pandémie de Covid-19 ait eu raison de plusieurs établissements hôteliers et quoique les nuitées à Nouakchott ne soient pas les plus économiques du continent, notamment pour les impécunieux routards voyageant en solo, se loger dans la capitale mauritanienne ne pose guère de problème. De la pension familiale à l'hôtel cossu en passant par de coquettes maisons d'hôtes et une poignée d'hôtels-boutiques, l'offre est, en effet, assez variée. Sans originalité, seront déterminants dans votre choix les tarifs, la localisation et les installations. Ainsi, les amateurs d'authenticité pourront tester les auberges modiques de l'hypercentre, les thalassophiles séjourner au sein de Terjit Vacances et les *businessmen* turbiner dans une hôtellerie dédiée au tourisme d'affaires, telle que La Médina. Lorsque paraîtra ce guide, les hôtels Vasq et Marhabe (ex-Atlantic) devraient être achevés et adjoints à ce bel éventail de possibilités...

APPART'HÔTEL ZAHRA €

Près ambassade de Russie
✆ +222 45 29 33 36
Chambre à 1 000 MRU et studio à 1 500 MRU.

Faisant face à l'ambassade de Russie, cet appart'hôtel est une très correcte adresse pour quiconque recherche un hébergement spacieux (coin bureau, salon), équipé (climatiseur, réfrigérateur, téléviseur, wifi), propre et calme. En sus de ces studios, le Zahra dispose d'une batterie de chambres proprettes mais manquant parfois de luminosité et d'entretien. Côté déco, c'est, en outre, un peu décevant. En revanche, l'accueil réservé par l'équipe est excellent. En résumé, un bon rapport qualité-prix, surtout pour les familles ou les petits groupes de voyageurs.

AUBERGE SAMIRAA €

✆ +222 37 60 70 76
Lit en dortoir à 300 MRU, chambre de 900 à 2 000 MRU. Wifi inclus. Petit déjeuner non compris.

Donnant sur une calme placette, l'auberge Samiraa a quelques atouts à faire valoir : une excellente localisation (à moins d'une encâblure du rond-point Emira), une petite bibliothèque (pour les invétérés lecteurs), un personnel chaleureux, une cuisine de qualité (concoctée, à l'occasion, par la patronne en personne), une agréable courette (pour se détendre), etc. Ventilées ou climatisées, dotées ou non de sanitaires privatifs, les chambres, sans clinquant, sont propres et fonctionnelles. Possibilité de laver son linge et de préparer sa popote *in situ*.

HOTEL SABAH €

Avenue Abdel Nasser
✆ +222 38 82 13 13
1 200 MRU chambre simple, 2 500 MRU chambre double. Possibilité de restauration sur place.

Cet établissement a beaucoup d'atouts : situé en bord de plage, il est à 10 minutes à peine du centre-ville. Sur le sable, de nombreux jeux pour enfants sont installés : trampoline, château gonflable, balançoire... Une adresse que l'on pourra donc considérer comme étant kids friendly ! Une belle terrasse sur lesquelles sont dressées tables et chaises vous accueille pour les repas : plats locaux, barbecue, salades, pâtes, pizzas et farandole de desserts vous attendent, face à l'océan. Quant aux chambres, elles sont propres, modernes, pratiques, et reposantes.

CAMPEMENT LES OCÉANIDES €

route de Nouadhibou
✆ +222 22 91 91 52
Bungalow à 1 400, 1 800, 2 000 ou 2 500 MRU la nuit. Possibilité de dormir sous une khaïma pour 1 000 MRU.

Les bungalows bleus et blancs des Océanides sont posés sur le sable, face à l'océan. Votre séjour y sera paisible, bercé par le roulis des vagues... Et, si vous êtes chanceux, les dauphins vous raviront au petit-déjeuner ! Les bungalows sont sommaires, mais offrent douche et WC privés, et possèdent le nécessaire pour passer des nuits calmes. Assister au lever du soleil aux Océanides n'a pas son pareil, croyez-nous ! Vous pourrez également profiter de transats la journée, et déguster les bons plats du restaurant au déjeuner ou au dîner.

CHINGUITTY PALACE €

Médina R

✆ +222 45 29 63 03

Chambre de 800 à 1 500 MRU. Petit déjeuner compris.

Tenté par une plongée, une immersion, dans le trépidant et populeux hypercentre nouakchottois ? Si vous répondez par l'affirmative, prenez alors la direction du Chinguitty Palace ! Cet hôtel, qui n'est palace que de nom, compte près de vingt-cinq chambres propres et pourvues de la triade réfrigérateur, téléviseur, climatiseur. Réparties sur plusieurs étages, elles sont sans chichis, quelquefois un brin décaties et, pour certaines, ténébreuses. L'accueil, excellent, et la localisation, centrale contrebalancent ces menus défauts.

LES MÉHAREES €

Tevragh Zeina, rue Sidatty Ould Abba

✆ + 222 48 52 61 16

À partir de 1 500 MRU.

Bien située, la proximité de cette maison d'hôtes avec l'ambassade des États-Unis en fait une adresse au calme, et sécurisée. Les chambres sont jolies, climatisées et dotées d'un réfrigérateur. Le wifi y est à disposition. Bon à savoir : il y a aux Méharées une grande chambre pouvant accueillir un groupe de 10 personnes environ, pratique pour les grandes familles, ou voyages entre bons amis ! L'adresse possède une cour extérieure et un jardin, ce qui est très appréciable. Et elle bénéficie d'un bar pour petit-déjeuner à la carte.

HÔTEL HOUDA €

Rue Mamadou Konaté

✆ +222 45 25 91 71

Chambre de 1 500 à 2 000 MRU.

Plus central que ça, tu meurs ! La situation géographique de l'hôtel Houda, à deux pas de l'avenue Nasser et de la mosquée du roi Fayçal, constitue indubitablement son principal attrait. Pour le reste, on repassera... La façade défraîchie dissimule, en effet, une quarantaine de chambres sans apprêt (dont seules celles du premier étage, sur les trois niveaux que compte l'immeuble, étaient opérationnelles lors de notre visite), de mornes couloirs, un hall d'entrée sans âme aucune, un capricieux wifi et un personnel pas toujours très avenant...

LA PALMA HÔTEL €

1 Extension Ilot D

✆ +222 36 66 33 15

À partir de 1 500 MRU.

À 10 minutes à pied du centre-ville, cette adresse est tout indiquée pour les petits budgets. Un hôtel qui mériterait quelques rénovations, cependant le personnel y est jeune, dynamique, et à l'écoute de ses clients. Le petit-déjeuner est servi tous les matins sous forme de buffet. Et, surtout, sa localisation vous permettra de rayonner facilement dans Nouakchott, sans avoir à faire appel à un taxi, ni à vous procurer un véhicule, la circulation étant chaotique, ou disons typique, par endroits ! Pour un séjour court, n'hésitez pas.

MAISON D'HÔTES LA BIENVENUE €

44 avenue El Hadj Omar Tall

✆ +222 46 47 60 68

Chambre de 1 200 à 1 600 MRU. Petit déjeuner non compris. Wifi.

Idéalement placée sur l'avenue El Hadj Omar Tall, naguère appelée de Gaulle, La Bienvenue est une charmante maison d'hôtes. Retranchée derrière son mur d'enceinte et sa pimpante cour fleurie, elle dispose de chambres confortables agrémentées, pour certaines d'entre elles, d'une loggia. Adorné de peintures et de dessins, l'établissement possède, en sus, une belle pièce commune dont les étagères supportent les ouvrages composant la bibliothèque. Bon accueil.

TERJIT VACANCES €

✆ +222 26 26 25 26

www.terjitvacances.com

Idéalement situé en bordure d'océan, à environ 1 km au nord du marché aux poissons, cet établissement a vu le jour à la charnière des décennies 1980 et 1990. Malgré le décès de sa fondatrice, Salka, Terjit Vacances continue à accueillir les voyageurs. Ici, loin du tumulte de la ville, pourtant toute proche, il est loisible de déployer sa tente (pour quelques centaines de ouguiyas), de se refaire dans une case ou de se reposer dans une chambre équipée et fonctionnelle (pour près de cent euros). Naturellement ventilé, le restaurant est, en outre, très agréable.

LE TRISKELL €

214 rue Cheikh Mohamed Adel Haye Ould Sabbar el-Mejlissi ✆ +222 41 57 59 83
www.enmauritanie.com

Par personne : tente de 275 à 370 MRU, cabane de 460 à 920 MRU, chambre de 460 à 1 100 MRU. Petit déjeuner non compris.

Établi dans ce qui fut la maison de la célèbre chanteuse Dimi Mint Abba, Le Triskell est un amour d'auberge. Sébastien, le dynamique propriétaire, a su en effet conserver l'esprit du lieu tout en y insufflant une vitalité novatrice. Les chambres allient ainsi patine du temps et confort moderne, le toit-terrasse, sur lequel a été épandu du sable, s'est mué, avec ses tentes et ses cabanes, en village mauritanien et la cour a été dotée de douillets et ombrés matelas et coussins. Quiétude du site, gratuité du wifi et excellente restauration parachèvent le tout !

LE K €€

Îlot K ✆ +222 41 12 19 12

Chambre de 2 000 à 2 500 MRU, suite à 3 500 MRU. Petit déjeuner inclus.

Lancée par Salek, un homme dynamique et chaleureux, cette maison d'hôtes se distingue par ses onze chambres très spacieuses équipées d'un mobilier adapté pour les séjours longs, de loisirs ou de travail. Lave-linge et cuisine à disposition. À l'extérieur, de grandes tentes avec sofas et tables permettent de travailler à l'aise ou simplement de prendre un temps de farniente. À l'étage, une terrasse protégée d'une moustiquaire invite à travailler dans le calme sur son ordinateur ou à passer des soirées au frais sans se faire piquer. Personnel attentionné.

AUBERGE DIAGUILI €€

Îlot A 458
✆ +222 46 46 00 03

Chambre à compter de 2 000 MRU. Petit déjeuner inclus.

L'auberge Diaguili est à l'image du quartier résidentiel dans lequel elle est enchatonnée : calme, ombragée et fleurie. Discrète (aucune pancarte, aucun panneau ne mentionne cette chambre d'hôtes) et recluse derrière ses murs, elle ne se dévoile qu'aux voyageurs franchissant son seuil. Au sein de l'enceinte, les chambres décorées avec soin conviennent autant aux courts qu'aux longs séjours. Le soir venu, les clients se réunissent dans la jolie cour afin de partager le repas et leurs expériences. En somme, une excellente adresse !

CASA BLUE €€

Rue Habib Ould Mahfoudh
✆ +222 46 43 50 69

Chambre de 2 000 à 3 500 MRU et suite à 4 000 MRU. Petit déjeuner compris.

Une façade latérale un tantinet lépreuse, des fils qui pendouillent et un terrain vague en guise de vis-à-vis... L'extérieur du Casa Blu n'est pas très engageant, mais le nouveau directeur de l'établissement, Ahmed Salem Bakar, entend se lancer dans des travaux de rénovation et d'extension. Si le dehors est *out*, l'intérieur est *in*. En effet, le hall d'entrée et les chambres, bien équipées et propres, sont beaucoup plus attirants. L'hôtel dispose, de surcroît, d'un restaurant au sein duquel vous pourrez vous repaître d'une nourriture décente. Bon accueil.

HÔTEL HALIMA €€

Rue de l'hôtel Halima ✆ +222 45 35 90 63
www.halimahotelnouakchott.com

Chambre de 2 400 à 3 450 MRU et suite à 5 600 MRU. Petit déjeuner compris. Navette vers/depuis l'aéroport : 800 MRU.

Preuve de la renommée de cette « vieille » enseigne de la capitale – l'hôtel Halima est un point de repère connu de tout Nouakchottois qui se respecte – le goudron qui passe devant son imposante façade ocre emprunte souvent son nom sur les rares plans de la ville. Bien situé dans le quartier chic et calme de la présidence, ses 30 chambres et 4 suites sont climatisées et plutôt bien équipées. Un peu décevantes tout de même, la déco et la taille des chambres. Les suites sont en revanche plus colorées et accueillantes, avec leurs grands salons mauritaniens.

AL KHAIMA €€€

10 rue Mamadou Konaté
✆ +222 45 24 43 95
www.alkhaimacitycenter.com

Studio à compter de 3 000 MRU, suite à partir de 5 275 MRU.

Les quarante-huit studios et suites du Al khaima City Center sont situés aux septième, huitième et neuvième étages d'un immeuble comptant parmi les plus hauts de Nouakchott. Propres et dûment équipés (salle de bains, coffre-fort, minibar, téléviseur à écran plat, connexion wifi...), les logements sont situés sous le restaurant panoramique du dernier étage et dominent six niveaux hébergeant principalement des bureaux. Le rez-de-chaussée abrite, quant à lui, la réception et un distributeur automatique de billets. Transfert gratuit depuis/vers l'aéroport.

AL SALAM RESORT €€€

Pk 13 Route de Nouadhibou
✆ +222 34 34 74 74
www.social5031.wixsite.com
Chambre dès 3 430 MRU, suite à compter de 8 760 MRU et villa à partir de 14 090 MRU.

Ce nouvel hôtel, érigé à proximité immédiate de la plage des Sultanes, compte autant de laudateurs que de contempteurs. Commençons par les louanges : des chambres, suites et villas dûment équipées, des vues imprenables sur l'Atlantique, un personnel sympathique, la quiétude des lieux, des installations sportives convenables (piscine, salle de fitness) et une restauration de bonne qualité. Finissons par les critiques : la bétonisation du littoral, un manque de finitions dans certaines chambres, le gigantisme et l'inachèvement du complexe... Quel sera votre bord ?

HÔTEL IMAN €€€

Tevragh Zeina
✆ +222 45 29 30 57
www.residences-iman.com
Chambre à 3 900 MRU, suite à 4 500 MRU et appartement à 5 200 MRU (tarif standard). Petit déjeuner compris.

Les chambres, suites et appartements de l'hôtel Iman sont, pour la plupart, emboîtés dans un immeuble de cinq étages toisant l'avenue Al Quds, côté sud, et la piscine, côté nord. Ouvert il y a près de quinze ans, cet établissement propose un éventail de logements propres et dûment équipés (téléviseur, coffre-fort, réfrigérateur, climatiseur et même, pour les suites et appartements, un coin cuisine), une piscine flanquée d'un restaurant et d'une terrasse, où il fait bon se désaltérer à l'abri des rais de soleil, ainsi qu'une salle de réunion. Bon accueil.

MARRAKECH PREMIUM SUITES €€€

Rue Cheikhana Ould Mohamed Laghdaf, ilot K
✆ +222 44 30 69 19
Chambre à 4 000 MRU.Suite à partir de 5 000 MRU. Appartement à partir de 6 000 MRU.

Voici un nouvel hôtel à Nouakchott, qui se démarque par son grand confort et le raffinement de sa décoration. Les chambres, les suites ainsi que les appartements sont parfaitement équipés, et n'ont rien à envier au confort dit moderne. Petit plus non négligeable : l'hôtel dispose d'une piscine entourée d'une belle terrasse, ce qui est agréable quand le mercure grimpe à Nouakchott, et cela est fréquent ! En cuisine, derrière les fourneaux, Mama Houria, marocaine, prépare de délicieux petits déjeuners... Dont vous ne saurez vous passer !

MAISON D'HÔTES JELOUA €€

Tevragh Zeina ✆ +222 36 36 94 50
Chambre entre 2 000 et 2 200 MRU, studio à 2 500 MRU.

Désormais basé dans une rue perpendiculaire à l'avenue Moktar Ould Daddah, à deux pas du rond-point Emira et de la CENI, cet établissement est très prisé des expatriés. Agréables et équipées, les huit chambres sont toutes décorées différemment. Le charme et le calme de cet îlot de verdure en plein cœur de Tevragh Zeina sont les véritables points forts de la maison. Pas encore convaincu ? L'accueil et la gentillesse d'Olivia et Youba, la propreté du lieu et les différents services proposés (transfert aéroport, blanchisserie, bibliothèque...) complètent le tableau.

MAURICENTER €€€

Avenue Moktar Ould Daddah
✆ +222 45 29 66 83
www.hotelmauricenter.com
Chambre à 4 540 MRU, suite à compter de 6 040 MRU. Petit déjeuner : 400 MRU.

Bien calé à l'angle de l'avenue Moktar Ould Daddah et de la rue Yahia N'Diaye, un immeuble de couleur crème enveloppe 77 chambres et 20 suites, spacieuses et équipées (minibar, coffre-fort, wifi, TV, climatiseur...), enserre une tentante piscine, ouverte (moyennant 400 MRU) aux personnes ne séjournant pas *in situ*, et supporte un restaurant, sis sur le toit-terrasse depuis lequel la perspective sur Nouakchott n'est pas piquée des hannetons... Tels sont les attributs du Mauricenter, un établissement de standing malheureusement dénué d'âme... DAB au rez-de-chaussée.

HOTEL DIALALI €€

✆ +222 31 47 71 12
www.hoteldialali.com
Single Standard à 2 500 UMR petit déjeuner inclus. Double Standard à 3 500 UMR petit déjeuner inclus.

L'hôtel Dialali a ouvert ses portes à Nouakchott en octobre 2022. Il offre 54 chambres dont 6 suites, ainsi que 5 salles de séminaire. Il est bâti au cœur de Nouakchott, à côté de l'ambassade américaine et du centre administratif de la ville. Vous succomberez au charme, à la décoration et au confort de cet hôtel à l'identité africaine mauritanienne. Vous y serez accueilli dans un cadre familial et convivial, avec des mets délicieux à déguster sur la terrasse, à côté de la piscine. Dialali veut dire « ligne de famille » en soninké.

LA MEDINA €€€

Rue Abdallay
✆ +222 20 17 00 22
Chambres à partir de 3 300 MRU, suites à partir de 4 800 MRU, petit-déjeuner compris. Déjeuner et dîner à 700 MRU.

Dans le quartier des ambassades, cet hôtel destiné au tourisme d'affaires, mais pas que, vous accueille dans ses chambres de grand standing. Une salle de réunion est à même de recevoir un grand nombre de personnes. Doté d'un restaurant et d'un espace bar, vous pourrez prendre tous vos repas à l'hôtel Médina ou, si vous préférez, vous restaurer dans les bonnes adresses toutes proches. L'hôtel dispose d'un agréable patio, avec des plantes, dans lequel vous pourrez faire une pause agréable, en y dégustant un thé ou une autre préparation. Parking privé.

NOUAKCHOTT HOTEL €€€

Avenue Moktar Ould Daddah
✆ +222 25 00 00 30 - www.nouakchotthotel.com
Chambre à partir de 4 500 MRU. Petit déjeuner inclus.

Entre boulangerie Paul, complexe olympique, Sunset Hotel et palais des congrès campe le Nouakchott Hotel. Ne passant pas inaperçu, particulièrement à la nuit tombée lorsque sa façade s'irise du bleu et du rouge de ses néons, cet établissement compte soixante-six belles chambres et suites, lustrées et bien pourvues. Semblablement à la réception et aux corridors, elles sont émaillées de photographies ayant le Sahara pour thème. Le Nouakchott se flatte, en sus, de sa piscine, de sa salle de gym et de son restaurant (sis au premier étage). Bon accueil.

MONOTEL DAR EL BARKA €€€

Route du stade olympique
✆ +222 45 24 23 33
www.monotel-mr.com
Chambre à 5 500 MRU et suite de 13 000 à 15 000 MRU. Petit déjeuner inclus.

À proximité de l'ambassade de France et de la délégation de l'Union européenne, l'hôtel – auquel a été dernièrement adjointe une nouvelle aile – est parfaitement sécurisé car protégé par un portail. De longs couloirs mènent aux chambres, agréables et dûment équipées (minibar, coffre-fort...). Le hall d'entrée et le bar-restaurant sont également chaleureux. Le plus est évidemment la grande piscine ourlée de canapés et fauteuils confortables. Tout cela a un prix, celui de la tranquillité, du confort et du service. Bon accueil et copieux petits déjeuners.

SEMIRAMIS €€€

Îlot O 18
✆ +222 45 24 00 38
www.semiramishotels.com
Chambre à 4 830 MRU et suite à 6 530 MRU. Petit déjeuner, wifi et navette depuis/vers l'aéroport inclus.

Le Semiramis compte parmi les établissements hôteliers les plus racés de Mauritanie. Ouvert en 2016, cet hôtel-boutique est composé de seize chambres extrêmement propres et distinguées. Dotées des commodités que requiert un hôtel de ce standing, depuis le minibar jusqu'au coffre-fort, elles se caractérisent par la joliesse de leur mobilier (lampes de chevet, sièges...). Le restaurant, au sein duquel est servi l'équilibré petit déjeuner, et la réception sont élégamment parés itou. N'oublions pas le personnel, affable et professionnel. Une excellente adresse !

SUNSET HOTEL €€€

20 avenue Moktar Ould Daddah
✆ +222 45 29 87 37
www.sunsethotel.mr
Chambre de 4 440 à 4 700 MRU et suite à 7 000 MRU. Petit déjeuner compris.

Le Sunset Hotel, inauguré en 2019, est situé sur le tronçon le plus huppé de l'avenue Moktar Ould Daddah. Vis-à-vis de l'hôtel Sheraton, qui joue les arlésiennes, cet établissement abrite, au rez-de-chaussée, un hall d'entrée cosy, un restaurant et une piscine comblant une pseudo dent creuse. Les chambres et suites, étagées sur cinq niveaux, sont agréables, astiquées et équipées comme il se doit : coffre-fort, climatiseur, wifi, table de travail... Le petit déjeuner, très correct, peut, via ascenseur et clairs-obscurs couloirs interposés, vous être apporté au lit.

THE BEST SEMIRAMIS HOTEL €€€

Îlot C ✆ +222 45 24 68 00
www.thebestsemiramishotel.com
Chambre de 3 540 à 3 840 MRU et suite à 5 440 MRU. Petit déjeuner et transfert depuis/vers l'aéroport inclus.

Hormis, si nous chipotons, l'exiguïté de ses chambres, le Best Semiramis dispose des commodités et du charme séant à un hôtel de son rang. Sur l'emplacement de l'ex-Semiramis HMJ, cet établissement jouit de chambrettes coquettes, proprettes et bien équipées (coffre-fort, wifi, télévision...), de suites à l'avenant, de couloirs et pièces communes soigneusement décorés, d'un staff consciencieux et accort, d'un restaurant de bon aloi, d'un distributeur automatique de billets et d'un service de blanchisserie efficace. N'en jetez plus, tout y est (ou presque...) !

© AZALAI

© AZALAI

© AZALAI

AZALAÏ HOTEL NOUAKCHOTT €€€

160 avenue Gamal Abdel Nasser
✆ +222 45 29 50 51 - www.azalai.com
Chambre de 6 500 à 7 800 MRU, suite Junior à 9 800 MRU, petit déjeuner inclus.

Situé au cœur du quartier des affaires de la capitale et à 30 km de l'aéroport et à 30 km de l'aéroport, Azalaï Hotel Nouakchott a un style élégant typiquement africain. Les chambres sont très spacieuses avec de grandes salles de bains équipées et le wifi offert. Le restaurant est gourmet européen-africain. Découvrez cet espace unique doté d'un bar, d'une piscine extérieure et d'une belle terrasse. Pour les sportifs, le club de fitness est entièrement équipé. Azalaï Hotel Nouakchott est la destination idéale pour vos séjours d'affaires ou moments de détente.

© AZALAI

© AZALAI

SE RÉGALER

Que vous soyez fin gourmet ou gros gourmand, que vous ayez un appétit de loup ou d'oiseau, que vous désiriez partager un repas entre amis ou avec votre mie, que vous souhaitiez manger pour trois francs six sous ou en faisant une petite folie, Nouakchott saura rassasier votre faim de découvertes culinaires ! Envie d'un méchoui ? Mettez le cap sur les franges septentrionales de la ville où vous attendent, sous des *khaïmas*, des locaux faisant bonne chère. Soif de déguster un *thiéboudiène*, que les autochtones emportent volontiers chez eux, ou de la viande grillée bon marché ? Direction les popotes et *dibiteries* basées au sein ou à proximité des marchés de la capitale. Friand de bonnes tables ? La cité n'en manque pas. À de rares exceptions près, leurs cartes combinent mets, saveurs et cuisines du monde entier. Enfin, fruits de mer et poissons, voisinage de l'océan oblige, figurent sur force menus.

NOUAKCHOTT

Thiéboudienne.

AL FANTASIA €€

Avenue Moktar Ould Daddah
✆ +222 47 60 13 13
www.restaurantalfantasia.com
Ouvert tous les jours de 7h à minuit. Plat de résistance entre 120 et 600 MRU.

Avec sa salle intérieure orientalisante et climatisée, son agréable terrasse, son personnel avenant et son excellente cuisine, ce restaurant marocain, localisé à 200 mètres des bureaux de Chinguitel, collectionne les bons points. Tajine berbère, méchoui d'agneau grillé au four, *harira* ou couscous royal, pour ne citer que quelques mets figurant au menu, flatteront votre palais. Si d'aventure votre estomac crie encore famine, laissez-vous tenter par le bel assortiment de pâtisseries. Signalons, enfin, un choix conséquent de jus de fruits. Une bonne adresse !

LA BIENVENUE €€

44 avenue El Hadj Omar Tall
✆ +222 44 53 36 54
Ouvert de 8h à 22h du lundi au samedi. Fermé le dimanche. Plat de résistance entre 250 et 650 MRU.

Le Paradise a été rebaptisé La Bienvenue, mais l'accueil réservé par Alphonse (le gérant) et Soukeïna est demeuré le même : édénique. Situé sur le même terrain que la maison d'hôtes La Bienvenue, ce petit restaurant propose de marier riz pilaf, pommes de terre frites ou légumes avec filet de bœuf, *thiof* ou gambas. Pâtes (chaudes) et desserts (rafraichissants), tels que crème glacée et salade de fruits, figurent également sur la carte que vous pourrez étudier à votre guise à l'ombre du flamboyant. La parcelle s'apparente à un havre de paix au cœur de la ville.

A CASA PORTUGUESA €€

rue Ahmed Ould El Aghel
✆ +222 36 34 79 86
Ouvert du lundi au samedi de midi à 15h et de 19h à 22h30. Fermé le dimanche. Plat à partir de 200 MRU.

A Casa Portuguesa ? Ceci n'est pas un restaurant portugais. Cette dénomination sociale, conservée par l'actuelle propriétaire, évoque tout simplement les racines de l'ancienne direction. De nos jours, sont servis, à l'abri des regards et à l'ombre du défunt hôtel Tfeila, des plats tels que salades composées, brochettes de viande accompagnées de frites ou crevettes sautées à l'ail. Possibilité est donnée de manger sous un plafond ou sous la voûte céleste. L'accueil, au sein de cet établissement où les expatriés constituent le gros de la clientèle, est aléatoire...

CRÊPERIE ILOCA 10002 €

Îlot K
✆ +222 41 57 59 83
Ouvert du lundi au samedi de 8h à 18h. Fermé le dimanche. Crêpes et galettes entre 100 et 700 MRU.

Basée dans l'îlot K, l'Iloca 10002 est bel et bien une bonne crêperie, il n'y a pas photo ! À sa tête, nous retrouvons le fringant Sébastien, boss du Triskell originaire de... Bourgogne, comme vous l'aurez deviné. Sous un dais de toiles chamarrées, vous pourrez, en guise de goûter, déguster une crêpe et siroter une boisson désaltérante. Sur la carte figurent également une alléchante sélection de galettes, dont celle au foie gras, pommes et oignons, mais aussi, pour les plus affamés, des plats consistants tels que demi-poulet au four ou *cheeseburger*. Bon appétit !

LE COLIBRI €€

Ilôt K ✆ +222 45 25 03 67
Ouvert du lundi au samedi de 9h à 15h et de 19h à 22h. Fermé le dimanche. Plat de résistance entre 250 et 700 MRU.

Dissimulée derrière une porte bien gardée, cette table réunit des expatriés et voyageurs de tous horizons. Dans un cadre séduisant orné d'une piscine, vous pourrez tester le plat du jour (uniquement le midi, du lundi au vendredi) ou l'un des mets figurant sur la carte, à l'instar du poulpe à la galicienne ou du magret de canard. Pâtes, burgers et garnitures diverses (pommes de terre frites ou en purée, gratin dauphinois, riz...) sont également au menu. Sur les tables joliment dressées, vous pourrez achever votre repas en vous octroyant un fondant au chocolat...

LA FRAICH'HEURE €

boulevard Moktar Ould Daddah
✆ +222 36 12 14 50
Ouvert de 11h à 2h du samedi au jeudi, et de 17h à 2h le vendredi.

Une réussite pour ce petit fast-food idéalement situé sur une avenue commerçante. Voici une très bonne adresse à petits prix, pour se poser et se mettre à l'abri de la chaleur, tout en se régalant. Le local est coloré, lumineux et très propre. Le cuisinier prépare d'excellents burgers et wraps, mais aussi des shawarmas, ainsi qu'un grand choix de pizzas. En attendant votre commande, prenez le temps de boire un désaltérant jus de fruit frais, ou un milkshake parfumé. Tout est fait minute, à la demande, fraîcheur garantie ! Sur place ou à emporter.

KAIZEN €€

Rue Mohamed Yehdhih Ould Breid Leil
✆ +222 31 71 50 00
www.kaizen-mr.ch

Lorsque ces lignes ont été rédigées, le Kaizen était fermé pour cause de déménagement et de travaux dans ses nouveaux locaux de la rue Mohamed Yehdhih Ould Breid Leil. Ce restaurant, qui jouit d'une bonne presse, aura vraisemblablement rouvert ses portes lors de la parution de ce guide. En l'incluant dans cette rubrique, nous misons sur la perpétuation de sa cuisine, de belle facture, de son cadre, agréable, et de sa brigade, professionnelle. Il vous appartiendra alors de découvrir, le cas échéant, la nouvelle carte et les nouveaux horaires du Kaizen.

LE MANARA €€

Tevragh Zeina, route des ambassades
✆ +222 43 80 80 80
Ouvert du mardi au vendredi de 12h à 23h, samedi et dimanche de 12h à 00h. Fermé le lundi.De 400 à 600 MRU le plat.

Hussein Zeidan est l'âme du restaurant Manara. Issu de la diaspora libanaise, il est installé en Mauritanie depuis 25 ans. Durant toutes ces années, il forme une équipe de chefs et de serveurs, aujourd'hui devenus de vrais professionnels. Outre les plats variés de viande et de poisson, la carte du Manara vous invite au voyage : avec son taboulé au boulgour si parfumé à la menthe, son houmous et la batata harra (cubes de pommes de terre avec ail, coriandre et piment), vous oscillerez entre Nouakchott et Beyrouth, ou Tripoli !

CHEZ LINA €

Îlot A
✆ +222 45 24 06 84
Ouvert du lundi au vendredi de 7h45 à 22h45. Fermé le week-end.

De délicieux burgers, et pas des *fakes* ! Il y en a pour tous les goûts : au poulet, au fromage (le fameux double cheese) et *tutti quanti*. Egalement des salades, des pizzas, des paninis, des shawarmas ainsi que des boissons chaudes et froides. Le tout servi dans un mignon intérieur climatisé ou en terrasse. Les deux patronnes, Lina (LI) et Nadia (NA) sont adorables et diligentes. C'est propre et ça fait du bien ! Un peu en retrait de la chaussée, ce petit établissement est positionné près du siège social de la Société générale, au sein du « marché » Abou Jaafar.

LE MAQUIS €€

Rue Benhmeida
✆ +222 36 40 51 05
Ouvert de 19h à 23h du lundi au samedi. Fermé le dimanche.

Ancienne patronne du Méditerranéen, la chaleureuse Nicole Graziani, une Corse installée dans le pays depuis 2002, mène d'une main de fer ce restaurant où les poissons et les viandes raviront les papilles exigeantes. Qu'aurez-vous dans votre assiette ? Une sole meunière ? Du chameau en sauce ? Des (exquises) profiteroles ? Difficile à dire car la carte est volontiers renouvelée. Seule certitude : la succulence des mets est toujours au rendez-vous. Vous pourrez savourer votre dîner dans la coquette salle à l'éclairage tamisé ou dans l'arboré patio.

MAMO PIZZA €

Avenue du Palais des Congrès
✆ +222 22 61 05 73
A partir de 150 MRU la pizza.

Si durant votre séjour, vous vous lassez de la cuisine mauritanienne, voici une adresse qui saura vous charmer : vous y trouverez la « vraie » pizza, dans les règles de l'art, si ce n'est que la mozzarella, introuvable en Mauritanie, est remplacée par du bon gouda ! Antoine, un Français du Midi, se révèle diablement chaleureux, et discuter avec lui fait partie des moments aussi savoureux que ses margheritas. Pizzas à emporter (on stationne devant, on klaxonne, et une serveuse vient prendre la commande) ou à consommer sur place.

NAKHLETEIN €€

214 rue Cheikh Mohamed Adel Haye Ould Sabbar el-Mejlissi ✆ +222 41 57 59 83
www.enmauritanie.blogspot.com
Ouvert tous les jours de 8h à 22h. Plat de résistance de 250 à 1 200 MRU.

Miam-miam ! Au Nakhletein (« deux palmiers »), le restaurant du Triskell, vous pourrez assouvir votre dévorant appétit. Prenez place sous les palmes et le vélum et consultez l'affriandant menu où se mêlent calamars sautés, gambas poêlées, œufs pochés, merguez grillées et moules persillées. Si vous ne savez que choisir, laissez-vous tenter par les spécialités maison que sont le ragoût de chameau aux dattes et, selon la saison, la tarte Tatin à la mangue (un vrai régal pour les papilles). Signalons, *in fine*, le bel assortiment de breuvages froids et chauds proposé.

NKC ICE CAFÉ €€

✆ +222 48 60 00 00

Ouvert de 7h à 1h du matin.

Ouvert en 2014, ce café-restaurant est tenu par une Libanaise née à Nouakchott. Réputé pour ses sandwichs, faits à base de pain espagnol, vous y trouverez aussi toutes sortes de spécialités libanaises, mais pas que. Ses larges heures d'ouverture en font le point de chute idéal pour quiconque est pris d'une petite faim inopinée : du petit-déjeuner au snack tardif, le NKC Ice Café vous accueille en continu, du matin à la nuit. Fréquentée par une population plutôt jeune, cette adresse est très animée les samedis et dimanches soir.

LE PARISIEN €

Route de Nouadhibou (N2)

✆ +222 46 97 57 80

Ouvert tous les jours de 7h à 2h. Plat de résistance entre 150 et 400 MRU.

Facile à détecter : une tour Eiffel se trouve sur son toit ! Ambiance jeune et dynamique pour ce snack (ouvert en 2015) qui propose des pizzas, du poulet à l'indienne, des steaks, des brochettes de viande, diverses espèces appartenant à la faune ichtyologique (daurade, lotte de mer, *thiof*, capitaine...) et aussi, pour ne pas usurper son nom, des tartes Tatin et aux pommes. Fauteuils confortables, lumière tamisée, écrans télé, bonne musique et toilettes propres. Établissement idéalement situé, à moins de cent mètres du rond-point Emira.

NKC SPOT €€

Route des ambassades

✆ + 222 41 97 07 04

Ouvert tous les jours de 8h à 1h. De 200 à 500 MRU le plat.

Ambiance pub à cette adresse, où les portraits de Marylin Monroe, Elvis, ou encore Marlon Brando donnent à la décoration un petit air Sixties ! Assez peu commun en Mauritanie pour être souligné ! Restaurant très propre, doté d'un personnel agréable et efficace. Les salades, les plats de poisson, les jus de fruits sont d'une fraîcheur appétissante. Les burgers et les pizzas sont généreux. Pour les gourmands, crêpes, glaces et... moins courants, mais tout à fait séduisants, des tacos sucrés, qui ne vous laisseront pas indifférent.

LE PRINCE €

Tevragh Zeina

✆ +222 36 16 25 14

Ouvert tous les jours de 10h à 2h.

Ne nous méprenons pas ! La boulangerie-pâtisserie des Princes, située à l'angle de l'avenue Kennedy et de la rue Alioune, se distingue du proche (géographiquement parlant) fast-food Le Prince, établi sur une voie perpendiculaire à l'avenue Kennedy, la rue 42. Dans ce dernier, vous pourrez goûter des spécialités levantines (shawarmas, keftas, falafels...) et d'ailleurs (pizzas, paninis, burgers...) à des prix très honnêtes. Bien que les plats ne soient pas des plus raffinés, l'atmosphère bon enfant de l'établissement contribue à sa notoriété dans le quartier.

OASIS €€

Rue Yasser Arafat

✆ +222 44 44 47 96

Ouvert tous les jours de 7h à minuit.
Plat de résistance entre 300 et 700 MRU.

Tout nouveau, tout beau ! Cette expression prend tout son sens concernant l'Oasis, un restaurant inauguré en 2022. Pour découvrir ce nouvel établissement, libre à vous de vous installer dans la petite salle pour y absorber un milkshake maison, de vous attabler dans l'attirante courette, au sein de laquelle se produisent de temps à autre des musiciens, ou de vous poser sur la terrasse, afin de passer le temps en observant les passants... Sur la carte, pizzas, tempuras de crevettes et dorade côtoient viande grillée, burgers et pâtes. Tentant, n'est-ce pas ?

RESTAURANT CHINGUITTY €€€

160 avenue Gamal Abdel Nasser

✆ +222 45 29 50 51

Ouvert tous les jours de 8h à 23h. De 600 à 800 MRU le plat.

Le chef trouve son inspiration dans un subtil mélange de cuisine africaine et occidentale, ce qui donne aux plats des saveurs particulières et marquées. Vous pourrez les déguster au bord de la piscine, ou bien dans la superbe salle de restaurant au décor raffiné. En effet, le restaurant Chinguitty n'est autre que la table du bel hôtel Azalaï. Buffet tous les dimanches, pour celles et ceux qui aiment les grandes tablées à volonté ! Occasion parfaite aussi pour buller. Des dîners en acoustique sont aussi proposés, pour les mélomanes.

RESTAURANT GRANADA €€

Rue Sidi Mohamed Diagana
✆ +222 20 20 20 03
Ouvert tous les jours de 8h à minuit. Plat de résistance de 180 à 450 MRU.

Le Coin du café est mort, vive le restaurant Granada ! Sont demeurés inchangés, outre la localisation (en face de l'hôtel Sémiramis) : la courette avec ses tables disposées sous la nue, l'outrenoir du comptoir et l'ornementation, plutôt agréable. *A contrario*, les délicieuses pâtisseries maison ont cédé la place à de plus quelconques mets (pâtes, tajines, pizzas...), la télédiffusion de matchs de football s'est substituée aux rendez-vous littéraires et le patron méditerranéen a été subrogé par un propriétaire du cru. Wifi disponible.

RESTAURANT MAISON JELOUA €€

Tevragh Zeina ✆ +222 36 36 94 50
www.jeloua.com
Ouvert du mardi au dimanche de midi à 15h30 et de 19h à 23h. Plat principal à partir de 300 MRU.

Blotti dans l'enceinte de la maison d'hôtes Jeloua, ce restaurant est indubitablement l'une des meilleures tables du pays. Aux fourneaux, le chef togolais mijote de succulents mets à l'instar du filet de *thiof* à la hollandaise, de la lotte aux mangues et pommes rôties, de la sole meunière ou du médaillon de bœuf au poivre. En sus de la carte, il est possible de se laisser tenter, du mardi au vendredi, par le plat du jour. Avant, pendant ou après le repas, libre à vous de siroter un rafraîchissant cocktail de fruits sous le citronnier de la propriété...

ROTANA CAFE €

Route de Nouadhibou
✆ +222 25 00 10 00
Plats à partir de 250 MRU.

Un restaurant libanais avec de grands portraits du Che et de Castro, voilà qui est original ! En tout cas, la clientèle afflue pour commander une salade libanaise, un shawarma, du poulet ou encore des brochettes. Le Rotana Café est un restaurant vivant, où l'on peut jeter un œil sur la cuisine, où le service est aussi aimable qu'efficace, et où est proposée la livraison à domicile. S'il vous semble un peu excentré, il se situe néanmoins dans une zone très fréquentée, aussi n'hésitez pas à faire appel à un taxi qui saura vous y guider.

SAN FRANCISCO €€

Route du stade olympique
✆ +222 45 25 12 68
Ouvert tous les jours de 6h à 1h. Plat de résistance entre 100 et 500 MRU.

La clientèle conflue vers le San Francisco, ou Frisco, pour petit-déjeuner, déjeuner ou dîner sous les yeux de Malcolm X ou de Steve McQueen. Avec sa porte de saloon et ses tabourets de bar, le cadre se veut états-unien. La carte, fournie, s'ouvre néanmoins aux spécialités culinaires du monde entier. Aussi aurez-vous le choix entre un carpaccio de poisson, une salade Nouadhibou, une escalope à la milanaise ou un gratin de fruits de mer, *inter alia.* Notons, en outre, un bel assortiment de boissons (jus de fruits, milkshakes...). Personnel amène et bonne ambiance.

SAVEURS D'ITALIE €€

Tevragh Zeina
✆ +222 37 49 09 64
Ouvert du lundi au samedi de 9h à 16h et de 18h à 22h30. Fermé le dimanche. Plat de résistance entre 350 et 600 MRU.

Installée en Mauritanie depuis des lustres, Cristina Grosso a eu l'heureuse idée de lancer Saveurs d'Italie, un restaurant où les flaveurs de la Botte sont à l'honneur. Au sein de l'accueillante salle, relookée au mitan de 2022, ou sur la petite terrasse couverte, laissez-vous tenter par une bruschetta, en guise de mise en bouche, avant d'attaquer vos tagliatelles, vos lasagnes ou vos raviolis. Si vous n'êtes guère repu, les pâtisseries maison (tarte Tatin, choux au chocolat...) devraient changer la donne... N.B : brunch tous les samedis à partir de 10h.

TAFARIT SUN HOUSE €€

Tevragh Zeina
✆ +222 44 18 18 68
Ouvert de midi à 16h et de 19h à 23h30 du lundi au samedi. Fermé le dimanche. Plat entre 180 et 720 MRU.

Sis à deux cents mètres du stade olympique, ce restaurant, dont les murs sont ornementés de photographies prises aux quatre coins du pays, dispose d'une carte aussi riche que variée. Vous aurez ainsi le choix entre des spécialités proche, moyen et extrême-orientales, des mets carnés ou des plats d'origine italienne. Les fruits de mer (crevette, encornet...) et les poissons (courbine, mérou, daurade...) se taillent néanmoins la part du lion au sein de ce volumineux menu. Cuisine globalement de bonne facture et personnel de salle souriant.

LE MIRADOR €€

Ribat Al Bahr
✆ +222 36 92 55 17
Ouvert du mardi au dimanche de 9h à 23h. Fermé le lundi. Plat de résistance entre 300 et 600 MRU. Parking payant.

Entre océan et N2, à la lisière nord-ouest de Nouakchott, devait sortir de terre la ville nouvelle de Ribat Al Bahr. Le Mirador, partie intégrante de ce projet avorté, a néanmoins vu le jour. Situé à cent mètres de l'estran, cet établissement, qui attire une clientèle huppée, fait à la fois office de café (en journée) et de restaurant (à partir de 19h). Sur la terrasse ou au sein de l'agréable salle, vous pourrez mordiller une crêpe et siroter une boisson chaude, en guise d'activité diurne, ou tester la tresse de gambas à la sauce détox, à la brune.

NEW YORK FRIED CHICKEN AND BURGERS €€

555 cité plage
✆ + 222 45 25 94 35
Plat de 250 à 400 MRU.

Propre et joliment décoré, le restaurant dispose aussi d'une terrasse. Le chef, qui a vécu à New York, en est revenu très inspiré. Il cuisine un choix varié de burgers, qui raviront les aficionados ! À la carte, vous trouverez aussi du poulet, sous plusieurs formes. Sont proposés aussi des plats végétariens. Sur place ou à emporter, vous pourrez découvrir cette adresse en périphérie de Nouakchott, après être passé à la galerie Art Gallé par exemple.

LES OCÉANIDES €€

Route de Nouadhibou
✆ +222 48 49 49 03
Poissons et fruits de mer autour de 350 MRU, langoustes à la braise 900 MRU (sur réservation).

À l'ombre de la terrasse, les pieds presque dans l'eau, bissap, jus de gingembre ou de bouye vous rafraîchiront. Augustin, avec son sourire et sa bonne humeur, vous conseillera les plats du jour, élaborés selon l'arrivage. Brochettes de lotte thiof braisé, calamars ou crevettes grillées... À vous de choisir ! Gardez un peu d'appétit pour le fondant au chocolat, et sachez que nous l'avons testé ! Dans *Jeune Afrique*, le romancier Beyrouk explique que c'est ici qu'il a écrit *Le Tambour des larmes* et *Je suis seul* (éditions Elyzad, 2018). Inspirant !

SIDI MECHOUI €

Route d'Akjoujt, sur la gauche à environ 5 km du Génie militaire.
✆ +222 48 66 78 00

Sur la route d'Akjoujt et d'Atar, peut-être apercevrez-vous une série de tentes... Elles sont dressées là pour que vous puissiez y déguster un méchoui, et passer un après-midi ou une soirée de détente ! Un programme que l'on vous conseille d'adopter : Sidi Méchoui a l'avantage d'être moins fréquenté, car aux portes de la ville, il est plus éloigné. Certains auront plaisir à laisser les enfants jouer dans le sable à la tombée de la nuit, d'autres à admirer le coucher du soleil teinter le sable et l'océan. Une expérience à tenter !

LES SULTANES €€

Plage des Sultanes
✆ +222 44 33 22 53
Comptez entre 250 et 650 MRU le plat.

Un beau matin, foin de la pollution nouakchottoise, on s'échappe pour un déjeuner sur la plage des Sultanes. Céans, face à l'océan, au sein duquel il fait bon se baigner, se dresse la paillote du restaurant éponyme. Comme de bien entendu, fruits de mer (gambas, calmars...) et poissons (*thiof*, capitaine, daurade...) se taillent la part du lion sur la carte, étoffée. Après la méridienne sur un transat et la partie de *beach volley*, possibilité de siroter un thé ou un *bissap*, voire, pour les plus gourmands, d'engloutir une crêpe...

FAIRE UNE PAUSE

Il est 9h, l'heure du petit déjeuner, et votre estomac crie famine. Il est 17h, l'heure du goûter, et vous avez un creux, pour ne pas dire les crocs... Pour ne point tomber d'inanition, nul besoin de vous arrêter dans un fast-food, dont regorge Nouakchott, car de petits cafés conviviaux sauront satisfaire vos inclinations. Pour une après-midi studieuse, l'Arena Café et ses frappés est l'endroit tout indiqué. Pour une crème glacée bienvenue, pourquoi ne pas expérimenter celle de Mamo Gelato, sur l'avenue Moktar Ould Daddah ? Pour échapper au cagnard, un frais jus de fruit sous les frondaisons et parasols du Youpi Café (rue Salka Mint Sneid) ou du Palma Complexe n'est pas de refus. Pour une viennoiserie, octroyez-vous un régénérant moment chez Paul ou au sein de La Palmeraie. Pour une savoureuse crêpe, optez pour l'Iloca 10002, dont c'est la spécialité. Pour un moment de partage autour d'un thé, enfin, direction le notoire Tunisie Plus !

ALCHIMIST HOOKAH LOUNGE

Route de Nouadhibou

✆ +222 20 21 10 56

Voici une adresse bien particulière pour faire une pause, mais qui mérite d'être citée : Alchimist Hookah Lounge est un bar à chicha ! Alors ne vous me méprenez pas : nous sommes loin de vous conseiller cette consommation, ni de faire l'apologie du tabac, vous êtes libre de faire ce que bon vous semble ! Néanmoins ce lieu rassemble autour de ses narguilés, aux saveurs très variées, tout en proposant aussi de très bonnes boissons : thé turc, ou encore jus de fruits frais sont à la carte, le temps d'une expérience disons étonnante.

ARENA CAFÉ

Îlot O 74

✆ +222 34 33 20 00

Ouvert tous les jours de 7h à minuit. Boisson entre 60 et 200 MRU.

L'Arena Café s'est coulé, depuis peu, dans l'îlot O. Sur la rue Abdallaye, au milieu de quelques petits restaurants, se dresse la façade de ce nouvel établissement. Ici, entre la cathédrale Saint-Joseph et l'avenue El Hadj Omar Tall, vous pourrez, tantôt à l'extérieur (sur une terrasse dissimulée de la rue par une claire-voie et protégée du soleil par des parasols), tantôt à l'intérieur (sur deux niveaux, soignés et climatisés), siroter, à votre convenance, un café glacé, un jus de fruits, un milkshake, voire un mojito (sans rhum). Accueil au poil et wifi gratuit.

BOULANGERIE PÂTISSERIE LES PRINCES

À l'angle de l'avenue Kennedy et de l'avenue Alioune.

Une devanture qui ne paye pas de mine pour cette boulangerie-pâtisserie, mais tous les matins, les connaisseurs viennent y acheter leurs excellentes viennoiseries et des pains de toute sorte à la première heure, à des prix défiant toute concurrence. De bons pains au lait, des brioches aux graines de sésame, l'éventail y est varié alors n'hésitez pas à aller au devant de l'extérieur désuet : l'odeur vous appelle déjà et l'appétit s'ouvre alors sans plus tarder !

COFFEE SHOP LES SAVEURS DE SALMA

Îlot K

Un grand choix de pâtisseries sont servies par un personnel charmant dans ce coffee-shop. Pour commander des gâteaux de fête, ou des sucrés-salés pour des soirées entre amis, il est nécessaire de passer commander 24 heures à l'avance : petite contrainte qui ravira vos convives, promis ! Tout un assortiment de petits gâteaux secs accompagneront votre pause thé ou café, que ce soit au matin ou pour le goûter. Drive disponible et livraison possible.

MAMO GELATO

Avenue Moktar Ould Daddah

✆ +222 20 63 33 33

Premier glacier Italien en Mauritanie ! Si vous avez envie d'accompagner votre café ou un thé à la menthe, ou si vous cherchez à vous rafraîchir le gosier quand la température à Nouakchott est très élevée, vous avez ici une adresse incontournable pour déguster de délicieuses glaces et de merveilleux sorbets. Avec un très grand choix de parfums et de topping, c'est vrai un régal ! Mamo Gelato propose aussi des formules petit-déjeuner avec omelette, viennoiserie, jus frais, pancake... Ainsi que de très bonnes crêpes. Un glacier-salon de thé que vous allez adorer !

LA PALMERAIE

Rue Ahmed Ould Mohamed

✆ +222 45 25 73 44

Ouvert sans interruption de 6h à 23h, hormis le vendredi (fermeture de midi à 17h).

Au sein de La Palmeraie, où la datte n'a point la cote, vous serez en mesure de vous sustenter de pizzas, de burgers, de sushis ou de paninis, certes. Toutefois, le complexe, adjacent à un parc public ombragé doit davantage sa notoriété à ses pâtisseries, viennoiseries et pains. Accompagnés d'un thé, d'un café ou d'un jus de fruit frais, *cupcakes*, tartes à la mangue, choux caramélisés et croissants se laissent déguster sur l'agréable terrasse. N'omettons pas, enfin, les petits déjeuners, copieux et très prisés, confectionnés par la maison.

PALACIO

Rue Benna Ould Salihi

✆ +222 37 37 02 02

Ouvert tous les jours de 7h à 2h. Réservation conseillée les soirs de concert.

Depuis son ouverture en 2020, le Palacio anime quelque peu la vie nocturne nouakchottoise. En effet, cet établissement branché, adossé au complexe olympique et jouxtant l'ambassade de Turquie, met à l'honneur la musique acoustique lors des soirées de fin de semaine, offre la possibilité de deviser autour d'une chicha, pour les amateurs, et permet de prendre le frais entre amis sur son *rooftop*, à la brunante. Outre ces récréations vespérales, le Palacio agence différents espaces au sein desquels il est loisible de casser la croûte dès potron-minet...

PÂTISSERIE LIBANAISE - SALON DE THÉ

Avenue El Hadj Omar Tall

Assortiment de pâtisseries libanaises à 3 000 MRO le kilo.

Cette pâtisserie réunit les sucreries les plus célèbres de la gastronomie moyen-orientale : baklava aux pistaches, maamoul aux dattes, knafeh à base de pâte filo... Ici, gare au pic de glycémie ! Chaque douceur est à base de miel et de fruits secs, à accompagner d'un thé à la menthe de rigueur. L'équilibre parfait pour votre quatre heures, si vous vous baladez du côté des ambassades et des ministères. Le service est irréprochable, allez-y les yeux fermés.

PALMA COMPLEXE

Rue Limam Ould Chrif

✆ +222 42 36 76 14

Ouvert tous les jours de 8h à 23h. Plat entre 180 et 500 MRU. Jus de fruit, milkshake et smoothie de 120 à 150 MRU.

Le Palma Complexe, enceint d'un ostensible mur blanc, est à la fois un café et un restaurant. Aussitôt la porte franchie, vous découvrirez une agréable cour arborée (manguiers, citronniers...) au sein de laquelle ont été sertie une piscine et érigée une colossale théière... En milieu de journée, le site, propice à la dégustation d'une boisson fraîche à l'ombre d'un parasol, est particulièrement calme. Il est davantage animé en matinée, à l'heure du petit déjeuner, et en soirée, au moment du dîner. Pizzas, poissons, salades et pâtes composent la carte, fournie.

PÂTISSERIE OPÉRA

Tevragh Zeina, rue de l'ambassade du Sénégal

✆ + 222 46 70 00 70

Pour une petite pause gourmande, la pâtisserie Opéra offre un grand choix de gâteaux et des pâtisseries orientales à tomber ! Le plus difficile sera de vous décider pour l'une de ses spécialités, et l'on vous comprend, cela a aussi été notre cas ! Mais le défi a été relevé, ou plutôt savouré. La pâtisserie sert en outre un savoureux cappuccino, entre autres boissons chaudes, et de bons jus à base de fruits frais pour accompagner les douceurs à manger. On ne lésine pas sur l'art du sucré en Mauritanie, c'est le moment d'en profiter.

PAUL

28 avenue Moktar Ould Daddah
✆ +222 32 28 32 50
www.paul-bakeries.com
Ouvert tous les jours de 6h30 à 1h. Formule petit déjeuner entre 400 et 600 MRU.

On ne présente plus Paul, l'enseigne nordiste créée en 1889 et désormais présente dans plus de 40 pays. La patte (la pâte ?) de l'entreprise est tangible au sein de la franchise ouverte à Nouakchott en 2022. Dans un bâtiment flambant neuf, la clientèle, plutôt aisée, se procure viennoiseries et pains, sirote un café ou un chocolat chaud et se régale d'un petit déjeuner complet (servi jusqu'à 13h). La décoration soignée et la propreté des salles climatisées, dont celle du premier étage avec sa bibliothèque en trompe-l'œil, invitent à partager un moment entre amis.

PLAGE BAHAMAS

Bien indiquée par un panneau au milieu de la route.
✆ +222 20 75 77 77

Avant d'atteindre Les Océanides et le camping Les Sultanes, on passe d'abord par la plage Bahamas, avec ses belles vagues régénérantes. Cette plage est très fréquentée par les Mauritaniens, vous y rencontrerez moins d'expatriés qu'aux deux autres, prises d'assaut les week-ends. Vous y trouverez un bar en bois, les habituelles khaimas, des balançoires, une pataugeoire pour les enfants et un dromadaire pour une éventuelle balade le long des flots ! Il est aussi possible d'y grignoter un morceau, pour une petite pause au bord de l'eau.

ROTANA CAFÉ

Route de Nouadhibou (N2)
✆ +222 25 00 10 00
Ouvert tous les jours de 9h à 2h. Plat entre 150 et 600 MRU.

Donnant sur la N2, à grosso modo 700 m du carrefour Sabah, le Rotana Café est un établissement dynamique au sein duquel il y a, selon l'expression consacrée, à boire et à manger. Ainsi, vous trouverez ici une carte des boissons conséquente sur laquelle abondent les jus de fruits. Vous pourrez vous délecter de ces rafraîchissants breuvages sur la terrasse ombragée ou dans la salle de plain-pied où les portraits du Che et de Castro sont mis en exergue. Les plats proposés, également nombreux et diversifiés, ne sont malheureusement pas toujours des plus goûtus...

TIMELESS

Rue Yasser Arafat
✆ +222 45 24 24 06
www.timelessnkc.com
Horaires d'ouverture : 7h45-minuit (du dimanche au jeudi), 7h45-13h et 17h-1h (vendredi), 7h45-1h (samedi).

En journée, le Timeless se caractérise par sa quiétude et sa décontraction. C'est le moment idoine pour dévorer une gaufre ou une crêpe sous les parasols mouchetant la terrasse, ce sont les heures *ad hoc* pour savourer un *frappuccino*, un *ice tea* ou un smoothie dans la salle, au sein de laquelle vous pourrez méditer sur les citations bardant les murs tout en vous laissant bercer par la suave musique d'ambiance. En soirée, l'établissement s'anime. C'est le temps propice pour se sustenter et analyser le match de football télédiffusé...

TUNISIE PLUS

Avenue Kennedy
✆ +222 48 30 03 52
Ouvert tous les jours de 6h à 1h. Boissons chaudes et fraîches de 40 à 100 MRU. Wifi gratuit.

Donnant sur l'avenue Kennedy, entre la Boulangerie-pâtisserie des Princes et l'agence Tunisair, ce café est une véritable institution nouakchottoise. Entre chien et loup, les habitués affluent et se carrent dans leur siège. Au milieu des bavardages, qui vont bon train, ils s'abreuvent de thé, de café ou de jus de fruit frais (orange, citron...). Au sein de l'établissement où les rires fusent, ils grignotent tout en zieutant les écrans sur lesquels les rencontres sportives sont retransmises. Qu'attendez-vous pour vous joindre à eux ?

YOUPI CAFÉ €

rue salka mint sneid

Au Youpi Café, des parasols vous invitent à prendre une pause à l'abri de la chaleur, en compagnie d'une petite douceur ! Testez les jus de fruits frais, ils sont à la fois désaltérants et pleins de saveurs. À la carte, vous trouverez également des smoothies et milkshakes, ainsi que de quoi grignoter, voire même déjeuner/dîner plus copieusement, y compris pour les enfants. Une petite piscine hors sol trône au milieu de la terrasse, pour qui se laissera tenter ! Un atout pour les enfants là encore, à condition bien sûr de les surveiller.

(SE) FAIRE PLAISIR

Nouakchott n'est certes pas la capitale qui ravira les adeptes du shopping, à moins que... Si l'art et l'artisanat sont votre dada, alors vous trouverez de quoi passer de bons moments d'abord, et peut-être augmenter votre collection restée à la maison ! Quelques galeries révèlent des talents locaux, nationaux, internationaux, ainsi que des savoir-faire traditionnels. Les coopératives de femmes sont aussi présentes, offrant une meilleure visibilité à leur travail et à la transmission de techniques ancestrales (tissage, teinture, couture, etc.). Et bien sûr, immanquables, les marchés mauritaniens révèlent un éclectisme quasi burlesque, et une vraie fureur de vivre ! Les étals se suivent sans jamais se ressembler, les voitures aux alentours affluent et klaxonnent, sans que cela ne semble déranger les piétons qui, dans ce dédale d'humains, ne se perdent jamais ! Frayez-vous un chemin : l'expérience vaut le détour, souvenirs garantis.

LES FEMMES DU CROISSANT ROUGE

Route de la plage
✆ +222 47 75 44 56
Ouvert du lundi au jeudi et le samedi de 9h30 à 17h.
Cette boutique de l'Union des femmes du Croissant rouge Mauritanie, communément appelée « les femmes du croissant rouge », propose une large gamme de textiles traditionnels mauritaniens bruts ou transformés en foulards, robes, habits enfants, linge de table avec l'utilisation de méthodes traditionnelles et locales de teinture et de tissage. Il s'agit d'une adresse très ancienne à Nouakchott, point de vente pour de nombreuses coopératives de femmes. Une escale qui vaut le détour !

TOOGGA

www.toogga.com
Huile de baobab, savon exfoliant au sable fin du Sahara, shampoing détoxifiant au dattier du désert, beurre de corps au Neem africain, autant d'exemples de la séduisante collection de produits proposé par Toogga, dont le site web est très bien fait. Toogga est une entreprise sociale spécialisée dans la valorisation, la production et le développement durable des produits naturels provenant directement du Sahel, dans le respect strict de la terre et au profit des populations locales. Vous trouverez ces produits dans les galeries Zeinart, Sinaa, ou sur le net.

MARCHÉ CAPITALE

Avenue Kennedy
C'est le plus grand marché de Nouakchott. Au rez-de-chaussée, les hommes proposent des vêtements, poissons frais, ouvrages religieux, viandes et objets utilitaires ! Cette description hétéroclite ne pose pas de problèmes aux acheteurs ni aux vendeurs, qui font leur petit commerce dans la plus parfaite bonne humeur. À l'étage, les femmes étalent devant vos yeux de superbes tissus aux motifs plus variés les uns que les autres. Dans la partie la plus récente du marché, vous trouverez aussi bien des produits de beauté et des pagnes que des légumes. Incontournable !

MARCHÉ CINQUIÈME

Rue du marché cinquième
Longez l'avenue Kennedy en direction du sud, passez la palmeraie, et vous voilà arrivé au Marché cinquième, situé comme son nom l'indique dans le cinquième arrondissement de la capitale. Un joyeux capharnaüm y règne : lorsque vous arrivez aux premiers marchands de tapis et de matelas, continuez votre exploration ! Un peu plus loin, coussins, tissus, mais aussi vêtements, poissons frais, légumes, cosmétiques et vaisselles envahissent les étals du plus grand marché de la ville. Vous y trouverez ce que vous voulez, le jeu c'est de chercher !

MARCHÉ DU KSAR

Proche de l'ancien aéroport, un peu excentré par rapport au centre-ville.

Au marché du Ksar, vous trouverez de superbes pièces d'artisanat maure, ainsi que des produits alimentaires. Le voisinage de l'axe goudronné Atar-Nouakchott-Rosso a incité des commerçants à ouvrir garages et magasins de pièces détachées pour les automobiles. Si vous avez un problème avec votre véhicule, c'est ici que vous devez vous rendre : quel que soit le problème rencontré on s'efforce de remettre en état votre véhicule, et si la pièce défectueuse n'est pas en stock, on vous propose même de la fabriquer ! Ici on ne jette pas, on répare.

MAISON D'HÔTES JELOUA

Tevragh Zeina
✆ +222 36 36 94 50

La boutique de la maison d'hôtes Jeloua rassemble quelques-unes des pièces les plus raffinées que vous pourrez trouver à Nouakchott ! Des confitures, des produits cosmétiques, de l'artisanat, de la maroquinerie, des tissus qui rivalisent de nuances et de beauté les uns avec les autres, des chaussures, des vêtements... Une chose est sûre : Olivia a du goût, connaît bien la capitale de la Mauritanie, et ses plus jolies ressources. Vous pourrez aussi y choisir des cartes postales, et quelques livres qui traitent du pays sous plusieurs angles.

LIBRAIRIE VENTS DU SUD

Immeuble Ould-Mamy
Avenue John Kennedy
✆ +222 45 25 26 84

Dans cette librairie francophone, tenue par la motivée Khadijetou Sidibé, vous trouverez toutes sortes d'ouvrages, y compris de la presse nationale. Ce lieu, au même titre que l'Institut français, œuvre pour la diffusion de la culture française en Mauritanie : s'y rendent les Mauritaniens lisant le français, l'apprenant, mais aussi les francophones résidant à la capitale. Si vous manquez de lecture pendant votre voyage, ou que vous êtes à la recherche de cartes postales pour vos proches ou en souvenir, c'est une adresse toute indiquée !

MATIS - MAURITANIENNE DE TISSAGE

Route D'Akjoujt
✆ +222 36 35 57 56

Ouvert tous les jours de 8h à 16h, sauf vendredi et samedi.

Fabriqués selon les méthodes de tissage traditionnel, ces magnifiques tapis mauritaniens peuvent avoir jusqu'à 100 000 points par m^2 ! Faites main par des femmes travaillant dans des coopératives, ces pièces artisanales en laine de dromadaire rivalisent de couleurs et de dessins originaux. L'usine Matis est aussi un centre de formation au tissage depuis plus de 30 ans. Pour les passionnés, il est possible de passer une commande personnalisée (motifs, dessins ou sigles choisis).

NOUAKCHOTT

GALERIE SINAA

Îlot K ✆ +222 36 68 82 39
www.galeriesinaa.com

Horaires d'ouverture : du lundi au vendredi de 15h à 19h, le samedi de 10h à 13h et de 15h à 19h. Fermé le dimanche.

Située dans un paisible quartier, non loin du lycée français, la galerie Sinaa se dissimule derrière une façade ocre rouge. Inauguré en 2003, cet espace promeut l'artisanat local et contribue, lors des nombreuses expositions organisées, à mettre en relation artistes, collectionneurs et dilettantes. Vêtements, coffres, sacs ou brûle-parfums sont susceptibles de constituer vos emplettes, à moins que vous ne craquiez pour une sculpture ou une peinture... Vous l'aurez compris, la création (*sinaa* en hassanya), sous toutes ses formes, est à l'honneur céans !

ZEINART CONCEPT

Îlot C ✆ +222 46 51 74 65
www.zeinart.com

Ouvert du mardi au samedi de 10h à 13h et de 15h à 19h. Marché des producteurs tous les samedis matin.

Fin 2003, la dynamique aquarelliste portugaise Isabel Fiadeiro se lança dans un *road trip* entre son pays natal et la Guinée-Bissau. Tombée en panne au banc d'Arguin, et amoureuse, par la même occasion, de la Mauritanie, elle décida alors d'installer ses pénates à Nouakchott. Quelques années plus tard, elle fonda la galerie d'art et d'artisanat Zeinart où sont exposées les œuvres de talentueux créateurs nationaux et internationaux. Zeinart promeut également les producteurs locaux (maraîchers, artisans...) par l'entremise d'un marché hebdomadaire. À découvrir !

BOUGER & BULLER

Si vous avez choisi la Mauritanie pour destination, c'est certainement par amour du désert ou de l'océan. Il est peu probable que vous soyez en quête d'activités de loisirs et de détente, d'autant qu'il ne vous aura pas échappé que la capitale mauritanienne a d'autres priorités pour ce qui est de son développement. Néanmoins, en cherchant bien, et selon le type de voyages que vous entreprenez, quelques adresses pourront peut-être vous plaire, le temps d'une journée : si vous êtes en famille, il existe de rares parcs de jeux munis de structures gonflables, qui amuseront vos bambins certainement. Et si vous avez l'âme sportive en vacances ou en voyage, vous pourrez pratiquer natation, tennis, volley, football, fitness et autres disciplines. Attention à bien vous hydrater néanmoins, à Nouakchott il fait chaud, et l'on transpire ! Enfin, le littoral en périphérie de la ville amusera et détendra petits et grands.

PLAYGROUND PARK

Tevragh Zeina

✆ +222 41 41 29 65

Ouvert tous les jours, de 15h à minuit.

Un parc d'attractions qui pourra ravir les petits, et offrir un temps de répit aux plus grands ! Les jeux gonflables sont toujours du meilleur effet pour les enfants, et leur permettront de se défouler dans un espace délimité et sécurisé… Sans se rouler dans le sable, pour changer ! Le lieu accueille aussi parfois des événements (concerts, spectacles de magie, de clowns, de peluches géantes, de marionnettes), et peut se faire le plaisir d'organiser l'anniversaire de votre bambin. Possibilité de restauration rapide sur place.

LES CENTRES DE BEAUTÉ

La Mauritanie n'est pas un pays de tradition hammam, cependant en cherchant bien vous en trouverez quelques-uns, tout de même. Le plus connu est le Hammam Nila (+222 36 82 33 59), sur la route de Nouadhibou. Autrement, nombreux sont les centres de beauté qui proposent divers services de soins (coiffure, esthétique, hammam, massage, maquillage, etc.), le tout pour et entre femmes, exclusivement. Nous vous recommandons Beauty Garden (+222 42 38 00 45) et Pink Bellezza (+222 28 88 56 72), pour une pause détente, rien qu'à vous.

RACING CLUB

Rue Mohamed Lemine Sakho

✆ +222 46 75 81 90

Ouvert de 8h à 20h. Accès à la piscine 10h-19h.
Tennis et piscine : 200 MRU/personne/1h.
Football : 1 000 MRU/équipe/1h.

Situé à quelques enjambées du stade Cheikha Boidiya et à une encâblure du parlement, le Racing Club n'attend plus que vous. Dans cette enceinte, le sport est à l'honneur. Ici, vous pourrez travailler votre revers lifté sur l'un des trois courts (fissurés) de tennis, soigner vos manchettes sur le terrain de volley, dribbler à gogo sur le synthétique, piquer une tête dans la piscine ou suer dans la salle de gym. Après l'effort, place au réconfort en sirotant un café devant la retransmission d'un match de foot ou en suçotant une glace au bord du bassin…

LES PLAGES

Pour de longues marches au bord de l'océan Atlantique, à ramasser les coquillages laissés par les vagues, ou pour buller sous un parasol, sur un transat, les plages aux abords de Nouakchott vous tendent les bras ! Souvent, un banc de dauphins passe alors que vous regardez l'horizon, magie de la nature et de l'instant… Et si ces derniers ne sont pas au rendez-vous, vous pourrez tout de même rêvasser en observant le va-et-vient des pirogues artisanales, ou monter à cheval sur la plage, au rythme de la marée. Détente assurée, loin du tumulte de la capitale.

SORTIR

Capitale de la République islamique de Mauritanie, Nouakchott possède quelques interdits : pas d'alcool évidemment, et les lieux dédiés au monde de la nuit y sont quasiment inexistants. Pas même un cinéma digne de ce nom ! Néanmoins, quelques endroits demeurent pour qui voudra faire durer un peu ses soirées de vacances... Les bars de plage, par exemple, vous accueillent avec leurs embruns, leurs marées, dépaysement assuré ! À l'Institut français, c'est toute une programmation culturelle qui vous est proposée, avec des événements le soir : concerts, projections de films, pièces de théâtre et autres spectacles vivants vous attendent, un agenda que vous pourrez trouver sur son site Internet, bien achalandé. Et enfin, quelques restaurants nouakchottois tendent à s'acoquiner : aucun blasphème insinué ! Dans la capitale, certaines adresses restent ouvertes tard le soir, jusqu'à la nuit bien entamée.

NOUAKCHOTT NIGHT

Cheikh Zayed
✆ +222 42 42 84 42
Ouvert de 17h à 3h.

Une grande piscine centrale, des tables dressées tout autour, et des boxes aménagés de banquettes et coussins pour qui souhaite une forme d'intimité. À proximité de la piscine, un îlot central proposant des boissons, dont des cocktails (sans alcool, mais la fête n'en est pas moins folle !), et où l'on prend également votre commande à dîner. Le tout sur fond de musique, la plupart du temps en live, avec un équipement de lumières qui donne ce je-ne-sais-quoi d'ambiance un peu *lounge*, un peu *night*, assez atypique à Nouakchott !

INSTITUT FRANCAIS

Rue Ahmed Ould Mohamed
✆ +222 45 29 96 36
www.institutfrancais-mauritanie.com
Ouvert du lundi au jeudi de 9h30 à 19h et le vendredi de 15h30 à 19h.

Pour les expatriés, c'est la meilleure programmation de Nouakchott pour les films, le théâtre, la musique, les expos, avec comme maîtres mots le partenariat et l'ouverture aux porteurs de projets mauritaniens. Et puis, l'âme de Saint-Exupéry n'est jamais loin. Intéressantes médiathèque et bibliothèque, dont un fonds Mauritanie de plus de 4 000 documents concernant le pays qui nous accueille. La cafétéria, la K'Fête, est tenue par l'équipe de la maison d'hôtes Jeloua : on y mange très bien, ce qui offre une raison supplémentaire de visiter ce lieu !

LES PLAGES

Le week-end, à Nouakchott, ce sont les restaurants de plage qui cartonnent ! Pas de discothèque, ni de lieu dédié à la nuit, cependant en prenant la direction de l'océan, vous trouverez une belle ambiance, et ce dans une atmosphère privilégiée : un bon repas, sous un ciel plein d'étoiles, un peu de musique, le bruit des vagues en prime... Ce n'est peut-être pas la grande fête, mais cela vaut tout de même le déplacement, et le détour ! Croyez-en notre expérience : aux Océanides, aux Sultanes et autres plages, nos soirées ont été mémorables.

SUD

Bien que sa définition et sa démarcation soient sujettes à débat, particulièrement au sein de la communauté scientifique, le sud de la Mauritanie se caractérise par sa diversité. Ainsi, aux superbes dunes dominant Nbeika, à la pittoresque ville de Rachid et au *ksar* de Tichit, situés dans le Tagant, sur les confins méridionaux du Sahara, succèdent les terroirs subsahariens marquant la frontière avec le Mali et le Sénégal. En ces lieux, le contraste avec les régions du nord du pays, à l'instar de l'Adrar, est saisissant : les palmiers-dattiers ne ponctuent plus le paysage au sein duquel se profilent, de loin en loin, des baobabs, les anthroponymes changent, notamment dans la vallée du fleuve Sénégal où dominent Wolofs, Peuls et Soninkés, les zones humides du parc national du Diawling se distinguent de l'aridité septentrionale... En somme, visiter le midi c'est découvrir une belle, fascinante et (souvent) méconnue facette du pays !

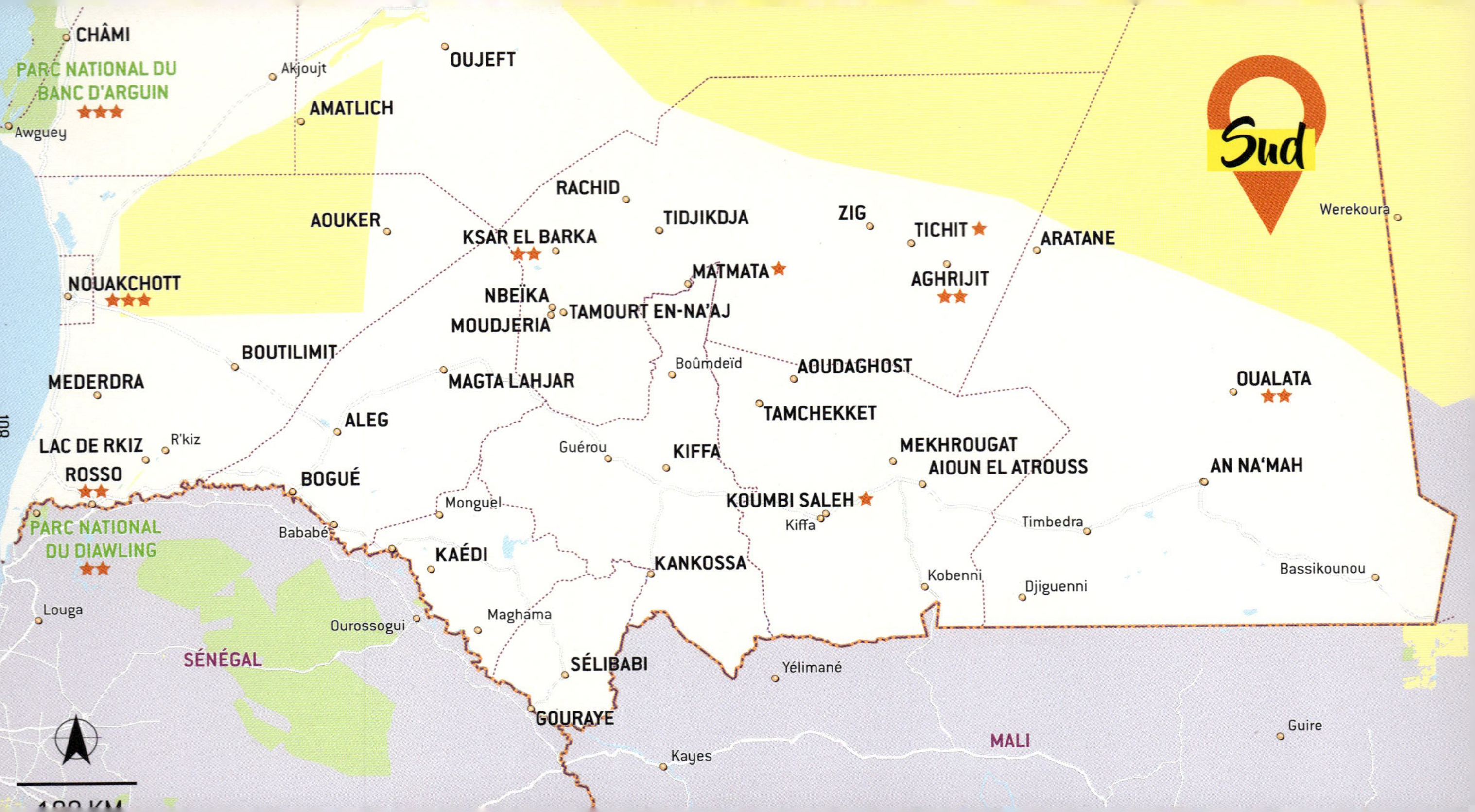
Sud
CHÂMI
PARC NATIONAL DU BANC D'ARGUIN
Awguey
Akjoujt
OUJEFT
AMATLICH
RACHID
AOUKER
TIDJIKDJA
ZIG
TICHIT
ARATANE
Werekoura
KSAR EL BARKA
MATMATA
AGHRIJIT
NOUAKCHOTT
NBEÏKA
TAMOURT EN-NA'AJ
MOUDJERIA
BOUTILIMIT
Boûmdeïd
AOUDAGHOST
OUALATA
MEDERDRA
MAGTA LAHJAR
TAMCHEKKET
ALEG
Guérou
KIFFA
MEKHROUGAT
AIOUN EL ATROUSS
AN NA'MAH
LAC DE RKIZ
R'kiz
ROSSO
BOGUÉ
KOUMBI SALEH
Kiffa
Monguel
Timbedra
PARC NATIONAL DU DIAWLING
Bababé
KAÉDI
KANKOSSA
Kobenni
Djiguenni
Bassikounou
Louga
Maghama
Ourossogui
SÉNÉGAL
SÉLIBABI
Yélimané
GOURAYE
MALI
Guire
Kayes

●● DE NOUAKCHOTT À NÉMA

Cette route goudronnée a été baptisée route de l'Espoir car elle était prévue pour desservir les régions du Tagant et des deux Hodh, ce qu'elle est parvenue à réaliser. En revanche, l'espoir initial de la continuer, pour rejoindre Tombouctou à 500 km à l'est de Néma, s'est envolé. Construite au milieu des années 1970, elle relie la capitale mauritanienne à Néma, la capitale de la région du Hodh ech-Chargui, distante de 1 100 km. Son revêtement est en bon état, bien que ponctuellement certains secteurs nécessitent des travaux de réfection vous obligeant à prendre des pistes parallèles, ce qui vous ralentit considérablement. C'est notamment le cas entre Kiffa et Ayoûn El-Atrous, où de gros nids-de-poule se forment du fait des fréquentes inondations de la saison de l'hivernage [août à octobre]. Pour rejoindre le Mali et Bamako, si du moins la zone n'est plus rouge, le plus simple est de prendre le goudron vers le Sénégal à Ayoûn, et de rejoindre Gogui à la frontière. De Diéma, un goudron à péage [environ 1 €] conduit jusqu'à la capitale malienne.

La route de l'Espoir permet également de desservir plus facilement Tidjikja, la capitale de la région du Tagant au nord, ainsi que Kaédi et Sélibabi, les capitales des régions du Gorgol et du Guidimaka, au sud. Très honnêtement, ce n'est pas l'un des plus beaux itinéraires transsahariens que nous connaissons, mais si vous voulez voir les villes historiques que sont Tichit et Oualata, il faut l'emprunter.

Sur le trajet entre Nouakchott et Néma, vous traversez une dizaine de villes où il est possible de se ravitailler en eau et en nourriture. Le carburant se trouve, de façon certaine, à Aleg, Kiffa et Ayoûn, les autres villes ne disposant de carburant que de manière aléatoire.

De Nouakchott à Idîni, beaucoup de constructions ont été bâties de part et d'autre de la route. En effet, la nappe d'eau souterraine qui alimente Nouakchott se trouve à Idîni, à environ 65 km de Nouakchott, et la canalisation est parallèle à la route. Et là où il y a de l'eau, la vie s'installe. Pendant l'hivernage, les habitants de Nouakchott adorent partir en week-end tout au long de cette route. Les plus aisés y ont fait construire une petite maison, les autres y passent deux jours sous la tente à discuter et à boire le thé et le zrig. C'est à la fois une façon pour ces citadins de retrouver leurs racines et de s'échapper du stress, très relatif pour nos critères occidentaux, de la capitale.

La route, pratiquement rectiligne, s'étire comme un toboggan de bitume au milieu d'un océan de petites dunes. Les parties basses sont occupées par de petites dépressions de sable blanchi, démontrant la présence de sel, des tentes s'y regroupent pour former des villages. Les parties hautes sont le domaine de dunettes de sable plus foncé, tirant vers le rouge, qu'une maigre végétation tente de coloniser.

Pour les estimations en temps, rien n'est plus difficile à établir. Si vous partez en transport public [taxi-brousse], les chauffeurs roulent à 90 km/h environ, et une fois qu'ils sont partis, plus rien [ou presque !] ne les arrête, si ce n'est les différents barrages de la gendarmerie. Pour passer ces derniers plus efficacement, prévoyez une quinzaine de photocopies de votre passeport avec votre destination et le détail de votre périple. Votre prévoyance et le gain de temps seront salués par tout l'équipage. Pause rapide éventuelle à Boutilimit, pause quasi obligatoire au carrefour d'Aleg-Kaédi [une dizaine de kilomètres avant Aleg], souvent l'arrêt pour se restaurer dans une dibiterie entre Aleg et Sangrâfa [au carrefour Tidjikja-Kiffa].

Enfin, pour toutes les questions relatives à la sécurité et à la zone rouge mise en place par le ministère des Affaires Étrangères français, reportez-vous au site www.diplomatie.gouv.fr

●● TAGANT

Séparé de la région de l'Adrar par les puissantes dunes de l'erg Ouarâne et prolongement naturel de l'Adrar vers le Sud, le plateau du Tagant comporte de nombreuses gorges et falaises qui donnent naissance à des sources et à de superbes oasis comme Tidjikdja ou Rachid.

Fondée au milieu du XIXe siècle par des Idawalis originaires de Chinguetti, Tidjikdja, la capitale de la région du Tagant, est l'une des plus grandes palmeraies de Mauritanie.

Etape importante sur la route des caravanes, elle devint rapidement prospère. Le commissaire général de la France et « fondateur de la Mauritanie » Xavier Copolani s'y installa pour conforter son caractère vital dans le commerce transsaharien avant d'y être assassiné en 1905.

Contrairement à certaines régions désertiques du pays, les habitants du Tagant en général, et de Tidjikdja en particulier, ont su entretenir et valoriser leurs palmeraies en créant des jardins pour subvenir à leurs besoins.

Le Tagant, j'y vais ou j'y vais pas ? Le Tagant a connu un développement du tourisme plus lent que la région de l'Adrar, et depuis la reprise du tourisme en 2017, rares sont les voyageurs qui s'aventurent jusqu'à Tidjikdja et Rachid, et encore moins jusqu'à Tichit. À tort ou à raison ? Les partisans du « à tort » trouveront quantité d'arguments difficilement remis en cause par les partisans de la raison : les petits bijoux du paysage et la richesse historique cités plus haut, mais aussi et surtout la simplicité et le calme de la vie qui y règnent, les histoires qui s'y racontent, et les rencontres, les rencontres, les rencontres… L'épisode du semi huis-clos avec les passagers du taxi-brousse, puis l'arrivée, enfin, à la tombée de la nuit, après une journée éprouvante sur la route ; la rencontre avec les chefs de la police et de la gendarmerie, avec vos hôtes, avec ceux qui vous conduiront çà et là, celles et ceux qui vous feront manger et boire, écouter et raconter les histoires d'un autre monde, rire aussi, autant de choses si profondément personnelles et universelles qui se vivent sans grands efforts et se racontent si difficilement dans un guide de voyage. Rien n'est moins sûr, c'est bien en tissant des liens que l'on oublie la peur créée par le contexte international. Oublier la peur ? Tidjikdja ne se trouve plus dans la zone rouge « formellement déconseillée » par la diplomatie française. En revanche, Tichit est en zone orange, c'est-à-dire déconseillée sauf raison impérative. Une certaine vigilance reste donc de mise, même si les autorités mauritaniennes ont beaucoup investi en moyens humains pour la sécurité, et si les Mauritaniens feront tout pour vous assurer un voyage sans risque, notamment grâce à leurs contacts un peu partout (et au téléphone mobile !). C'est toujours la même histoire, et à vous d'en choisir la fin : j'y vais ou j'y vais pas.

SUD

PAGES

© JUANJORAMOSECO - SHUTTERSTOCK.COM

Parc national du Diawling.

SUD

Cette région, également appelée Chemama, est facilement accessible depuis Nouakchott, en empruntant le goudron qui va jusqu'à Rosso, à 200 km au sud de la capitale mauritanienne. Une fois à Rosso, capitale de la région du Trarza, le Chemama traverse les régions du Brakna, du Gorgol et du Guidimaka, et les principales villes que sont Bogué, Kaédi et Sélibabi. La vallée du fleuve est la région de Mauritanie à la plus forte densité de population, elle dépasse les 40 hab./km², alors que la moyenne nationale est à 2,9 hab./km². Le Chemama est également considéré comme le grenier de la Mauritanie, ses habitants étant, pour la plupart, des agriculteurs cultivant toutes sortes de céréales et notamment le riz, le mil ou le sorgho.

BOUTILIMIT

En attendant l'autoroute payante qu'ambitionnent de construire les autorités mauritaniennes, c'est bien par la route de l'Espoir que vous rejoindrez Boutilimit, une ville de quelque 30 000 âmes posée sur la nappe aquifère du Trarza. L'agglomération, dont la population a été multipliée par dix depuis l'indépendance du pays et qui tire son nom d'une graminée, le *tîlîmît*, a grignoté des hectares de désert à partir de son noyau initial, composé de quelques *tikit*, d'un puits et de la maison de Cheikh Sidiya El Kebir, fondateur de la localité aux alentours de 1826. Membre éminent de la confrérie *qadiriyya*, ce dernier, qui légua à la postérité les nombreux et précieux manuscrits de sa bibliothèque, fut un érudit ayant contribué au rayonnement culturel et politique de Boutilimit. Dominée par les vestiges du fort, remémorant l'époque coloniale, la ville doit sa réputation aux notabilités ayant été formées dans sa madrasa et son institut élitaires. Ces établissements scolaires, ouverts respectivement en 1914 et 1956, ne furent pas édifiés ici par hasard : ils consacrèrent l'alliance scellée à l'aube du XXe siècle entre les descendants de Cheikh Sidiya et l'administration française, soucieuse de « pacifier » le pays. Parmi les anciens élèves, on notera la présence d'un natif de Boutilimit, Moktar Ould Daddah, président de la république de 1961 à 1978. Aujourd'hui, la commune, au sein de laquelle on peut acquérir des produits artisanaux tels que des tapis de laine, permet de faire le plein de carburant et de victuailles avant de (re)prendre la nationale vers Aleg (110 km) ou Nouakchott (155 km).

ALEG

Chef-lieu du Brakna, Aleg est à la fois proche du fleuve Sénégal, méandrant à 70 km au sud-ouest, et du désert, dont les dunes surgissent au nord, ce qui lui a permis de devenir un important nœud routier desservant les régions méridionales du territoire national. Située à 265 km de Nouakchott, 345 de Kiffa et 65 de Bogué, Aleg est indubitablement un carrefour. Ici vous pourrez, sans quitter la route de l'Espoir (N3), vous sustenter et faire le plein d'essence. En cas de besoins pécuniaires, sachez que la BCI et la BMCI (dotée d'un DAB) possèdent une agence dans le centre-ville. Passer la nuit à Aleg est également envisageable. Les hôtels Yasmine (+222 42 25 25 70), en bordure de N3 à la sortie nord de la cité, et Oasis (+222 42 41 37 37), sis sur une hauteur au nord-est de l'agglomération, sont très corrects. En transport collectif, rejoindre la capitale vous coûtera environ 600 MRU contre 100 pour Bogué. Pour cette dernière destination, il est préférable de se poster au « carrefour d'Aleg », à 6 km au sud-ouest de la ville, sur la N3, où vous attendent les véhicules assurant la liaison. Aleg une ville de transit où les voyageurs ne sont que de passage. Stigmatisée par l'assassinat de quatre touristes français perpétré par AQMI en décembre 2007, la petite cité, au sein de laquelle fut lancé en mai 1958, à l'instigation de Moktar Ould Daddah, le Parti du regroupement mauritanien (une coalition d'organisations prônant l'indépendance du pays), est aujourd'hui sûre.

LAC D'ALEG

Aleg est flanqué, vers le ponant, d'une dépression, vaste mais peu prononcée, comblée par un lac dont la superficie varie au gré des précipitations. Alimenté par l'oued Katchi et son bassin versant endoréique de 3 800 km², ce plan d'eau serait, à l'instar des lacs de Rkîz (en Mauritanie) et de Guiers (au Sénégal), situé sur l'ancien cours du fleuve Sénégal. Au sein de cette cuvette, cernée par les dunes et les sables mouvants, se concentrent, durant l'hiver boréal, de nombreux oiseaux migrateurs, au premier rang desquels sarcelles d'été, pilets et souchets.

MAGTA-LAHJAR

En parcourant la route de l'Espoir (N3), que vous vous dirigiez vers l'ouest, depuis Kiffa ou Tidjikdja (via Sangarafa), ou vers l'est, depuis Nouakchott, Aleg ou Bogué, vous tomberez immanquablement sur la ville de Magta-Lahjar. Ourlée, au midi, par des parcelles agricoles où croît principalement le mil, la localité se prête à un arrêt pour se requinquer (la N3, sujette à des travaux de réfection récurrents, est loin d'être un beau et roulant ruban asphalté...), se refaire, se restaurer... En effet, épiceries (au sein desquelles boissons fraîches et biscuits vous attendent), étals divers et pompes à essence bordent l'axe routier susnommé.

HÔTEL JMOULLAN €€

✆ +222 42 00 52 52

2 000 MRU la chambre, 150 MRU le petit-déjeuner.

En direction de Nouakchott, l'hôtel Jmoullan se situe sur la gauche, avant l'arrivée dans le village de Magta-Lahjar. C'est une grande bâtisse avec un escalier à damier noir et blanc à l'extérieur. Décoration assez originale que vous trouverez aussi sur le sol du vestibule d'accueil ! Les chambres, à l'étage, sont spacieuses, avec salle de bains privée. Climatisation et eau chaude reposeront d'une route longue et parfois difficile, de retour du Tagant. Le personnel fait tous les efforts pour satisfaire les trop rares clients.

TAMCHEKKET

Chef-lieu de département investi par le sable, la petite ville de Tamchekket, fondée en 1927, fait figure de point de passage obligé pour quiconque souhaite se rendre à Aoudaghost. L'inauguration, en février 2021, de la route bitumée de 90 km la liant à Zravia (sur la N3, entre Kiffa et Tîntâne) a contribué à son désenclavement. Si d'aventure vous vous rendez dans ce coin de l'Hodh el Gharbi, sachez que les activités agropastorales y sont dominantes : culture du mil et du maïs, maraîchage, phœniciculture, élevage de petits ruminants (moutons et chèvres)... L'oued bordant Tamchekket constitue, quant à lui, un véritable havre floristique et faunistique.

PASSE DE DJOUK

Si vous avalez les deux cents kilomètres interposés entre Sangarafa et Kiffa, vous tomberez inévitablement, à mi-chemin, sur la passe de Djouk. Bien que cette dernière ne soit ni le Stelvio ni l'Alpe d'Huez, puisque seuls un virage et une cinquantaine de mètres de dénivelé séparent la plaine du plateau, elle est particulièrement redoutée des automobilistes mauritaniens, *a fortiori* des camionneurs qui, en raison de freins chauffés à blanc, perdent parfois le contrôle de leur véhicule. Depuis le haut de la rampe, vous pouvez dégringoler vers Nouakchott via Sangarafa et Aleg ou piquer vers Néma via Kiffa et Ayoun el-Atrouss. En direction de la capitale, vous atteindrez, au pied de la côte, un oued, bordé de palmiers doum et dattiers, où de jeunes phéniciculteurs vendent, lors de l'hivernage, des chapelets de dattes. Laissant derrière vous le massif de l'Assaba et à main droite les escarpements du Tagant, vous glisserez alors sur la N3 jusqu'à Sangarafa. Sur cette portion de route de l'Espoir, vous aurez la possibilité de vous ravitailler en carburant, de bifurquer sur l'axe bitumé menant à Barkewol et d'observer, après la pluie, enfants et adolescents barbotant dans des mares d'eau temporaires. En direction de Kiffa, vous traverserez la commune de Kamour, dominée par un piton rocheux que les plus sportifs pourront gravir, puis celle de Guerou, une ville commerciale au sein de laquelle vous pourrez vous sustenter, remplir de victuailles votre sac et, le cas échéant, passer la nuit dans une auberge. *Last but not least*, la N3 est en assez bon état entre Sangarafa et Kiffa.

AOUDAGHOST

Du pôle artistique et commercial que fut la cité caravanière d'Aoudaghost ne subsiste aujourd'hui que des ruines. Assimilé, par bon nombre d'historiens et d'archéologues, à la ville médiévale de Tegdaoust mentionnée par des chroniqueurs, géographes et voyageurs arabes, tels qu'al-Yakubi (IXe siècle), Ibn Hawqal (Xe siècle), al-Bakri (XIe siècle) et al-Idrissi (XIIe siècle), ce site archéologique est situé à une quarantaine de kilomètres au nord-est de Tamchekket. Florissant entre les IXe et XIe siècles, ce centre urbain a vraisemblablement vu le jour au VIIIe siècle avant d'être progressivement abandonné à compter du XIVe siècle (les ultimes traces d'occupation humaine remontant à la fin du XVIIIe siècle). Fondée par des Sanhadja, cette métropole disposait, à son acmé, de mosquées, de luxueuses demeures et de monuments collectifs. Plaque tournante du commerce de l'or et du cuivre, étape importante pour les caravanes cheminant de Raqqada et de Sijilmassa (Maghreb) vers l'empire de Ghana, et réciproquement, Aoudaghost perdit son indépendance et sa splendeur au mitan du XIe siècle (influence croissante de Ghana puis raids almoravides à partir de 1054). Les fouilles, entreprises au début de la décennie 1960, ont confirmé la richesse du tell et de ses environs puisque furent mis au jour des lampes à huile, des bracelets en cuivre, de fragiles récipients en verre et céramiques provenant de l'émirat aghlabide, des bijoux en or et, cerise sur le gâteau, une balance qui pourrait être la plus ancienne d'Afrique de l'Ouest (XIe ou XIIe siècle), découverte en 1973 et exposée au musée national.

SUD

KIFFA

Renommée pour ses perles de verre protéiformes et chamarrées, fabriquées de longue date, fameuse pour son marché aux bestiaux, comptant parmi les plus importants du sud du pays, et connue pour ses activités commerciales, notamment le négoce des dattes, la cité de Kiffa, chef-lieu de l'Assaba, s'apparente à une halte réparatrice pour les voyageurs parcourant la route de l'Espoir. Située à la croisée de plusieurs voies de communication, la ville, l'une des plus peuplées de Mauritanie, offre, en effet, une panoplie de services et d'infrastructures assez complète : banques, petits restaurants, hôtels, épiceries, pharmacies, stations-service...

Pratique

Au sein de Kiffa, la N3 ou route de l'Espoir forme cinq coudes. En arrivant de Sangarafa (comptez 400 MRU pour couvrir les 200 km en taxi collectif), vous laisserez à main droite le Phare du désert avant d'aborder, 5 km plus loin, la première courbe marquée. Après avoir traversé le pont qui enjambe l'oued de la ville, à trois encâblures de là, vous tomberez sur l'un des modestes restaurants parsemant la cité, le Wejbeti, puis sur les bureaux de la SONEF (+222 42 46 43 18), dont les autocars desservent quotidiennement Nouakchott (1 000 MRU) et Néma (700 MRU). Entre les deuxième et troisième virages, rapprochés, vous serez à deux pas de l'Alliance française de Kiffa (+222 46 92 37 47), dont les enseignants vous permettront de réviser les règles de l'accord du participe passé des verbes pronominaux... La station-essence Rim Oil, sise entre les troisième et quatrième angles de la N3, jouxte les minibus assurant les liaisons vers Nouakchott (900 MRU), Aleg (600 MRU), Ayoun el-Atrouss (400 MRU) et Néma (700 MRU). Au niveau du coude n° 4, vous trouverez une boulangerie-pâtisserie bien achalandée (+222 22 70 13 08) au sein de laquelle vous pourrez acheter pains et gâteaux locaux. Ce pénultième coude de la route de l'Espoir est également un croisement. Pour vous rendre au marché, d'où la route asphaltée menant à Boumdeid entame sa course de 110 km, au terminus de l'autocariste malien Tilemsi, au décent restaurant Royal (+222 46 78 58 50) ou dans les agences de la BMS, de la BCI et de la BMCI, quittez la N3 à cette intersection et continuez tout droit. Si vous poursuivez votre petit bonhomme de chemin sur la route de l'Espoir, vous ne devriez pas manquer l'hôtel Diwan avant d'aboutir au cinquième et dernier tournant. Céans, au coin de la N3 et de la route bitumée menant à Kankossa, vous apercevrez l'épicerie Zem Zem qui a donné son nom au carrefour. Au niveau de cette fourche, vous pourrez vous nourrir de brochettes de viande, brasillant sur les bas-côtés de la chaussée, ou de couscous marocain dans l'antre que constitue le restaurant el-Varough. À une petite centaine de mètres, en direction de Néma, vous trouverez des taxis collectifs (Mercedes, Renault 21 et Espace...), moins confortables mais plus flexibles que les minibus, convoyant leurs passagers jusqu'à Ayoun (500 MRU). Les véhicules assurant la liaison entre Kiffa et Kankossa (200 MRU) ou Sélibabi (500 ou 700 MRU) vous attendent, quant à eux, à proximité d'une (autre) station Rim Oil, à 300 mètres au sud du carrefour Zem Zem.

LA MAISON DE L'HÔTE €

Route de Kankossa

✆ +222 22 37 97 05

Camping de 150 à 250 MRU, chambre de 600 à 1 500 MRU. Petit déjeuner non compris.

Dans cet établissement, vous serez très chaleureusement accueilli par Ahmed, votre hôte, et son équipe. Dans ce bien-fonds se distingue une belle cour circonscrite par des corps de bâtiment abritant un incalculé (et incalculable ?) nombre de chambres. Ces dernières, propres et fonctionnelles, sont bien équipées. Outre le gîte, la maison propose, sur commande, le couvert (déjeuner et dîner). Lorsque, par extraordinaire, l'hôtel affiche complet, ses clients passent la nuit dans une annexe. Une bonne adresse située dans les quartiers sud de la ville.

HÔTEL DIWAN €€

Route de l'Espoir

✆ +222 42 93 15 15

Chambre à 2 500 MRU et suite à 3 500 MRU. Petit déjeuner non compris.

Ouvert en juillet 2022, le Diwan est le dernier-né des établissements hôteliers de la capitale de l'Assaba. Basé en plein cœur de la cité, il offre quatre chambres et deux suites. Les premières nommées, dotées chacune d'un salon et d'une salle de bains, occupent le deuxième étage de l'immeuble. Les secondes, implantées au premier, disposent en prime d'une cuisine. Le toit-terrasse, depuis lequel Kiffa s'offre à la vue, permet quant à lui de sustenter les corps et de substanter les âmes, autrement dit de se nourrir et de se reposer... Bon accueil.

HÔTEL EL ABASS €€

✆ +222 42 14 72 32

Chambre de 1 000 à 1 500 MRU, suite à 2 000 MRU. Petit déjeuner non compris.

Situé à 300 mètres du Phare du désert, qui borde la N3, l'hôtel El Emel a changé de main et a été rebaptisé, à cette occasion, El Abass. La nouvelle direction a repris, subséquemment, les dix-sept chambres (équipées et climatisées), les trois suites, le salon de réception (pourvu de tapis et de coussins) et le restaurant préexistants. Malheureusement, la vétusté du matériel et le manque d'entretien du jardin et du bâti ne sont que partiellement compensés par la gentillesse du personnel et la quiétude des lieux. Accès gratuit au wifi.

LE PHARE DU DÉSERT €€

Route de l'Espoir

✆ +222 46 63 64 70

Chambre à 1 800 MRU et suite à 3 000 MRU. Petit déjeuner inclus. Pension complète : 6 000 MRU.

Ourlant la route de l'Espoir, à plusieurs kilomètres au nord-ouest du centre-ville, le Phare du désert est une adresse très recommandable. En sus de l'accueil, aux petits oignons, de son équipe, cette auberge peut s'enorgueillir de ses onze chambres, propres et bien pourvues (salle de bains, TV, climatiseur...), et de sa suite qu'égaie un salon. Les repas, servis sous une grande toile ventilée, sont à l'avenant. Au bout de vos doigts, vous tiendrez fruits et légumes cultivés sur la parcelle (dattes, carottes, aubergines, citrons...) et composant les mets.

AYOUN EL-ATROUSS

La capitale de la région du Hodh el-Gharbi n'est encore qu'un gros bourg à vocation agricole d'environ 12 000 habitants. Équipée d'un aéroport, il ne manque à Ayoun El-Atrouss qu'une compagnie qui la desserve pour la désenclaver... Ancienne étape du Paris-Dakar, qui de nos jours ne se déroule plus sur le continent africain, cette région est victime de l'épée de Damoclès que représente la menace terroriste aux frontières. En revanche, c'est un point de ravitaillement fiable pour le carburant, si vous décidez de vous aventurer sur la route de l'Espoir. En avril 1974, un peu plus au sud d'Ayoun, la chute d'une météorite a été observée.

AUBERGE SAADA TENZAH €€

À 5 kilomètres après Ayoun, en direction de Néma.

✆ +222 44 00 03 05

Chambre 1 500 MRU, suite 3 000 MRU, khaïma 200 MRU par personne. Petit-déjeuner 200 MRU.

Vous trouverez l'auberge Saara Tenzah à la sortie de la ville d'Ayoun, sur la route de Néma. Toutes les chambres sont dotées d'une salle de bains privée avec climatisation et télévision. Il est aussi possible de passer la nuit sous une khaïma, à moindre frais, pour les plus petits budgets. Le restaurant propose, outre les traditionnels couscous et méchouis, des spécialités mauritaniennes telles que les *kesras*, des galettes d'orge ou de blé cuites au four ou dans du sable (cela ne crissera pas sous la dent, promis !), et les *belaghes*, des gâteaux de blé.

KOUMBI SALEH ★

Comptez 110 km avant d'arriver à Néma. A Timbedgha, prenez la piste au sud, sablonneuse, assez bien repérable grâce à des pneus à moitié enterrés et recouverts de peinture blanche. Au bout de 65 km, vous atteignez Koumbi Saleh : le site archéologique se trouve à un kilomètre du village. Les fouilles effectuées ici attestent de la grandeur passée de l'ancienne capitale de l'empire du Ghana. On distingue notamment la nécropole, la mosquée avec ses colonnes en pierres taillées et quelques belles maisons agrémentées de niches, de piliers et de dalles en schiste.

NÉMA

La capitale du Hodh ech-Chargui est au bout de la route de l'Espoir. D'ailleurs, le goudron s'arrête net à l'entrée de la ville ! Créée au début du XIXe siècle, Néma est dotée d'un aérodrome qui pourrait contribuer à la désenclaver. Ville commerçante, on y trouve de tout, du dromadaire à la pièce détachée, en passant par des meubles. De Néma, vous pouvez rejoindre Tombouctou, distant de 500 km à l'est, par une piste difficile nécessitant un guide ou par camion, au prix de 2 à 3 jours d'un voyage éprouvant. Bamako est à 580 km au sud, en passant par Nara. Si vous partez sur Oualata, vous devez obligatoirement vous faire enregistrer à la gendarmerie.

SUD

OUALATA ★★

Nous avons beaucoup apprécié Oualata, tant par la beauté de son site que par le chaleureux accueil de ses habitants. Sachez qu'en parlant avec eux, vous en apprendrez autant, sinon plus, qu'avec un guide et que vous serez tôt ou tard invité à pénétrer dans une maison pour y découvrir ses magnifiques décorations.

Le projet Oualata. Soutenu par la Fondation nationale pour la sauvegarde des villes anciennes et financé par le gouvernement espagnol, le projet Oualata comporte trois axes principaux. L'axe hydraulique : depuis 1924, le renouvellement de la nappe phréatique était théoriquement assuré par un barrage. Cet édifice ne subvenait que très insuffisamment aux besoins de la ville en eau. En revanche, en septembre et octobre, cette retenue d'eau providentielle attirait en grand nombre éleveurs et troupeaux de la région. En 1976, un architecte espagnol, José Coral, est arrivé à Oualata et est tombé amoureux de l'endroit. Il a entraîné avec lui toutes les bonnes volontés disponibles sur place et est parvenu à convaincre le gouvernement espagnol de s'intéresser à son projet. Ce dernier consistait à économiser et à répartir le peu d'eau disponible, à la fois dans le temps, et non plus seulement pendant l'hivernage, et dans l'espace par une irrigation calculée au plus juste pour chaque parcelle. Les résultats n'ont pas tardé avec la disparition du ver de Guinée, une cause de mortalité importante, et la diminution du coût de l'eau qui était auparavant acheminée à dos d'âne, à raison de 10 MRU pour 50 litres. Plus tard, la création des jardins de Oualata a constitué le point d'orgue de cette initiative ô combien judicieuse !
L'axe culturel : il prévoit un recensement des manuscrits de la ville, très nombreux dans la bibliothèque. La conservation de ces écrits est également étudiée, ainsi que la constitution d'une base de données sous forme de microfilms. Les arts traditionnels tels que la poterie, l'architecture et la gastronomie sont entretenus et mis en valeur. Les vêtements portés spécifiquement par les habitants de la région, notamment certains ornés de magnifiques broderies, sont remis au goût du jour. Enfin, il est prévu de répertorier et de préserver les nombreuses gravures rupestres présentes à Oualata.
L'axe de rénovation : le centre historique de Oualata nécessite une profonde restauration. En déambulant dans la vieille ville, vous verrez des murs écroulés obstruant les ruelles, des maisons partiellement détruites. Il est prévu de dégager les passages, de remettre en état les constructions qui en valent la peine et de refaire les murs et les dallages de certaines petites rues. C'est un travail long, pénible et coûteux. C'est le volet le moins avancé du projet Oualata, mais comme vous aurez l'occasion de vous en rendre compte en vous promenant dans la vieille ville, il est en marche.

La zone rouge. Rien n'y fait, le grand malheur de Oualata, c'est d'être touché de plein fouet par le classement de la région en zone rouge. La ville est difficilement accessible, compte tenu des risques encourus, il faut vraiment le vouloir pour y aller. Souhaitons à cette cité historique, inscrite au patrimoine mondial de l'humanité, un avenir (le plus proche possible !) plus heureux.

ATELIER DE POTERIE

© LANDY2GO - SHUTTERSTOCK.COM

Dans la vieille ville, il faut visiter la petite boutique que Meïja a installée. Elle vous y explique comment les femmes de Oualata reproduisent à l'identique, jusque dans leurs moindres détails, les maisons et les décors spécifiques à cette ville. Ce sont en effet les femmes qui s'occupent de la superbe décoration murale des maisons de Oualata, capitale rouge du désert mauritanien. Des formes géométriques dessinées à l'argile, dont les reproductions en miniature sont connues dans tout le pays, et pourront faire office de jolis souvenirs.

BIBLIOTHÈQUE

Entrée 1 000 MRU.

À l'image des trois autres villes anciennes de la Mauritanie, Ouadane, Chinguetti et Tichitt, Oualata abrite des trésors dans sa bibliothèque, conservés par chance et avec précaution par les habitants à travers le temps, avec les moyens du bord parfois ! Dans la pièce à droite se trouvent de vieux manuscrits appartenant aux quatre familles originaires de Oualata. En face est située la bibliothèque de Taleb Boubekar, chef traditionnel de la ville, mort vers 1915. Cette dernière regorge d'écrits vieux de plusieurs siècles, vestiges d'un autre temps.

LE MUSÉE

Le musée, attenant à la bibliothèque de la ville, est un assemblage hétéroclite d'objets très intéressants, mais qui nécessite un peu de rangement et de ménage ! Il vous sera plus facile d'apprécier la visite de ce site en vous faisant accompagner par un guide sérieux et connu, moyennant une petite rétribution d'environ 1 000 MRU. Autrement, vous risquerez de passer à côté des traditions locales et coutumes nomades représentées à l'aide de nombreux ustensiles et objets domestiques. Belle vue de la terrasse de cette demeure traditionnelle.

JARDINS ★★

Créés en 1996, ils ont donné leur première récolte en 1999. Leur but est de diversifier l'alimentation des habitants de Oualata, de fournir une source de revenus complémentaires aux 60 familles qui les exploitent et de fixer la population dans la région grâce à 2 réservoirs qui, en saison chaude, fonctionnent à l'aide de panneaux solaires. Si vous avez la chance de rencontrer l'un des 2 ingénieurs qui y travaillent, visitez-les en sa compagnie, vous serez étonné. L'eau est d'abord pompée d'une nappe non permanente, montée puis stockée dans un réservoir, la pression exercée la faisant tout naturellement redescendre vers les jardins.

Ensuite, le système d'irrigation mis en place permet d'économiser l'eau en attribuant à chaque plante le débit qui lui est nécessaire. Cette technique a permis d'introduire des espèces, a priori incompatibles avec le climat régnant dans la région. On découvre ainsi des palmiers dattiers, des jujubiers, des baobabs, des citronniers, des mandariniers, des manguiers et même de la vigne ! Les légumes ne sont pas oubliés avec des tomates, haricots et oignons consommés frais sur place ou séchés. Tant et si bien que la production maraîchère est aujourd'hui supérieure à la consommation des habitants ! Des fruits et légumes sont exportés à Néma. Les jardins produisent également du compost à base d'excréments de dromadaires, des plantes médicinales et des insecticides naturels. Cette végétation attire beaucoup de gibier, dont quelques lièvres, complément alimentaire non négligeable pour ceux qui les piègent.

AUBERGE DE L'AMITIÉ €

A côté de la mission espagnole.

1 000 MRU la nuitée, petit-déjeuner compris.

Il n'est pas simple d'obtenir des renseignements précis et à jour sur cette zone de la Mauritanie... À toutes nos questions, la réponse a été : *Inch'Allah* ! Alors, si vous êtes arrivé en ces lieux, c'est que vous avez été particulièrement obstiné ! On nous a affirmé que l'auberge de l'Amitié était toujours ouverte, que l'accueil était bienveillant et chaleureux, que les chambres étaient propres et le personnel aux petits soins, ravi du passage bien trop rare des touristes ou voyageurs. On vous laisse vérifier et nous dire ! ?

AUBERGE OULD GAMI €

Vers la bibliothèque

1 000 MRU la nuit, petit-déjeuner compris.

L'auberge Ould Gami dispose, semble-t-il, de 5 chambres dont 2 joliment décorées. Là encore, nous avons pu avoir l'information qu'elle était toujours ouverte, en attente de visiteurs, néanmoins nous n'avons pas pu récolter d'autres éléments pour vous permettre de préciser votre voyage. Une chose est sûre : vos hôtes se plieront en quatre pour que votre séjour se passe au mieux, et que vous en gardiez un souvenir mémorable. Souhaitons que le déroulement du Festival des cités du patrimoine, qui aura lieu à Oualata en décembre 2023, redynamise le tourisme.

FORT ★★

Inutile de vous indiquer la piste pour y aller : perché sur un promontoire, vous le voyez distinctement alors que vous êtes encore à 30 minutes de Oualata. Construit en 1912, il a abrité successivement l'armée française pendant la pacification de la région, puis des prisonniers politiques à partir de l'indépendance de la Mauritanie. Depuis 1990, les autorités ont fermé cette prison. L'édifice triangulaire impressionne et paraît en parfait état de conservation, vu de l'extérieur. À l'intérieur, autour de la cour, sont disséminées les cellules des prisonniers. On a du mal à imaginer quelles pouvaient être les conditions de détention des hommes incarcérés ici, il n'y a pas si longtemps. Une petite ouverture laissant passer un peu de lumière, un espace vital réduit au minimum, car les cellules étaient bondées, les maladies, la chaleur et les mauvais traitements devaient rendre l'espérance de vie très limitée. On ressort de ce fort avec des frissons dans le dos.

Il est possible d'admirer Oualata en empruntant l'escalier situé à gauche, juste après l'entrée du fort. Vous êtes alors sur le toit des cellules ! En redescendant du fort vers Oualata, sur la droite, le cimetière français abrite une douzaine de tombes, dont celle de Bonnel de Mézières qui administra la région au début du XXe siècle. Passionné d'archéologie, il contribua grandement aux fouilles effectuées à Aoudaghost et à Koumbi Saleh.

Avertissement : Avant d'envisager une visite, renseignez-vous sur la praticabilité du site auprès de professionnels locaux du tourisme.

TICHIT ★

Tichit, comme toutes les villes anciennes de Mauritanie, a perdu sa prospérité avec le déclin du commerce transsaharien. En plus, les sécheresses l'ont durement frappée, sa nappe phréatique s'est tarie, entraînant la quasi-disparition de sa palmeraie. Des pluies aussi violentes que rarissimes ont détruit une bonne partie des maisons anciennes, c'est pourquoi un grand nombre de ses habitants ont quitté la ville, à la recherche de contrées plus hospitalières. Aujourd'hui, Tichit survit grâce à l'*amersâl*, ce mélange de terre et de sel que les femmes extraient des dépressions environnantes, avant de l'envoyer, à dos de dromadaire, vers le sud du pays.

MOSQUÉE ★

Elle date du XIVe siècle, mais certaines parties, comme le minaret, ont été restaurées au début du XXe siècle. C'est dans le quartier de la mosquée que subsistent les dernières maisons anciennes de Tichit, joliment décorées et à l'architecture typique des *ksour* sahariens. En 2013, alors que Tichit accueillait le Festival des Villes Anciennes, l'événement a permis la réhabilitation de cent maisons tichittoises. La mosquée a elle aussi bénéficié de cette manifestation, le grand nombre de participants et invités lui ayant fait honneur.

LES BIBLIOTHÈQUES

Comme Ouadane, Oualata et Chinguetti, Tichitt regorge de manuscrits centenaires aux enluminures délicates, témoins d'une période passée et faste, durant laquelle les religieux étudiaient l'islam, les sciences et autres domaines, dans le plus grand des sérieux. Vous pouvez visiter l'une de ces bibliothèques, modestes en apparence mais qui renferment des trésors de calligraphie, préservés à grand peine depuis des siècles. Un gardien enfilera des gants épais avant de manipuler doucement devant vos yeux ébahis les pages de ces manuscrits.

AUBERGE ERAVGA €

✆ +222 44 68 44 10

Chambre à 400 MRU. Petit-déjeuner à 70 MRU, repas à 350 MRU.

Si vous le contactez, le propriétaire vous dira que Tichit est l'une des plus anciennes cités de Mauritanie, fondée en 1140. Il vous vantera les bibliothèques de la ville, renfermant des centaines de manuscrits rares, témoins de celles et ceux qui vivaient là il y a quelque 9 siècles. Enfin, il vous confiera que tout près de la belle oasis de Tichit visiteurs et touristes pourront se reposer et déguster un savoureux repas dans son auberge, qui offre des chambres confortables et une vue fantastique sur le paysage environnant. Séduisant, non ?

SUD

Tichit.

SUR LES PAS DES « DEUX DAMES »

Pionnières oubliées de l'exploration, on dit d'elles qu'elles « voyagent comme des guerriers et écrivent comme des marabouts » ! Odette de Puigaudeau et Marion Sénones « remportent le record féminin d'endurance à chameau », écrit Jeanne Sébastien. Celle qui voulait accomplir quelque chose de son vivant, quelque chose de grandiose, aurait confié à sa biographe, visiblement insatisfaite : « Tant pis pour moi, je suis restée une fille » ! À l'heure où le mouvement féministe s'élève pour faire entendre les voix de celles que l'on a injustement éludées, il est bon de raviver la mémoire d'Odette, de Marion, et de leur amour au féminin, au chaud dans le désert mauritanien.

Il y a 90 ans, un couple de femmes journalistes débarquent à Nouadhibou, alors Port-Étienne. Neuf mois durant, toutes deux sillonnent le Sahara, la plupart du temps pieds nus, leur passage marquant les mémoires à tel point que l'année 1934 devient celle « des deux dames » en Mauritanie.

Ces deux dames, ce sont Odette de Puigaudeau et Marion Senones. Deux exploratrices, ethnologues, dessinatrices, amoureuses l'une de l'autre, au destin hors du commun. Boudées des manuels d'histoire, leurs voyages ont pourtant donné corps à une production éditoriale foisonnante : articles, productions scientifiques et récits de voyage, dont *Pieds nus à travers la Mauritanie*, paru en 1936 (prix de l'Académie française). *« Qu'on ne cherche pas d'autre but à ce récit que d'évoquer la simple poésie, la grandeur sobre du Sahara, et le charme parfois amer de nos longues courses incertaines »*, écrit Odette.

Née en 1894 à Saint-Nazaire, Odette de Puigaudeau est la fille de Ferdinand du Puigaudeau, peintre impressionniste, et de Blanche Henriette Van Den Brouke, artiste-portraitiste. Marcelle Borne Kreutzberger, née en 1886 à Neuilly-sur-Seine, intègre le secrétariat de direction du journal Ève dans les années 20. Elle y parraine la publication d'articles écrits par Odette, dont la vraie nature se révèle dans le journalisme et la curiosité des autres cultures. Commence alors leur histoire d'amour et d'aventure, au cours de laquelle Odette la rebaptise Marion Sénones.

C'est le refus du commandant Charcot d'embarquer une femme pour sa campagne océanique qui scelle le départ d'Odette de Puigaudeau et de sa compagne en Mauritanie, en décembre 1933. Cette expédition au cœur de la brousse, l'Inchiri et l'Adrar, est la première des 3 qu'elles font ensemble. La deuxième les mène, de 1936 à 1938, à travers les plateaux du Tagant, de Tombouctou, de Taoudeni et de Tindouf. 6 000 km sur les traces de la grande caravane de sel, l'*azalaï*, un récit retranscrit dans le livre *Tagant* (1949), préfacé et encensé par Théodore Monod lui-même. Odette et Marion reprennent la piste du Sahara après la Seconde guerre mondiale, en 1950, et peuvent se vanter d'avoir parcouru le plus grand désert du monde sur plus de 15 000 km ! En 1961, le couple s'installe au Maroc : Odette prend la direction d'un jeune bureau de préhistoire marocain et reste au Maroc jusqu'à sa mort, en 1991.

Pour les deux exploratrices, la découverte de la Mauritanie est à la fois immersion et fascination : vivant à la manière des Maures, éprouvant le nomadisme, elles optent pour la lenteur du dromadaire, le quotidien des caravaniers, l'expérience de la permanence. *« Au milieu du jour et au crépuscule, nous baraquions devant des pauvres tentes, peut-être semblables à celles où les chefs hébreux reposaient chez leurs serviteurs, et nous y partagions le festin qu'Abraham offrit au divin voyageur : du lait de chamelle, un agneau rôti sous la cendre. Autour de nous, le grand paysage simple, rêve d'or imprécis, préparait, dans la pureté essentielle de ses lignes, les futures nostalgies. »* (Odette de Puigaudeau, *Pieds nus dans le désert*). Pour autant, leur parcours scientifique est assez solitaire, oublié, et ce malgré le soutien du reconnu Théodore Monod. Il aura fallu les écrits d'une autre chercheuse, Monique Vérité, pour entrevoir une biographie d'Odette Puigaudeau, et ainsi rendre compte à la fois du sérieux de leur enquête, et de leur courage.

Odette de Puigaudeau est l'auteure, à titre posthume, d'une thèse d'ethnographie sous la direction de Théodore Monod, Arts et coutumes des Maures. Elle a par ailleurs écrit un ouvrage sur le guépard, ayant adopté l'un de ces animaux lors de son deuxième voyage en Mauritanie !

ERG AOUKER

La piste entre Tidjikja et Oualata abrite l'erg Aouker, région de grandes dunes magnifiques. Si vous trouvez le point GPS des gorges du Dreiss, bivouaquez à proximité pour aller les voir de plus près ! Au petit matin, depuis le plateau sur lequel passe la piste, marchez en direction de la falaise. En cherchant bien, vous découvrirez une superbe source perdue au milieu de ce désert de sable, tapie quelque part dans la falaise. Quelle magie d'y voir l'eau couler, le plus naturellement du monde ! L'accès au bord de la falaise ne pourra se faire avec un véhicule, en revanche à pied vous profiterez de points de vue sur l'Aouker à couper le souffle !

ARATANE

À 125 km de Tichit, toujours sur la piste de Oualata, à la frontière entre les régions du Tagant et du Hodh ech-Chargui, se trouvent les puits d'Aratane. Ces six puits sont répartis sur 200 m, suivant la veine d'eau souterraine, mais ils sont pratiquement inutilisables à cause du sable qui les obstrue régulièrement. Pourtant l'eau n'est ici pas très profonde, à 3 m sous la surface tout au plus. Alors que vous vous pensez seul au milieu du désert, de nulle part un bédouin apparaît, et avec un bidon il commence à vous tirer de l'eau, de ces puits qui vous semblaient à sec... Oserez-vous refuser l'eau qui vous est généreusement offerte ?

AGHRIJIT ★★

Assurément le plus important site archéologique de la région, découvert en 1934 par Théodore Monod ! Sur la piste qui mène à Oualata, à environ 40 km de Tichit, Aghrijit est l'exemple même des nombreux villages qui abritaient la population, il y a trois à quatre millénaires. Les fouilles entreprises ont permis de dater la ville à 1 500 ans avant notre ère. Sur un promontoire rocheux, en haut d'un escalier de pierre, se découvrent des centaines de mètres carrés de fondations de vieilles bâtisses en grès. Aghrijit était une ville très structurée, avec des ruelles et des places, ayant accueilli jusqu'à 3 000 habitants au temps de sa splendeur !

ZIG

Sur la piste de Tidjikdja, à une trentaine de kilomètres de Tichit, vous arrivez aux puits de Zig. Le puits le plus ancien est ensablé, l'autre en revanche est en eau, mais vous devez vous munir d'une corde conséquente : en effet, l'eau est à plus de 60 m de profondeur ! Un peu avant le début des années 1920, à Zig, ont été retrouvées des pointes de flèche en schiste poli, de forme triangulaire, recouvertes d'une couche de vernis du désert, qui témoignent de la grande habileté des anciens habitants de cette région sablonneuse. Pour rejoindre Tichit, deux hauts rochers forment une porte naturelle, jonction d'une partie du désert à l'autre.

MAKHROUGAT

En continuant la piste vers Oualata, à environ 115 km de Tichit, vous ne pouvez pas louper le rocher de Makhrougat. Long d'une centaine de mètres pour une trentaine de mètres de hauteur, ce colosse de pierre est percé en son centre par un trou permettant ainsi de passer alternativement d'un côté ou de l'autre. Les faces du rocher sont agrémentées de petites niches où s'entassent, pêle-mêle, des fragments d'outils et de cordages. Des gravures anciennes et des inscriptions plus récentes témoignent de la fréquence des visites, de tout temps, en ce lieu.

TIDJIKDJA

Tout comme à Oualata et Tichit, vous devez vous présenter à la gendarmerie, au départ comme à l'arrivée à Tidjikdja, capitale de la région du Tagant. En réalité, ce sont eux qui viendront à votre rencontre, les différents barrages de gendarmerie ayant relayé l'information bien avant votre arrivée. Tidjikdja est à 250 km à l'est de Tichit, et à 375 km au nord-ouest d'Atar.

La piste vers Atar est aujourd'hui goudronnée, mais celle vers Tichit ne l'est pas encore et il faut obligatoirement être accompagné par une personne connaissant parfaitement la région. Moudjéria est beaucoup plus facile d'accès, 140 km de bon goudron la séparent de Tidjikdja. C'est une ville récente, puisqu'elle a été créée en 1680 par des habitants de Chinguetti dont la première préoccupation fut de planter des palmiers dattiers.

SUD

C'était une ville prospère grâce au commerce caravanier, mais aussi grâce à son élevage et à son importante production de dattes. Xavier Coppolani, qui tenta de conquérir le sud de la Mauritanie par la voie pacifique, entra à Tidjikdja en 1905. Il fut assassiné peu de temps après et la ville s'appela alors, pour quelque temps, Fort Coppolani. Il est d'ailleurs enterré à Tidjikdja. Sa tombe surmontée d'un obélisque, vierge de toute inscription, se trouve le long d'un petit chemin qui longe l'oued et ses jardins d'une part et la poste d'autre part, au niveau des antennes-relais.

LE MUSÉE ET LA BIBLIOTHÈQUE

Avant l'oued, le long du goudron.
✆ +222 46 50 63 35
Entrée : 100 MRU par personne.

C'est Zeinebou Abdel Kader qui gère aujourd'hui le musée et s'occupe des visites de la bibliothèque, qui n'a plus de conservateur depuis le décès de Mohamed Lemrabott Ould Taleb qui en avait la charge. Tidjikdja fut un important centre d'enseignement religieux. Plus de cinq mille manuscrits composent sa bibliothèque, abordant la jurisprudence islamique, la médecine, les sciences sociales, la grammaire arabe, la poésie, l'ésotérisme, l'astrologie, la mystique...

AUBERGE TENTEMLEL €

À droite sur le goudron qui contourne la direction régionale de l'agriculture.
Chambre double avec douche 1 500 MRU. Autres chambres entre 800 et 1 000 MRU.

Après une longue période d'inactivité, l'auberge Tentemlel s'offre une nouvelle jeunesse en réalisant des travaux, toujours en cours, pour sa remise en fonction. Une adresse qui ne paie pas de mine mais qui offre un hébergement qui pourra dépanner. Une khaïma centrale accueille les moments de repas, puisque les services de restauration sont assurés à cette adresse. Pour ce qui est des chambres, certaines sont pourvues d'un coin douche, d'autres non. Le tout reste sommaire, mais le personnel est accueillant et reconnaissant de votre visite.

AUBERGE DES CARAVANES DU DÉSERT €€

Facile à trouver, en face du poste de police, avant la mairie.
Case 1 500 MRU, chambre 2 000 MRU, suite 3 000 MRU. Avec climatisation, eau chaude et wifi.

Vous serez accueilli à bras ouverts par toute la famille, Cheikh, le gérant de l'épicerie attenante, sa mère, son frère, et son petit neveu. Vous partagerez aussi, si vous le souhaitez, les moments autour de la télévision du salon familial, vous irez peut-être jusqu'à partager les nuits sur la terrasse qui surplombe l'oued. Vous ferez bien comme vous voudrez, mais il y a fort à parier que vous y passerez un excellent séjour. Service de restauration.

LE PHARE DU DÉSERT €€

✆ +222 36 10 34 00
Chambre de 1 000 à 1 500 MRU. Petit déjeuner non compris.

C'est dans le sud-ouest de la ville, au bord de la voie asphaltée menant à Nouakchott et à deux pas d'une station-service Star, au sein de laquelle œuvre le gérant, Batna, qu'est situé le Phare du désert. De prime abord, cet établissement semble briller de mille feux. On y trouve, en effet, des cases non dénuées de commodités (climatisation, téléviseur, salle de bains...) et jouissant, par la grâce d'un surpresseur, d'un bon débit en eau. La récurrence des défectuosités, fruit d'un certain laisser-aller, constitue néanmoins une véritable ombre au tableau...

HOTEL TAGANT €€€

À l'entrée de la ville, au croisement des deux routes qui mènent vers Nouakchott et Atar, à côté de la station Total. ✆ +222 49 48 53 45
Chambre 1 lit 2 000 MRU, chambre 2 lits 2 500, suite 3 000, petit-déjeuner compris. Déjeuner 600 MRU, dîner 500 MRU.

Un des trois hôtels signé Sidi, qui en possède deux autres dans le pays : un à Nouakchott, et un Chami. Cet établissement s'avère être bienvenu dans un Tagant peu pourvu en hôtellerie de qualité, puisque très peu visité par les touristes... La région en souffre, mais quelques adresses demeurent, telle celle-ci : chambres simples ou doubles, suites, toutes bien équipées. L'hôtel Tagant offre aussi un service de restauration, dans lequel plusieurs plats sont proposés, afin que cette pause bien méritée dans votre périple soit totale.

RACHID

Les ruines des maisons de l'ancienne Rachid se distinguent difficilement du promontoire sur lequel elles sont bâties, de couleur identique à la roche qui les supporte. Seule la mosquée, avec ses colonnades encore debout, donne une idée de ce qu'était l'architecture d'époque. En face, la nouvelle ville s'étire de part et d'autre de la rue en forte montée qui conduit à Ksar el-Barka. D'ici, vous avez une magnifique vue sur l'ancienne ville, l'oued et les palmeraies qui se laissent deviner au loin... Même si vous n'avez pas l'intention de vous rendre à Ksar el-Barka, montez jusqu'au sommet de cette rue, le panorama est vraiment superbe.

KSAR EL-BARKA ★★

Sur le plateau de Tagant, au carrefour des routes caravanières, Ksar el-Barka occupe un site remarquable, sur la rive nord de l'oued el-Abiod, affluent majeur du lac Gabou, où viennent se rassembler une large part des eaux de surface du Tagant. Ksar el-Barka abrite les vestiges d'une cité fortifiée fondée par les Kunta venus de Ouadane en 1690 et qui s'y sont sédentarisés.

Ville abandonnée. Détruite et reconstruite à de nombreuses reprises, la ville est maintenant complètement abandonnée, n'ayant pas eu la chance, comme d'autres, de voir se développer une nouvelle cité près des ruines de l'ancienne. Certaines maisons, dont plusieurs à étages en pierres sèches, sont encore en assez bon état, avec leurs murs crépis d'argile aux niches triangulaires ou cloisonnées. On distingue clairement les anciennes ruelles, et la mosquée qui est restée pratiquement intacte, si ce n'est le toit et le minaret qui ont disparu. Après avoir pris soin de faire du bruit pour éloigner les bestioles indésirables, il est émouvant de pénétrer à l'intérieur de la mosquée pour admirer ses imposantes colonnes cylindriques qui ne laissaient vraiment pas beaucoup de place aux fidèles qui venaient y prier. Cette cité s'est montrée d'un grand intérêt patrimonial de par la diversité et le nombre des manuscrits identifiés et répertoriés chez les ressortissants de ce bourg presque oublié. De nombreux sites néolithiques et les multiples peintures rupestres sont observables alentour.

Destruction. À partir de 1820, la guerre qui opposa les Kunta aux Ahl Sidi Mahmoud et aux Ahl Mohamed Cheïne aboutit en 1822-1823 à la destruction de Ksar el-Barka et de Rachid (palmeraie voisine fondée par les Kunta en 1723), épisode malheureusement suivi d'une épidémie de variole sur l'ensemble du Tagant. En février 1905, les forces d'occupation françaises, sous les ordres du délégué général de l'administration coloniale Xavier Coppolani, occupèrent Ksar el-Barka et y construisirent un bâtiment fortifié tenant lieu de réservoir de céréales destiné à l'approvisionnement des troupes françaises installées à Tidjikdja.

En 1914, l'administration coloniale accéda à un vieux désir du chef tribal de l'époque, Sidi Mhammed Ould Sidi Ahmed Ould Ahmed, de reconstruire partiellement la cité dont il vécut la dernière destruction. C'est ainsi que la mosquée fut restaurée, qu'une centaine d'habitations furent reconstruites et plusieurs points d'eau créés au sein des diverses palmeraies établies sur les rives de l'oued. Mais cet effort de renaissance se trouva bientôt compromis par l'apparition de nouveaux moyens de transport et de communication, tant maritimes que terrestres.

Programme de sauvegarde. L'essor de ces nouvelles voies commerciales vint tarir le commerce caravanier et la région du ksar qui, progressivement, se vida de ses habitants, dont une partie vint, dès la fin des années 1950, lors de la construction de la passe de Moudjeria (entraînant le contournement routier définitif de Ksar el-Barka), se fixer à Nbeika.

Un programme de protection et de sauvegarde de la cité, mis en place par le gouvernement, est actuellement en cours de réalisation.

(Texte de Bruno Lamarche et Abdel Wedoud Ould Cheikh pour *Détours Mauritanie Voyage*).

MOUDJÉRIA

Moudjéria est à 140 km de Tidjikdja au nord-est, reliée par une excellente route goudronnée, et à environ 70 km de la route de l'Espoir au sud-ouest. Sur ce dernier itinéraire, le goudron est présent, serpentant au milieu des dunes sur les 30 km qui séparent Moudjéria de Letfatar. Que vous descendiez de Tidjikdja ou que vous montiez de Letfatar, vous franchissez la magnifique passe d'Achetf. Le panorama est superbe : vous dominez, d'environ 200 m, une mer de dunes qui s'étale langoureusement à vos pieds... Sur la gauche, Moudjéria, traversée par le bitume, est comme coincée entre le puissant massif dunaire et les contreforts rocheux.

SUD

TAMOURT EN-NA'AJ

Entre Ksar el-Barka et Nbeika, la Tamourt en-Na'âj est une dépression qui, pendant la saison des pluies, se remplit d'eau. Des nomades y séjournent pendant l'hivernage pour abreuver leur bétail, principalement des moutons. Lorsque l'eau commence à se retirer, les rives encore humides permettent aux nomades de cultiver du mil ou du sorgho, les incitant ainsi à se sédentariser. Cet espace de vie, en plein désert, attire écureuils, rongeurs, chacals, hyènes et de nombreux oiseaux. Il paraît même que de petits crocodiles y séjournent, se réfugiant en saison chaude dans les dernières mares existantes, la Tamourt en-Na'âj n'étant jamais complètement sèche.

GRENIERS GANGARI

Sur la piste qui mène de Nbeika à Matmata, soit environ 25 km, on trouve sur la gauche, quelques kilomètres avant Matmata, une douzaine d'étonnantes petites constructions d'environ 1,5 m de hauteur. Ce sont des greniers, encore utilisés de nos jours, qui auraient été édifiés par des agriculteurs, les Gangari, qui habitaient la région il y a environ 2 000 ans. Ces derniers semblent avoir été les ancêtres des Soninkés. Ces constructions en pierre cylindriques, dressées à proximité de zones cultivables (à l'époque), leur permettaient de stocker des graines.

NBEIKA

Cette grande oasis est devenue un important carrefour commercial, de nombreux camions et 4x4 viennent en effet s'y ravitailler en provisions et surtout en carburant. Nbeika est traversée par le goudron qui franchit facilement, à l'entrée de la ville, la Tamourt en-Na'âj par un large radier. Depuis 2012, la commune a changé de dénomination pour devenir commune de Tamourt en-Na'âj, avec pour chef-lieu la ville de Nbeika. Il s'agit de la commune la plus peuplée du Tagant, avec à elle seule environ 25 % de la population de toute la région. En 2022, des pluies torrentielles ont touché le Tagant, laissant la ville de Nbeika et ses habitants sinistrés.

MATMATA ★

Magnifique oasis située à une vingtaine de kilomètres de Nbeika, Matmata est connue pour ses crocodiles. Il y a des milliers d'années, elle était reliée par des cours d'eau à un grand réseau hydrographique. Le climat se réchauffant, il ne subsiste aujourd'hui que les endroits les plus profonds de ces rivières, où les reptiles se sont laissés emprisonner. Matmata est une citerne naturelle creusée à même la roche. La plupart des eaux du Tagant arrivent ici dégringolant en cascades, pendant l'hivernage, des falaises environnantes ; sauf à l'ouest, où une gorge permet d'accéder à cette *guelta*, nom scientifique donné à un bassin naturel entouré de rochers.

SUD

Matmata.

ROSSO ★★

Rosso est la principale porte d'entrée et de sortie vers le Sénégal : pour ce faire, la traversée du fleuve se fait en pirogue à moteur, ou en empruntant un bac. Trait d'union entre la Mauritanie et le Sénégal, Rosso a joué un rôle important durant l'époque coloniale, si bien qu'à l'indépendance de la Mauritanie, Moktar Ould Daddah alors président manque de choisir Rosso pour capitale du pays : il lui préfère Nouakchott, cette dernière étant plus neutre. Le 30 novembre 2021, la première pierre du pont de Rosso, qui reliera fin 2024 le Sénégal à la Mauritanie, a été posée. Un projet d'envergure qui renforcera les échanges commerciaux entre les 2 pays.

Histoire

La capitale de la région du Trarza a été fondée, il y a un peu plus de trois siècles, par Ma Rosse Wande, un pêcheur wolof. Les premiers habitants, venus du Sénégal, étaient majoritairement d'origines sérère et wolof. Quelque temps après leur installation, ils eurent peur en découvrant des traces de dromadaire, animal inconnu pour eux, et s'enfuirent au Sénégal où ils fondèrent Diourbel. D'ailleurs, un quartier de Rosso porte toujours le nom de cette ville sénégalaise. Ensuite, des habitants de Saint-Louis s'installèrent à Rosso pour y faire le commerce de la gomme arabique et du sel. Jusqu'en 1930, Rosso vivait dans l'ombre de Mederdra, la ville voisine à 65 km au nord, dont elle dépendait administrativement. Petit à petit, la population augmenta, et Rosso supplanta Mederdra. En 1952, une crue exceptionnelle du fleuve Sénégal la détruisit à 90 %, la ville fut entièrement reconstruite et ne présente, de ce fait, que peu d'intérêt sur le plan historique. C'est, en revanche, un carrefour commercial incontournable, le fleuve y joue un rôle prépondérant, et une très grande diversité d'ethnies s'y côtoie. On parle couramment trois langues à Rosso, le hassanya, le wolof et le poular. Rosso est réputée pour la qualité de son enseignement, beaucoup de grands administrateurs mauritaniens ont fréquenté ses écoles.

BAC

Taxe du pont : 4 000 francs CFA à l'arrivée au Sénégal.

Rosso vit au rythme du fleuve qui la borde, la séparant en deux : Rosso Mauritanie d'un côté, Rosso Sénégal de l'autre ! Pour passer d'un pays à son frontalier, il vous faut prendre le bac. Ce type de grand bateau, à fond plat, permet le transport de véhicules, biens, marchandises, humains et autres pour traverser un bras de mer ou de fleuve. Si d'autres points de passage vers le Sénégal peuvent se faire via un pont (Diama par exemple, Rosso dans le futur), prendre le bac est une expérience à vivre ! C'est goûter à l'effervescence d'échanges quotidiens sur l'eau.

AUBERGE YESLEM €

✆ +222 48 64 50 23

Chambre de 1 000 à 1 200 MRU et suite à 1 800 MRU. Petit déjeuner non compris.

Nulle pancarte, nulle enseigne n'indique la présence de cette auberge bien connue des locaux. Nommée Yeslem, en l'honneur de son propriétaire, cette structure dispose de 13 chambres réparties sur deux niveaux (rez-de-chaussée et premier étage). Équipées, mais pas toujours commodes et fonctionnelles, abstraction faite de leurs climatiseurs résolument réglés à 16 °C (choc thermique assuré), elles sont sans apprêt. Interlope à l'occasion, cet établissement possède un restaurant, le Kiff Rosso, dont la réfection devrait être achevée lors de la parution de ce guide.

HÔTEL MAURITOUR €

Lot 78

✆ +222 46 41 34 30

Studio à 1 500 MRU. Petit déjeuner non compris. Wifi. Dégressivité possible des tarifs pour les longs séjours.

« Nous, c'est le top ! ». Penchons-nous sur le slogan, un rien hyperbolique, de cet établissement. Top ? OK pour la localisation, au cœur de la ville, pour le panorama urbain, exposé aux regards depuis le toit de l'immeuble, et pour le rapport qualité-prix très correct eu égard à la dimension des deux studios (munis d'un coin cuisine, d'un salon, d'une chambre à coucher et de deux salles de bains). Néanmoins, on notera, ce qui est moins top, des marques de délabrement, à l'instar de l'écaillage des peintures. À vous de trancher !

HÔTEL CHEMAMA €€

N2

✆ +222 25 02 89 09

Chambre simple à 1 200 MRU, double à 1 500 MRU. Suite à 3 000 MRU. Petit déjeuner inclus.

Sis sur le bas-côté de la N2, cet établissement sans prétention met à la disposition de sa clientèle des chambres correctes. Propreté et commodités sont, en effet, au rendez-vous dans chacune d'entre elles. Le petit déjeuner est servi dans une modeste salle au sein de laquelle, sur commande, lunch et dîner peuvent également être consommés. Les plus connectés déploreront l'absence de wifi mais ils se consoleront en causant avec l'affable réceptionniste. Notons que l'hôtel, situé à l'extérieur de la ville, n'est pas d'accès facile pour les personnes non véhiculées.

RESTAURANT MÉDINA €

✆ +222 41 41 41 22

Aussi appelé Chez Thiané, ce snack sans prétention repose dans le voisinage immédiat de l'auberge Yeslem et de l'hôtel La Case. Entre chien et loup, le cuistot passe à l'action en pensant à votre panse à emplir. Shawarmas, tacos, sandwichs et kébabs sont préparés à cette fin. Ensuite libre à vous d'emporter votre plat ou de le consommer sur la terrasse davantage fréquentée par les moustiques que par les *Homo sapiens*... Uni à une épicerie, cet établissement n'est pas le plus glamour de la Terre, loin s'en faut, mais il constitue l'un des rares restaurants de Rosso.

PARC NATIONAL DU DIAWLING ★★

Le parc national du Diawling (PND), à l'extrémité sud-ouest du pays, voisin et frère du parc du Djouj au Sénégal, a été créé en 1991 pour répondre à un incident écologique. Ce territoire de zones humides du delta du fleuve Sénégal qui s'asséchaient et s'inondaient de manière cyclique au fil des saisons formait, jusque dans les années 1960, l'une des régions les plus riches de l'Afrique de l'Ouest en termes de faune et de flore. A la suite d'années de sécheresse particulièrement difficiles et de la construction des barrages de Manantali et de Diama dans les années 1970, on assiste à une remontée en surface de la nappe d'eau salée, détruisant de fait les espaces de Sebka les plus fertiles de la région, avec toutes les conséquences désastreuses pour la biodiversité qui vont sans dire. Le parc a pour vocation, depuis sa création, de recréer les écosystèmes détruits, à travers l'inondation artificielle de différents bassins pour lutter contre la désertification du delta.
Le PND a arrêté trois objectifs fondamentaux pour le parc :

1. la conservation et l'utilisation durable des ressources naturelles d'un échantillon de l'écosystème du bas-delta ;
2. un développement harmonieux et permanent des activités traditionnelles et nouvelles des populations locales ;
3. la coordination des activités piscicoles et pastorales menées sur son territoire.

Autant de bonnes intentions qui semblent porter leurs fruits, puisque l'on assiste à un retour de la végétation caractéristique du bas-delta, notamment, et à titre d'exemple du *Sporobolus robustus* utilisé dans l'artisanat local pour la fabrication de nattes. Nombre d'espèces piscicoles, mais aussi d'oiseaux d'eau (pélicans, cormorans, grues couronnées, flamants roses et nains...), migrateurs et sédentaires, et de mammifères (phacochères, chacals) ont à nouveau élu domicile au PND, et avec eux plusieurs familles mauritaniennes qui avaient été contraintes de quitter leur village. Des efforts salués et récompensés, à juste titre, par la FAO (Food and Agriculture Organization) en 2005. Aujourd'hui, le PND constitue le noyau central de la réserve de biosphère transfrontalière (RBT) du delta du fleuve Sénégal. Un bel exemple d'espaces gérés où la nature et les populations locales reprennent leurs droits.

PARC NATIONAL DU DIAWLING

✆ +222 45 29 35 10
www.pnd.mr

Bienvenue au Parc National du Diawling ! Le site Internet est assez bien fourni : il retrace les actions de conservation et de développement menées par l'équipe du parc, ainsi que la présentation et l'historique de ce dernier. Une rubrique s'intitule « Visiter le PND », qui vous sera utile pour obtenir des informations pratiques : comment vous y rendre, où y loger, quelles excursions sont possibles, quels produits artisanaux sont présentés, comment vous comporter dans le parc...

CAMPEMENT DE KEUR MACÈNE €€

A 170 km au sud de Nouakchott, à 75 km au nord de Saint-Louis et à 60 km à l'ouest de Rosso.16°34'23.8" N - 16°13'27.7» 0 ✆ +222 49 26 77 77

Chambre double à 125 €, single à 75 €, petit déjeuner à 10 €.

Le campement vous accueille dans 23 cases climatisées en dur avec sanitaires. Le restaurant sur pilotis propose une cuisine variée, avec vue sur le lac. C'est un lieu de repos idéal ! Sur 120 000 hectares, abondent des phacochères ainsi que de nombreux oiseaux. Des promenades en pirogue sur le fleuve Sénégal et ses lagunes, en 4x4 ou à dos de dromadaire pour approcher les nomades, vous permettent d'authentiques rencontres. Chasse, pêche... Le parc national du Diawling est également un bon programme pour les amateurs d'oiseaux migrateurs.

HOTEL DU PARC €€

A 240 km de Nouakchott en direction du barrage de Diama. ✆ +222 20 23 55 62

Chambre éco double avec SDB : 2 000 MRU.
Chambre éco simple avec SDB : 1 500 MRU.

Passez d'un espace désertique à un vrai parc naturel avec une belle réserve de biosphère entre deux frontières. L'hôtel du parc est géré par l'agence de voyage Maurisert qui organise votre séjour dans son hôtel. Vous avez le choix entre la chambre plutôt basique et celle grand confort. La cuisine du restaurant est vraiment délicieuse (fruits de mer, volailles ou viandes). Le manager, Taleb, est un spécialiste de la région du fleuve. Il s'investit énormément avec son personnel pour la satisfaction de ses clients. Multiples possibilités d'excursions depuis l'hôtel.

MEDERDRA

À 65 km au nord-est de Rosso, Mederdra a perdu les deux richesses qui faisaient d'elle, jusqu'à la fin du XIXe siècle, la plus importante ville du Trarza : l'extraction du sel de Nterert et le commerce de la gomme arabique, issue de l'acacia, ressource traditionnelle de la région, et même du pays. Si de nos jours la Mauritanie ne produit plus que 500 tonnes de gomme arabique par an environ, elle était autrefois sur le podium : avec une production annuelle moyenne de 5 700 tonnes, la Mauritanie était le deuxième pays exportateur au monde ! Les sécheresses successives des années 1970 et 1980 ainsi que l'exode rural ont fait baisser ces chiffres record.

LAC DE RKIZ

En hivernage, de Rosso à Bogué, puis vers Kaédi, il faut obligatoirement effectuer ce trajet en passant par Rkîz, la piste directe qui longe le fleuve étant impraticable. C'est l'occasion d'admirer ce lac de 150 km^2 qui, en période de crues, sert de réserve d'eau. Il est alimenté à la fois par la saison des pluies et par le fleuve Sénégal. Le lac de Rkîz est le moins connu des touristes visitant la Mauritanie, pourtant il abrite plusieurs espèces d'oiseaux ainsi que quelques crocodiles à nuque cuirassée. La région entre Mederdra, Rkîz et le fleuve Sénégal est essentiellement agricole, grâce à de très nombreuses zones de culture de décrue.

BOGUÉ

À 205 km à l'est de Rosso, en longeant le fleuve Sénégal par une piste, vous êtes à Bogué. Depuis quelques années, le niveau du fleuve est très bas sans que l'on sache en déterminer la (ou les) cause(s). On évoque le barrage de Manantali au Mali, dont les vocations étaient de produire de l'électricité, de rendre le fleuve navigable et de doter le Chemama d'un plus grand nombre de périmètres irrigués. Si les cultures ont vu leurs surfaces s'accroître, une conséquence inattendue a vu le jour : la quasi-disparition des poissons dans le fleuve, à tel point qu'aujourd'hui, aussi bien à Bogué qu'à Kaédi, le poisson commercialisé provient de Nouakchott !

AUBERGE HAWA MOKTAR €

+222 42 12 90 37

Chambre à 1 500 MRU, petit déjeuner compris.

Dominant le marigot qui sépare la ville de son marché, cette auberge, bien que nécessitant quelques retouches de-ci de-là, n'est pas dénuée d'atouts. En guise d'exemples, citons l'excellent accueil du gérant et du propriétaire ; la propreté des chambres équipées (climatisation, salle d'eau...) ; l'agréable loggia donnant, par-delà le bras mort, sur Bogué-Sud et le Sénégal ; la mise à disposition de deux cuisines, dotées chacune d'un réfrigérateur, afin de préparer son frichti ; le signal, généralement bon, et la gratuité du wifi...

AUBERGE ÉCOTOURISME €€

Face au lycée technique. Au rond-point, prenez à gauche en direction de Kaedi, puis sur votre gauche à environ 500 m.

2 chambres à 1 500 MRU avec douche et clim. 1 chambre à 1 000 MRU. 3 cases à 1 200 MRU. Petit-déjeuner compris.

Les touristes délaissent un peu cette partie de la Mauritanie, néanmoins l'auberge Écotourisme a le mérite de rester ouverte, et on vous y accueillera avec bonne humeur. L'eau du fleuve Sénégal, tout proche, permet l'entretien d'un grand jardin fleuri où poussent des papayers. Les propriétaires ont construit là des cases traditionnelles de couleur ocre, abritant chacune une chambre, avec salle de bains. D'autres logements sont proposés dans le bâtiment central. Gare aux moustiques, dans cette région ils peuvent être féroces !

AUBERGE LUZERNE €€

HPXX+292

+ 222 41 97 51 87

Chambre de 1 000 à 1 500 MRU. Suite à 2 000 MRU. Les petits déjeuners sont compris.

Super accueil à l'auberge Luzerne, détenue par Ogo. Ce dernier vous reçoit et vous prépare à la tombée du jour un dîner simple, mais goûtu. Une adresse très correcte, tout à fait au niveau des standards européens, ce qui est plutôt rare pour la ville de Bogué... Non loin, vous pourrez aller voir le fleuve Sénégal, frontière naturelle entre le Sénégal et la Mauritanie. À cet endroit, elle peut être facilement traversée, en quelques brasses coulées. Vous laisserez-vous tenter ! ? Pour une halte dans de bonnes conditions en tout cas, contactez Ogo.

KAEDI

La région de Kaédi abrite beaucoup de Toucouleurs. La population se densifie, les termitières apparaissent, les contrôles de police ou de gendarmerie aussi. Les nombreux villages traversés se signalent, de loin, par la spécificité des minarets de leur mosquée. À noter vers l'est le Gorgol, qui a donné son nom à la région, cet affluent du fleuve Sénégal qui vient le grossir à Kaédi. Vous pouvez facilement passer au Sénégal en traversant le fleuve pour rejoindre Thilogne, sur l'autre rive du fleuve, juste en face de Kaédi. Pendant la saison des pluies, la région n'est pas exempte de quelques nuisibles... Éviter l'hivernage, c'est éviter les moustiques !

FOUM GLEITA

Accessible de Kaédi par une bonne piste de 115 km, le barrage de Foum Gleita est situé tout près de M'Bout, un gros bourg à vocation agricole, un ancien poste colonial qui a gardé une architecture très particulière. Cet ouvrage impressionnant de 43 m de hauteur pour 110 m de longueur retient 500 millions de m^3 d'eau. Terminé en 1984, il a permis l'irrigation de plus de 2 500 hectares de terres, et facilite notamment la culture de riz pour les habitants de la région. Il s'agit du barrage le plus conséquent de Mauritanie, situé sur la rivière Gorgol.

MARCHÉ

Kaédi, la ville où vivent de nombreuses ethnies mauritaniennes, a donné naissance à un marché haut en couleurs. Il faut voir ce creuset où se mélangent Arabo-Berbères et Africains-Mauritaniens, de toutes origines et de toutes conditions ou presque. Ces différentes populations ont apporté leurs marchandises et leur artisanat, qui s'amoncellent dans ce marché dans lequel vous pourrez bien vous perdre tant il est fourni ! Fruits et légumes, poissons, tissus, travail du cuir, laitages, céréales, objets du quotidien et autres... Dépaysement et authenticité garantis !

SUD

HOTEL FABOLY €

En venant de Bogué, à l'entrée de la ville, sur la droite.

✆ +222 46 42 57 00

Chambres simples, doubles et suites à partir de 1 000 MRU.

Ouvert en mai 2001, l'hôtel Faboly est propice au repos, voire, pour les plus courageux, au travail, car il est équipé de 3 salles dédiées et d'une salle de conférences, toutes climatisées. Au calme, bien situé sur un terrain d'un hectare planté d'arbres fruitiers, il propose 12 chambres et 2 suites climatisées avec salle de bains et toilettes, équipées de tout le confort moderne. La cuisine, très bien équipée, vous propose une carte variée dans un restaurant à l'étage pouvant accueillir une quarantaine de convives. Parking intérieur et extérieur.

HÔTEL YEWTY €

Près de l'hôpital, reconnaissable à sa façade orangée.

Chambre simple 1 500 MRU, double 2 500 MRU. Petit-déjeuner 200 MRU.

L'hôtel Yewty, avec sa façade rosée, vous accueille à Kaédi. Une fois passée l'enceinte du bâtiment, l'auberge est construite autour d'une cour, au milieu de laquelle trône un grand et bel arbre, qui dépasse de la toiture. Les chambres sont standards, bien équipées, propres. Des espaces de convivialité sont accessibles, dotés de canapés et de matelas : c'est là que vous sera servi le petit-déjeuner, et d'autres repas sur commande. Une salle de conférence est disponible. Si vous garez votre voiture au parking, des arbres y offrent de l'ombre.

SÉLIBABI

Peut-être connaissez-vous la chanteuse mauritanienne Sira Dramé ? Si tel est le cas, vous avez déjà entendu le nom Sélibabi : la diva Sira rend en effet hommage à sa ville natale dans une chanson ! Sélibabi est la capitale de la région du Guidimaka, où se côtoient Soninkés, Peuls et Maures, ce qui crée un brassage culturel. Ici, la végétation s'éloigne du profil sahélien pour se rapprocher de celle en vigueur sous les climats dits soudanais : les baobabs sont de plus en plus nombreux, et les habitants de Sélibabi vivent surtout d'une agriculture de décrue (sorgho, mil, maïs, niébé). De Sélibabi, passage possible vers Kayes au Mali, *via* Bakel et Kidira.

BOUBS.09 €

Route de Kaédi

✆ +222 46 90 44 26

Ouvert tous les jours de 8h à 1h. Plat de 20 à 350 MRU.

Le cordial Boubou Soumaré, alias Boubs, a ouvert son petit resto, très propre, en 2013. Depuis lors, le maître des lieux rebaptise chaque année son établissement afin de commémorer sa date d'ouverture. Aussi le Boubs est-il devenu le Boubs.01 en 2014, le Boubs.02 en 2015 et ainsi de suite... Il vous est désormais facile de déterminer l'époque de notre visite céans ! Situé en bordure de route et quasiment face à l'hôpital, le Boubs propose une gamme de plats (riz au poisson, poulet braisé...) à déguster sous le préau ou dans la cour ombragée le jouxtant.

GOURAYE

Une piste difficile et longue de 40 km vous conduit à Gouraye, ville frontalière avec le Sénégal. Cette zone, la moyenne vallée du fleuve Sénégal, rassemble les régions du Guidimakha (Mauritanie), de Bakel (Sénégal) et de Kayes (Mali). Dans la région il y a encore des éléphants, certains prétendent même y avoir entendu rugir des lions... Une information à prendre au conditionnel ! La richesse culturelle de la région en revanche est indéniable : combats de lutte, danses et musiques issues des communautés pulaar, soninké, maure ou encore wolof, courses de pirogue... Le bassin du fleuve Sénégal, transfrontalier, est nourri de toutes ces influences.

KANKOSSA

Tout au long des 140 km remontant vers le nord et menant de Sélibabi à Kankossa, le paysage est superbe. C'est une succession de plateaux tabulaires en grès, de hautes herbes protégeant un lac colonisé par des nénuphars et de petites forêts de palmiers. Faites attention à l'endroit où vous mettez les pieds, car par ici *Cenchrus biflorus*, plus connu sous le nom de « cram-cram », est redoutable. Vous connaissez ? Il s'agit de cette plante dont les graines s'accrochent irrésistiblement aux vêtements ! Si vous le pouvez, allez voir le jardin de Mamadou Sall : il est LE pépiniériste de Kankossa, produisant chaque année entre 300 et 400 arbres fruitiers.

SUD

PASSEPORT

NORD

Avec ses superbes dunes, teintées d'ocre et d'or, ses oasis, îlots de verdure noyés dans un océan de sable et de pierrailles, ses reliefs tabulaires, ceinturés de spectaculaires abrupts, ses cités caravanières médiévales, riches d'un remarquable patrimoine historique, culturel et architectural, et ses stations rupestres, véritable plongée dans un reculé passé, l'Adrar est incontestablement la région mauritanienne la plus courue des touristes. Que vous veniez déguster des dattes en juillet, lors de la *guetna*, ou savourer un thé en février, vous serez comblé, en outre, par l'hospitalité de ses résidents. Mais le Nord, ce n'est pas que l'Adrar ! C'est aussi la ventée Nouadhibou, ex-escale de l'Aéropostale devenue capitale économique du pays, le parc national du banc d'Arguin, périmètre tout indiqué pour taquiner le mulet, mirer les pélicans et deviser avec les pêcheurs imraguen, ainsi qu'un train minéralier prisé des intrépides baroudeurs.

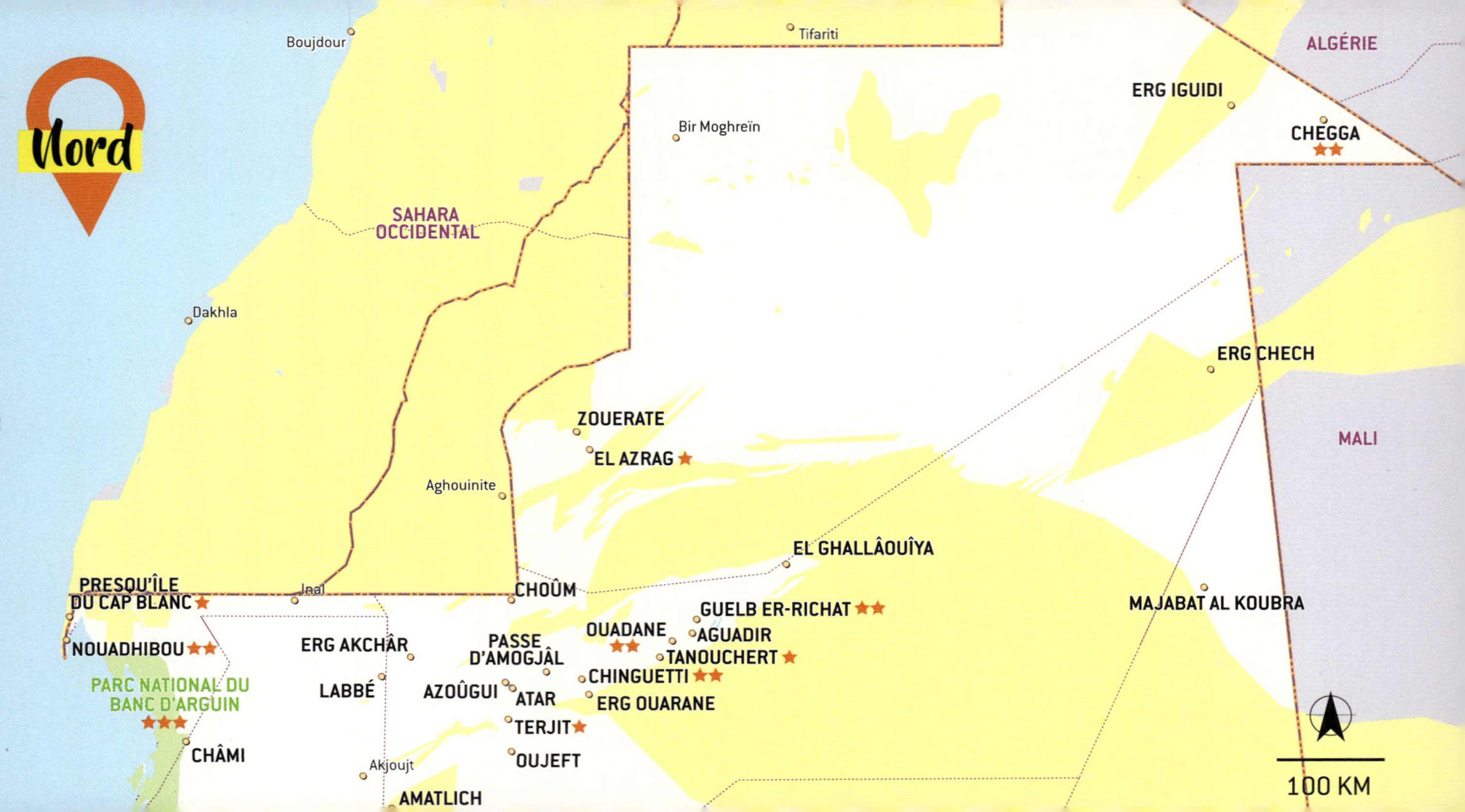
Nord
Boujdour
Tifariti
ALGÉRIE
ERG IGUIDI
Bir Moghreïn
CHEGGA ★★
SAHARA OCCIDENTAL
Dakhla
ERG CHECH
ZOUERATE
EL AZRAG ★
MALI
Aghouinite
EL GHALLÂOUÎYA
PRESQU'ÎLE DU CAP BLANC ★
Inal
CHOÛM
GUELB ER-RICHAT ★★
MAJABAT AL KOUBRA
OUADANE ★★
AGUADIR
NOUADHIBOU ★★
ERG AKCHÂR
PASSE D'AMOGJÂL
TANOUCHERT ★
CHINGUETTI ★★
PARC NATIONAL DU BANC D'ARGUIN ★★★
LABBÉ
AZOÛGUI
ATAR
ERG OUARANE
TERJIT ★
CHÂMI
OUJEFT
Akjoujt
AMATLICH
100 KM

●● DE NOUAKCHOTT À NOUADHIBOU

Si vous n'optez pas pour la solution de facilité qui consiste à emprunter le goudron qui relie ces 2 villes, vous devrez suivre l'itinéraire suivant, ce que nous vous conseillons vivement si vous en avez le temps.

Par la piste, le trajet entre les deux principales villes de Mauritanie est long d'environ 525 kilomètres. Il nécessite, de préférence, un véhicule à quatre roues motrices ou, sinon, une bonne connaissance de la conduite en terrain difficile, notamment dans les passages de sable mou. Un guide se révèle très utile, surtout dans la partie nord de l'itinéraire entre Iouîk et Nouâdhibou.

La piste entre Nouakchott et Nouâmghar, entrée sud du parc national du Banc d'Arguin, que nous appellerons désormais pour plus de commodités PNBA, suit la plage sur 160 kilomètres. Elle ne comporte pratiquement pas de difficultés mais, cet itinéraire n'étant praticable qu'à marée basse, il faut se renseigner sur les horaires de marée. Il est conseillé de prendre cette piste environ deux heures avant la marée basse. Vous devez, tout au long des deux à trois heures que demande ce trajet, fortement ralentir en traversant les villages de pêcheurs disséminés le long du littoral. La circulation de nuit y est fortement déconseillée, pour votre propre sécurité et pour celle des pêcheurs très nombreux sur le rivage entre les mois d'octobre et de janvier. Trois navires ont terminé leur périple sur cette côte et croisent la route, le Sancho avant d'arriver au village de Jreïda, le Montesquieu quelques kilomètres avant Ablaouagh et le Kaolino à la hauteur de Tiouilît. Des crabes fuient devant les roues et, avec un peu de chance, on peut observer un chacal nonchalant, nullement effrayé par la présence humaine. Au large, il arrive fréquemment que des dauphins se laissent admirer.

Après avoir traversé la plage des Diplomates, lieu fréquenté par des Mauritaniens et quelques coopérants, on arrive, une vingtaine de kilomètres au nord de Nouakchott, à Jreïda. Ce village existe depuis environ quatre siècles. D'abord appelé Portendik, du temps de son occupation par des commerçants hollandais, il prit le nom de Coppolani à l'époque coloniale. Le prochain village important est Tanit, environ 45 kilomètres après Jreïda. De nombreuses pirogues alimentent en poissons la pêcherie du village. La grande plage, relativement protégée de « la barre » attire les baigneurs et quelques surfeurs.

En continuant vers le nord, entre Tiouilît et El-Mahïjrât, il faut prendre garde au rocher aux moules. Cet amas de moules fossilisées depuis près de 40 000 ans, à une époque où l'océan recouvrait les lieux, doit être abordé avec prudence car il peut provoquer de sérieuses entailles aux pneumatiques.

Ensuite, la piste longe le massif dunaire de l'Akchâr, qui interdit tout refuge vers l'est si le temps de trajet en fonction de la marée a été mal calculé. La fin de l'itinéraire est jonchée d'algues qu'il vaut mieux éviter pour ne pas rester collé. Arrivé au village de Jreif, prendre sur la droite la piste de quelques kilomètres qui permet de rejoindre Nouâmghar.

● ● ADRAR

Elle est à nouveau la région la plus fréquentée par les touristes en Mauritanie. Il faut reconnaître que l'Adrar a beaucoup d'atouts. Ouadane et Chinguetti sont deux des quatre villes mauritaniennes inscrites au patrimoine mondial de l'humanité. En plus d'être facilement accessibles, ces cités historiques abritent dans leurs bibliothèques des trésors insoupçonnés. Le rayonnement spirituel de ces villes a éclairé le monde musulman du temps de leur splendeur.

L'environnement n'est pas en reste, les nombreuses oasis de la région sont des îlots de vie dans un océan de sable et de pierres. Les majestueuses dunes de l'erg Ouarane se disputent le terrain avec les immenses plateaux tabulaires, d'où s'offrent à votre regard de magnifiques panoramas. Un mélange de quiétude et d'excitation envahit le visiteur qui, immanquablement, doit faire preuve de beaucoup d'humilité face à une telle démonstration de puissance. Terjît, à 35 km d'Atar, est l'une des rares oasis de Mauritanie dont la source ne soit pas captée.

Atar, capitale de la région de l'Adrar, est reliée à Nouakchott par un excellent goudron de 450 km. Le wali (gouverneur) de l'Adrar nous a expliqué que des initiatives ont été prises pour freiner l'exode vers les villes, comme l'augmentation de la puissance électrique, la subvention pour des panneaux solaires et le financement de barbelés pour protéger les cultures.

De Nouâdhibou à Atar. Pour vous rendre de Nouâdhibou à Atar, il existe deux possibilités : le train minéralier jusqu'à Choûm ou la piste Nouâdhibou-Choûm qui longe la voie ferrée. Dans les deux cas, une bonne piste d'environ 110 kilomètres, assez fréquentée comparativement à la précédente, vous conduit ensuite de Choûm à Atar en deux heures. Que vous choisissiez le train ou la piste, il faut compter entre 10 et 12 heures pour relier Nouâdhibou à Choûm.

Le trajet par la voie terrestre s'effectue obligatoirement en 4X4. En effet, une dune mouvante se déplace au gré des vents sur plus de 50 kilomètres, rendant la circulation assez difficile. En théorie, ce n'est pas bien compliqué, il vous suffit de suivre la voie ferrée en prenant bien soin de toujours rester au sud de celle-ci. En fait, si votre chauffeur est un bon, il saura que la piste la plus confortable s'éloigne par endroits de plusieurs centaines de mètres de la voie ferrée. Vous pouvez être amené, tout au long de ces 460 kilomètres, à chevaucher les rails, en faisant très attention aux nombreux morceaux de fer qui jonchent le sol, mais nous vous rappelons que, en aucun cas, vous ne devez passer de l'autre côté de la voie ferrée, sauf pour aller voir le monolithe de Ben Amira situé sur une aire déminée. C'est une question de vie ou de mort, la zone étant minée suite au conflit entre la Mauritanie, le Maroc et le Sahara occidental.

Le goudron vous conduit sur environ 90 kilomètres jusqu'à Boû Lanouâr. Environ 200 kilomètres plus loin, vous arrivez à Tmeïmîchât où le ravitaillement en essence et en eau est aléatoire, mais possible, l'approvisionnement se faisant par le train. Les 160 kilomètres qui restent à faire sont les plus délicats en raison de la dune mouvante qui empêche le train de circuler en cas de tempête de sable.

À Ben Amira, entre les PK 392 et 393, soit environ 80 kilomètres avant Choûm, vous tombez, le terme est choisi à dessein, sur le plus gros monolithe d'Afrique. La masse compacte de cet énorme monument, constitué d'un seul bloc de pierre, ne passe pas inaperçue et s'impose à vous. D'autres monolithes plus discrets sont visibles dans les alentours. Dans les rares villages traversés au cours de ce trajet, vous pouvez sans problème manger et dormir dans les rares gargotes aménagées.

De Nouâdhibou à Atar, il existe une piste à environ 210 kilomètres en venant de Nouâdhibou, piste qui part sur la gauche et qui permet de rallier Atar sans passer par Nouakchott. Vous gagnez environ 2 heures de trajet en empruntant cette option.

PAGES

De Nouakchott à Atar. Si vous partez de Nouakchott pour rejoindre Atar, voici un descriptif sommaire de cet itinéraire, sans intérêt majeur sauf dans sa dernière partie. En sortant de Nouakchott, vous vous apercevez que le goudron agit comme un aimant sur la population. En effet, il faut parcourir une quinzaine de kilomètres avant d'être certain d'avoir quitté la capitale de la Mauritanie. Aux environs du quarantième kilomètre, vous pénétrez dans la sebkha Ten Dghâmcha qui se trouve par endroits à 4 mètres sous le niveau de la mer. Cette vaste dépression de 3 500 km^2 était, il y a plusieurs milliers d'années, recouverte par l'océan comme en témoignent les nombreux coquillages qui jonchent le sol.

Par la suite, le réchauffement du climat transforma cette sebkha en un vaste lac, isolé de l'océan par un cordon dunaire. De nos jours, le sol est recouvert de gypse et de sel, ce qui lui donne un aspect de désolation très prononcé. Certains pensent qu'en ouvrant une brèche dans le cordon de dunes et en inondant partiellement la sebkha Ten Dghâmcha, l'eau de mer ainsi piégée pourrait, par évaporation, délivrer quantité de produits rares qu'elle renferme, notamment des métaux alcalins comme le sodium ou le potassium. Une soixantaine de kilomètres plus loin, vous laissez sur la gauche la piste qui conduit à Bennichâb, lieu de production d'une eau minérale aux nombreuses vertus bienfaisantes. Akjoujt n'est plus qu'à 40 kilomètres lorsqu'on découvre, vers le nord, le piton rocheux de Tamâggoût qui rompt la monotonie du paysage jusque-là parcouru. Juste avant Akjoujt sur la gauche, la mine de cuivre, aujourd'hui désaffectée depuis environ 30 années, profile à l'horizon ses structures. Un projet de réouverture des mines est en cours, sans pouvoir exactement dire à quelle date il deviendra effectif.

Akjoujt, la capitale de la région de l'Inchiri, ne survit que parce qu'elle est située sur l'axe Nouakchott-Atar. L'exploitation des mines de cuivre, dont l'existence fut révélée ici il y a 2 500 ans, est à ranger, à ce jour, au rayon des souvenirs. Ne subsistent que des guelbs, des gros rochers noirs. Si vous tentez l'escalade de l'un de ces symboles fantomatiques de l'ancienne prospérité d'Akjoujt, vous bénéficierez d'un superbe point de vue sur la région. Dès que vous sortez d'Akjoujt, le goudron est balisé par les pics de l'Arâguîb ej-Jahfa. La route toujours rectiligne vous conduit à environ 80 kilomètres d'Atar où vous laissez sur la gauche la piste de 80 kilomètres qui permet d'éviter la capitale de la région de l'Adrar, pour rejoindre la piste qui va de Atar à Choûm. Le paysage, qui commençait à se diversifier, prend carrément une autre dimension en arrivant à la rafraîchissante oasis d'Aîn ehl Taya, 40 kilomètres avant Akjoujt. Une fois passé le pont qui permet de franchir l'oued Seguelil, le goudron commence à serpenter pour escalader les contreforts de l'Adrar par le col d'Amatîl. C'est le moment de bien ouvrir les yeux, car le panorama est superbe et change à chaque virage. L'idéal est de passer ici au moment du coucher ou de lever du soleil.

En effet, l'astre solaire sculpte des ombres mouvantes qui confèrent à l'endroit une majestueuse beauté. Une piste sur la droite permet de rejoindre l'oasis d'Oujeft par les passes de Ntouvfine puis de Tifoujâr. Dans la passe d'Hâmdoun, sur la gauche, des inscriptions gravées à même la pierre commémorent « La Compagnie des pionniers de Mauritanie, 1942-1943 », ces hommes qui façonnèrent la montagne pour tracer cette passe. À 30 kilomètres d'Atar, vous laissez sur votre droite le beau goudron qui mène à Terjît et vous empruntez celui qui vous conduit, au milieu de paysages toujours aussi superbes, à la capitale de la région de l'Adrar.

À noter : le goudron entre Atar et Nouakchott n'est plus très bon et subit chaque année la période d'hivernage. En 2022, des portions de route ont été emportées et ont nécessité des travaux de remise en état.

Cette dénomination comprend essentiellement la région du Tiris Zemmour, qui s'étend de part et d'autre du tropique du Cancer. À part la ville de Zouérate, elle est difficile d'accès en raison de la dureté du climat qui y règne, de son éloignement par rapport à Nouakchott et des risques de sécurité (la zone est classée zone rouge sur le site du Ministère des Affaires étrangères) liés à la présence de mines consécutives au conflit entre le Sahara occidental, la Mauritanie et le Maroc. C'est une région relativement plate, constituée principalement de regs d'où émergent de temps en temps des guelbs, ces pitons rocheux qui ne dépassent que très rarement une centaine de mètres de hauteur. Vous êtes ici au cœur du Sahara, la chaleur y est aussi présente que l'eau est rare, les vents balaient fréquemment le Tiris Zemmour. Quelques nomades fréquentent encore cet endroit, et on ne s'y aventure qu'après avoir minutieusement préparé son expédition. Si vous empruntez la piste d'environ 400 kilomètres qui va de Zouérate à Bîr Mogreïn, vous pouvez, en toute sécurité, en prenant soin de ne pas vous éloigner des traces, avoir une idée assez juste de ce qu'est le plus grand désert du monde. Les paysages peuvent sembler monotones, mais il se dégage d'un voyage dans le Tiris Zemmour, à la fois une impression de puissance insoupçonnée et de quiétude. Quelque chose qui a un goût de liberté très prononcé. La région du Tiris Zemmour ne laisse pas indifférent : soit on l'aime, soit on la déteste. En ce qui nous concerne, nous avons aimé.

© ERIC VALENNE GEOSTORY - SHUTTERSTOCK.COM

Parc national du Banc d'Arguin.

PARC NATIONAL DU BANC D'ARGUIN ★★★

Réserve nationale depuis 1976, le PNBA a été classé au patrimoine mondial de l'humanité en 1989. Il est situé de part et d'autre du 20e parallèle, le long de la côte mauritanienne sur près de 180 km. Sa superficie couvre 12 000 km², répartis équitablement entre domaines maritime et terrestre. Un courant spécifique nommé *upwelling* parcourt les eaux, qui se caractérise par une remontée des profondeurs de l'océan de masses d'eaux froides et riches en sels nutritifs. Ces deux composantes créent au PNBA les conditions idéales pour qu'apparaisse et perdure une richesse halieutique exceptionnelle. La flore et la faune y sont également remarquables.

Faune et Flore

La flore du PNBA. Si la végétation n'est pas luxuriante, elle n'en est pas moins bien fournie. Les végétaux sont de deux types, certains, les moins nombreux, qui peuvent être observés tout au long de l'année, et les autres qui n'apparaissent que lorsque les conditions climatiques leur sont favorables. Ces derniers sont invisibles en saison sèche, car ils sont à l'état de graines ou de bulbes. La condition incontournable pour qu'un végétal vive est la présence d'eau, même en faible quantité. Ensuite, il doit s'adapter à la chaleur, au vent, à la salinité de l'eau et aux dégradations inévitables que font les animaux.

On rencontre fréquemment des acacias, notamment le faux gommier, des palétuviers dans la mangrove de l'île de Tidra, des pommiers de Sodome, omniprésents sur toute la bande sahélienne, caractérisés par le latex blanc toxique qui s'écoule de leurs feuilles lorsqu'on les casse. Des espèces de câpriers, de coloquintes, de figuiers, de genêts et de tamaris complètent cet inventaire non exhaustif. La présence de brouillards et de rosées nocturnes permet même l'apparition ponctuelle de champignons et de lichens.

Oiseaux. L'exceptionnelle richesse de l'écosystème du PNBA ajoutée à l'absence de pollution et de dérangement occasionnés par une exploitation touristique inconsidérée, explique la multitude d'oiseaux. Dans les vasières du parc, on distingue deux espèces principales : les limicoles sont des migrateurs qui se reproduisent en zone froide et hivernent là tandis que les oiseaux nicheurs y vivent à l'année et s'y reproduisent. Les limicoles, qui représentent environ 90 % de la population d'oiseaux, ont trouvé ici un environnement idéal pour leur migration annuelle. Les espèces les plus fréquemment observées sont les bécasseaux qui représentent plus de la moitié de l'effectif global des limicoles, les gravelots, les chevaliers, les courlis et les huîtriers. Les oiseaux nicheurs, quant à eux, sont représentés par les cormorans, les pélicans, les hérons, les flamants, les goélands, les mouettes et autres sternes. Ces oiseaux bénéficient au PNBA de conditions climatiques exceptionnellement douces qui leur permettent de se reproduire tout au long de l'année.

Poissons. Ce qui frappe le visiteur lorsqu'il séjourne au PNBA, c'est la quantité incroyable d'oiseaux qu'il peut observer. Et si ces oiseaux sont là, c'est qu'ils y trouvent de la nourriture, essentiellement composée de crabes, de crevettes, de gastéropodes et de petits poissons, et que la richesse halieutique des eaux du PNBA n'est plus à démontrer. Les poissons le plus souvent rencontrés sont les raies, les daurades, les mérous, les bars, les thons, les maquereaux et, bien sûr, les mulets jaunes, chers aux pêcheurs imraguens. Ils entraînent derrière eux des prédateurs comme le requin. Le PNBA est, en quelque sorte, une nursery où les larves de poissons constituent un maillon indispensable à la chaîne alimentaire en vigueur ici.

NORD

Crabes violonistes. Les invertébrés, maillons essentiels de la chaîne alimentaire, sont également d'une importance vitale pour l'équilibre de l'écosystème du PNBA. Les crabes violonistes sont les plus faciles à observer, ils déambulent nonchalamment sur la partie de littoral libre entre la marée basse et la marée haute, avant de se sauver de leur allure caractéristique dès qu'ils soupçonnent une présence. Ils se réfugient alors dans des terriers qui leur sont propres. Sur certaines îles, on en dénombre jusqu'à 130 au mètre carré. Ces millions de crabes contribuent aussi au nettoyage de certains déchets présents sur le rivage. N'oublions pas la présence notoire de crevettes, calmars et autres langoustes.

Tortues. Plusieurs espèces de tortues fréquentent le PNBA, la plus répandue étant la tortue verte. Cet herbivore trouve une abondante nourriture dans les nombreux herbiers du parc.
Il convient d'être prudent dans l'estimation de la population de tortues et dans la prévision de son avenir. Les Imraguens prélevaient jusqu'à présent un certain nombre de spécimens pour se nourrir, les carapaces servant ensuite d'objets usuels. Ce prélèvement n'a pas empêché la présence continue de tortues depuis fort longtemps. Depuis peu, les Imraguens ont l'interdiction de capturer ces animaux. Un autre danger plus pervers guette, à notre sens, les tortues. En effet, une activité touristique mal contrôlée pourrait entraîner la désaffection de ces animaux pour leurs sites de pontes traditionnels, s'ils sont trop fréquentés. Mais ce danger n'est plus vraiment d'actualité… D'autre part, comme on l'a vu dans certaines régions où les tortues avaient leurs habitudes, la commercialisation des carapaces comme objets de décoration a pour conséquence une intensification des captures et, à court terme, la disparition de l'espèce dans la région concernée.

Mammifères marins. Ce sont essentiellement des cétacés qui patrouillent dans les eaux du PNBA. Assez régulièrement, dans les eaux peu profondes, on observe des dauphins et des orques épaulards plus au large. Ces derniers sont redoutés par les Imraguens. Si vous voyez des baleines et des cachalots, ces animaux ayant besoin d'une grande profondeur pour vivre, ce seront des mammifères malades ou morts qui dérivent avant de s'échouer. Si vous êtes en présence d'un cadavre de cétacé échoué, faites-en part aux autorités du PNBA.

Mammifères terrestres. Quelques rares lièvres, mais aussi des gerboises font le régal des nombreux chacals, surtout présents en bordure de l'océan. Même s'ils contribuent au nettoyage du littoral, en mangeant les restes de poissons ou de tortues échoués, les chacals ont par le passé provoqué bien des insomnies aux responsables du PNBA. En effet, à marée basse, certaines îles peuvent être atteintes à pieds secs, nous devrions dire à pattes sèches. Les chacals s'en sont rendu compte et ont investi ces îles pour se repaître des oisillons, quelquefois même en période de reproduction. Ce phénomène semble stabilisé à ce jour. Des hyènes sont également vues régulièrement dans le secteur, notamment de nuit sur la plage au sud de Nouamghar. La gazelle dorcas est la seule survivante des ruminants dans cette zone, mais pour combien de temps ? Les autruches, les antilopes et les guépards ont disparu depuis une trentaine d'années.

Reptiles. Les serpents sont fort peu nombreux sur la zone, hormis sur l'île de Tidra. Les lézards, quant à eux, sont en plus grand nombre, notamment dans les dunes de l'Azzefal et de l'Agneïtir, mais aussi sur les îles d'Arguin et de Tidra.

Se loger

Le camping sauvage étant interdit dans le PNBA, les autorités ont installé des campements dans les villages, où des tentes sont à votre disposition pour vous héberger. Les bénéfices sont reversés à la population qui s'est organisée en coopérative. À votre demande, les Imraguens peuvent vous préparer un délicieux repas de poissons.
Attention toutefois, les villages n'ont pas tous la même fréquentation. À Iwîk ou à R'keiss, on vous trouvera facilement une place. En revanche, dans les autres villages, on ne voit plus grand monde depuis la chute des activités touristiques. Mais la magie de l'accueil mauritanien palliera sans problème à l'absence de structure réservée aux touristes. Et votre séjour en sera d'autant plus inoubliable…

Tourisme

Même si les autorités du PNBA privilégient la responsabilité individuelle de chacun plutôt qu'une surveillance et une répression pesantes, il existe certaines règles à ne pas enfreindre. D'abord, l'accès du parc est soumis à un droit d'entrée de 200 MRU pour toute personne le traversant.
Lors de votre enregistrement aux différents postes de contrôle, on vous demandera de définir votre itinéraire. De cette façon, si vous tombez en panne en cours de route, votre absence prolongée au prochain contrôle déclenchera les recherches. D'autre part, certaines zones sont très dangereuses ou réservées aux scientifiques ou aux oiseaux en période de reproduction. Les points de contrôle sont facilement repérables grâce aux antennes radio qui les relient à la base. Il est interdit, dans l'enceinte du PNBA, de

pratiquer le camping sauvage et la chasse, la pêche est soumise à certaines autorisations dont les modalités vous sont données par les gardes. Le règlement intérieur stipule qu'il est également interdit de survoler le parc, d'y exercer une activité commerciale, de tourner des films sans autorisation et d'y introduire de nouvelles espèces, tant végétales qu'animales.

Enfin, le prélèvement de vestiges archéologiques et de végétaux est prohibé. Vous devez emporter avec vous vos déchets. Les enterrer ne sert à rien, car ils seront déterrés par les chacals et pollueront ensuite le site. En revanche, vous rendrez un grand service au parc en signalant tout mammifère marin blessé ou mort rencontré au cours de votre visite. Ces informations sont d'une importance capitale, notamment pour définir la cause de cet échouage et la nature de l'animal. Le PNBA analyse ces renseignements et fait en sorte, dans la mesure du possible, que de tels événements ne se reproduisent plus.

Transports

Si vous souhaitez rejoindre le PNBA par le goudron Nouakchott-Nouadhibou, les points d'accès sont PK 100 vers Tiwilit, 155 vers Nouamghar, 205 et 240 vers Iwik, et 290 vers Rkeiss. Sachez qu'il est recommandé de se faire accompagner d'un écoguide ou un pêcheur. Seule la route depuis le PK 155 est goudronnée : cette dernière part vers la mer. Il y a 30 km de goudron correct et 25 km de goudron assez abîmé pour rejoindre Nouamghar.

Par la plage, il est également possible de rejoindre le banc d'Arguin à partir de Tiwilit ou même avant, en tenant compte des marées (et de la tranquillité des pêcheurs... et des oiseaux).

Pour les personnes non motorisées qui souhaiteraient se rendre au banc d'Arguin, prendre un minibus jusqu'au siège du PNBA à Chami (situé le long de la route), et de là accompagner un des gardes pour sa ronde, ou un pêcheur imraguen de retour de livraison.

La ville aujourd'hui

Si les populations qui vivent à l'intérieur des terres ont vu leur environnement se modifier dernièrement, notamment à cause des sécheresses, les Imraguens, ces pêcheurs d'origine berbère rendus célèbres par plusieurs reportages télévisés, ne pratiquent quasiment plus (sauf pour les besoins desdits reportages) la pêche à pied grâce à leur filet à épaule. Par contre, ils se déplacent toujours dans des lanches canariennes, des embarcations équipées de voile latine, amenées ici par des pêcheurs des îles Canaries au début du XXe siècle. Ils doivent, en effet, suivre leurs proies favorites, les mulets jaunes et les courbines, dans leur migration et continuent ainsi de pratiquer une certaine forme de nomadisme.

Les villages sur le littoral accueillent une partie de la population sédentaire imraguen. L'activité de la pêche est aujourd'hui strictement réglementée par les autorités du parc : instauration d'un quota de lanches par village, pour un total autorisé de 114 lanches (d'où la valeur acquise par ces bateaux), interdiction d'utiliser certains filets de pêche, interdiction de la pêche des tortues (mais fausse pêche tolérée), interdiction des bateaux à moteur sur l'ensemble du site... La survie des Imraguens va de pair avec celle des espèces animales qui vivent sur le même espace, et la protection de l'environnement, malgré ses contraintes, est aujourd'hui intégrée par les Imraguens comme une nécessité.

BUREAU DU PARC NATIONAL DU BANC D'ARGUIN

KM 235

✆ +222 45 25 85 41

www.pnba.mr

Ouvert tous les jours de 8h à 18h. Droit d'entrée 200 MRU.

Au PK 235, peu avant Chami, se trouve le siège central du PNBA où l'on peut payer le droit d'entrée. En face se trouve le centre d'interprétation, construit en 2012. On y découvre de superbes photos aériennes, un échantillon de la faune et de la flore, une fresque qui décrit la vie des Imraguens, un squelette de dauphin... Si la porte est fermée, cherchez le gardien à l'arrière ou dans le bâtiment de l'autre côté de la route ! Une bonne introduction (ou conclusion) à la visite du parc.

SAHARA PÊCHE AVENTURE

✆ +222 46 54 64 11

www.saharapecheaventure.com

Dans l'onde amère du golfe d'Arguin vous ne taquinerez guère le petit goujon dulcicole mais bien plutôt le gros maigre (ceci n'est pas un oxymoron), le fusiforme cobia, le lippu mérou, la fameuse dorade, la prisée raie-guitare, le vermiculé maquereau et, bien entendu, la véritable star du coin, le mulet jaune. En compagnie du pêcheur émérite qu'est Dayhi, vous pourrez vous adonner, le temps d'un week-end ou d'une semaine, au *rock fishing* depuis le cap Tafarit et au *surfcasting* sur la belle plage sablonneuse qui s'étire d'Arkeiss jusqu'au promontoire de Tagarit.

NORD

AUBERGE D'IWIK €

✆ +222 44 03 11 34

1 250 MRU en pension complète.

Un calme olympien, une vue à 360 degrés, des sanitaires parfaits et, au petit matin, le départ en lanche juste en contrebas. N'hésitez pas à contacter à l'avance Sid Ould Ely, écoguide, aux numéros indiqués. Il vous fera griller quelques poissons le soir, à la demande. Et le matin, ne pas oublier son chapeau et sa crème solaire ! Pour la détox digitale, c'est parfait, le wi-fi ne fonctionne que dans la maison des gardes, à 10 minutes de marche, et c'est là aussi qu'on peut recharger ses appareils. Un éclairage solaire est prévu dans les logements.

AUBERGE DE NOUAMGHAR €

✆ +222 46 40 78 99

De 1 000 MRU la case à 1 500 MRU la grande khaima.

L'auberge a été créée par les femmes du village, qui se sont regroupées en coopérative. Les revenus sont partagés entre les membres et une partie est mise dans un fond pour améliorer l'offre touristique (eau, électricité). Le site pourra faire l'appoint si on ne trouve pas de place à Iwik ou Rkeiss, ou si on n'a plus le temps d'y parvenir car la nuit est tombée. Nouamghar est au bout de la seule route goudronnée qui va vers le Banc d'Arguin. L'atout du site est qu'il est face à l'Atlantique, et non dans une baie. Quatre toilettes propres.

AUBERGE DE RKEISS €

✆ +222 27 03 87 47

De 800 MRU à 1 200 MRU la nuit par khaima. Petit déjeuner : 250 MRU, déjeuner et dîner : 350 MRU.

Quel bonheur de dormir sous la khaima face à la mer et sous le firmament, et de cheminer la nuit venue sur le rivage... On a l'impression d'être au bout du monde et de former un tout avec les éléments qui nous entourent, tout en étant déconnectés du bruit du monde, mais pas de celui des vagues. Une expérience forte ! Prendre garde à réserver entre le jeudi et le dimanche, très occupés. Les sanitaires sont modernes et les petits déjeuners plus relevés que la moyenne. Excellent accueil du gérant Alassane, au four et au moulin.

CHAMI

Loin du Far West, Chami fait pourtant penser à ces villes de l'Ouest américain alignées le long de la voie ferrée par les chercheurs d'or. Ici, pas de chemin de fer mais des orpailleurs. La ville est passée de 2 600 habitants à sa construction en 2013 à plus de 10 000 aujourd'hui, des ouvriers de toutes les régions du pays mais aussi du Mali, du Soudan, du Maroc, enfiévrés par les rumeurs de découverte de pépites aux alentours. Tourmentée par les vents, Chami étire ses boutiques de part et d'autre du goudron qui relie Nouakchott à Nouadhibou. À mi-chemin entre ces deux villes, c'est une étape pour qui veut se restaurer ou compléter son plein d'essence.

HÔTEL IWIK €€

✆ + 222 28 22 27 04

15 chambres de 800 à 1 000 MRU. Petit-déjeuner : 250 MRU.

Grande bâtisse à la façade rose, l'hôtel Iwik se situe juste à l'entrée de la ville de Chami, en léger retrait de l'axe principal. À droite, si vous allez de Nouadhibou à Nouakchott. Ses 15 chambres propres et spacieuses sont équipées de climatisation et vous mettront à l'abri du vent, du sable et de la poussière. Le personnel est accueillant et attentionné. Vous pourrez y profiter d'un buffet pour le petit-déjeuner. Pas de restauration pour les autres repas mais des épiceries sont toutes proches. Parking extérieur surveillé.

RESIDENCE GOUFFA CHAMI €€

✆ +222 36 29 29 08

Chambre 1 500 MRU, suite 4 000 MRU, avec frigo sans cuisine. Petit-déjeuner 200 MRU.

Au total, 22 chambres climatisées avec wifi et télévision pour l'hôtel le plus récent et le plus moderne de la ville. Située à la sortie de Chami, vers Nouakchott, cette adresse est due à l'initiative de Sidi Tfeil Meihimid, qui a déjà lancé deux autres résidences-hôtels à Nouakchott et Tidjikdja. L'hôtel assure des services sur l'aire de repos comme des *fastfoods*, une supérette, etc., mais aussi un parking sécurisé pour les campeurs avec navette vers le Banc d'Arguin et les dunes voisines, à 50 € par personne pour la journée.

NOUADHIBOU ★★

Certains habitants de la capitale économique de la Mauritanie aiment à rappeler, non sans malice, qu'ils s'appellent les Stéphanois. En effet, Nouadhibou a longtemps porté le nom de Port-Étienne. Elle est également connue pour avoir été le théâtre des exploits des pilotes de l'Aéropostale entre-deux-guerres. L'action de *Terre des hommes*, le roman écrit par Saint-Exupéry en 1939, s'y déroule.

À cette époque, la ville n'en était pas encore une, il existait tout au plus un hangar pour les avions, un bâtiment pour les équipages de ces derniers et une construction fortifiée pour abriter les militaires. Nouadhibou était tellement isolée et protégée par le désert environnant que les assaillants arrivaient ici à bout de forces. Malgré les apparences que lui confère sa situation au bord de l'océan Atlantique, Nouadhibou a souvent manqué d'eau. Les colons français devaient la faire venir par bateau de France.

Aujourd'hui, Nouadhibou est la capitale économique de la Mauritanie, grâce à son port minéralier qui assure l'exportation du minerai de fer extrait à Zouérate vers les pays industriels, ainsi qu'à son port de pêche industrielle où mouillent quantité de navires qui traquent leurs proies dans les eaux les plus poissonneuses du monde.

La ville n'est plus le point de passage obligé pour les voyageurs qui désirent se rendre d'Europe au Sénégal par la voie terrestre : ils peuvent en effet « zapper » Nouadhibou grâce au goudron qui file directement à Nouakchott, 38 km avant Nouadhibou. Néanmoins, il serait dommage de faire l'impasse sur cette ville et sa presqu'île qui, par certains aspects, donne le sentiment d'être au bout du monde.

Nouadhibou est construite tout en longueur, selon un axe nord-sud qui s'étire sur environ 10 kilomètres. Elle bénéficie d'un climat agréable, conséquence de l'alizé maritime qui fait baisser les températures tout en chassant les nuages. Les nuits d'hiver peuvent être fraîches, voire froides ! La baie du Lévrier toute proche, en plus de ses somptueux paysages sculptés par l'érosion, est connue des amateurs de pêche sportive, et sa côte offre un superbe échantillon de falaises de grès et d'immenses plages de sable fin. La baie de l'Étoile quant à elle, véritable paradis pour les oiseaux migrateurs, bénéficie de conditions idéales pour la pratique du kitesurf.

BAIE DU LÉVRIER

Juste avant d'atteindre la capitale économique de la Mauritanie, la baie de l'Étoile étonne par la forme des rochers sculptés par l'érosion qui l'entourent. Elle est presque fermée et constitue un abri idéal pour les voiliers de passage ou la pratique du kitesurf. Cette baie a révélé de nombreux sites archéologiques, malheureusement très dégradés depuis l'expansion de Nouadhibou. Pour les amateurs, Adama (+222 465 307 23) gère un parc ostréicole, et vous pourrez y déguster d'excellentes huîtres. Se trouve face à l'auberge des dauphins.

LE CAFÉ DES ARTS

3ᵉ robinet, derrière l'ancien cinéma.

✆ + 222 44 55 55 77

Daly, qui est à l'origine de ce lieu de rencontres, est un artiste peintre. Le décor est original : au Café des Arts, palettes et pneus colorés servent de table. Daly y expose certaines de ses œuvres et organise des soirées musicales et des débats philosophiques. Une initiative récente et rare pour la ville de Nouadhibou. On peut en plus y commander brochettes, poulet grillé, kebabs, hamburgers, pour 200 à 350 MRU. Un lieu à voir, à essayer, pour sa variété, et pour soutenir Daly, dont l'homonyme fait sourire en pleine Mauritanie.

MARCHÉ CENTRAL ★

En plein centre de Nouadhibou, dans les vieux quartiers, le marché central est une véritable fourmilière où vous pourrez trouver de superbes objets artisanaux. Des coffres, des bracelets et des bijoux sont proposés à la vente. Il faudra prendre votre temps et avoir un bon sens de la négociation ! Vous y trouverez également de très beaux tissus, que des couturiers se feront un plaisir de travailler pour confectionner le vêtement de votre choix. Le plus difficile sera de choisir parmi les innombrables coloris et motifs disponibles !

ALLIANCE FRANÇAISE

boulevard Maritime
+222 45 74 58 71
Du lundi au jeudi : 9h-19h30. Vendredi : 9h-12h. Samedi : 19h-21h.

Seul centre culturel et pédagogique de Nouadhibou. Dans la même enceinte où réside le consul honoraire de France, le bâtiment domine un jardin arboré. C'est un lieu important pour les jeunes de la ville qui viennent y apprendre le français ou le renforcer. Outre les cours, une bibliothèque et une salle informatique réunissent les apprenants. Dans le jardin d'hiver sont parfois organisées expositions et conférences. Au rez-de-chaussée, Mohamedou, président de l'association ECARLA, rassemble livres, affiches, photos racontant l'aventure de l'Aéropostale.

ATTM

+222 45 74 51 74
Environ 2 500 MRU pour un VL et 5 000 MRU pour un 4X4 pour Zouérate. Prévoir les sangles.

Si vous souhaitez effectuer le trajet entre Nouadhibou et Choûm, ou entre Nouadhibou et Zouérate, et ce en mettant votre véhicule sur le train minéralier, c'est à l'ATTM que vous devrez vous adresser. Tous les convois ne permettent pas le transport des véhicules, alors renseignez-vous bien au préalable, ce sera bienvenu car ici, ces choses-là changent assez souvent ! Le chargement des véhicules se fait entre le port autonome et la gare de voyageurs. Une expérience hors du commun, pour vous approcher tout près de la frontière avec le Sahara occidental.

GARE DE VOYAGEURS

Au nord de Nouadhibou, à environ 7 km du centre-ville.

À quelques kilomètres au nord de Nouadhibou, un bâtiment émerge des étendues de sable : c'est la gare des voyageurs ! L'heure théorique de départ du train pour Choûm et Zouérate est à 14h50… Mais il est utile de vous renseigner sur place, notamment auprès des chauffeurs de taxi, car cela peut changer. L'arrivée est prévue à Choûm à 1h15 et à Zouérate à 6h. Un voyage mémorable ! Inconfort et authenticité garantis ! Les arrêts du train seront Benamira, Tmimiched (319 km de Zouérate), Choûm (190 km de Zouérate) et Twagil (80 km de Zouérate).

GARE ROUTIÈRE

Quartier Madrid
Environ 600 MRU pour rejoindre Nouakchott.

Les taxis-brousse 4x4 prennent le départ de la gare routière, à destination de Choûm et Nouakchott. Les prix varient en fonction du véhicule emprunté, mais aussi de la place que vous occuperez à l'intérieur de ce dernier ! Elle sera plus ou moins confortable si vous êtes derrière ou à côté du chauffeur, vous vous en doutez, et c'est un détail à ne pas négliger car la route est longue jusqu'à l'une ou l'autre des destinations ! Mais choisir cette option pour vous déplacer, c'est faire l'expérience d'un voyage mémorable, d'une grande authenticité.

SOMASERT

+222 45 74 90 42

Cette société, filiale de la SNIM (Société Nationale Industrielle et Minière), exploite le Train du désert, avec ses wagons vitrés et climatisés, qui fait la navette entre Nouadhibou et Zouérate d'octobre à avril. Elle a établi une charte de qualité pour sélectionner les hébergements, les loueurs de voitures, les chameliers, etc. pour faire en sorte que votre séjour se passe dans les meilleures conditions. Hors saison, si vous êtes un groupe d'au moins 20 personnes, le Train du désert pourra éventuellement se mettre en marche rien que pour vous.

AUBERGE DES DAUPHINS €

2XRC+2W9, Cap Blanc
+222 49 66 37 37
Nuit pour 2 à 1 500 MRU. Petit-déjeuner à 300 MRU. Déjeuner à 400 MRU. Cours de kitesurf sur commande.

Avant d'arriver à Nouadhibou, une pancarte indique l'auberge en contrebas. Quelques bungalows dominent le magnifique spot de la baie de l'Étoile. Un bungalow indépendant abrite la cuisine et le restaurant dont la terrasse fait face au panorama. À marée basse, la plage est envahie de petits crabes dont les crabes violonistes. À marée haute, ce sont les pêcheurs qui s'installent. Les chambres sont équipées d'une salle de bain rustique et des panneaux solaires fournissent l'électricité. Un groupe électrogène est dispo si besoin. Spot idéal pour la pratique du kite.

AUBERGE SAHARA €

WW6W+69R, Unnamed Road
✆ +222 48 19 79 13
Chambre 2 lits à 250 MRU, tente à 150 MRU.

Derrière son grand portail bleu, cette petite structure est très propre et très hospitalière. Ne vous laissez pas intimider par l'aspect un peu brut des environs et de l'extérieur du bâtiment : dotée d'une belle terrasse, l'Auberge Sahara et sa propriétaire Fanta vous accueillent chaleureusement. Et avec de l'eau chaude ! Le centre-ville étant à 10 minutes de marche, possibilité de repas sur commande, pour cela adressez-vous à Fanta, elle parle couramment français et saura faire de votre séjour un agréable souvenir, dans la plus grande simplicité.

CAMPEMENT KHAIYMTEK KARM €

À l'entrée de la ville, juste après le poste de police.
✆ +222 42 16 86 15
1 000 MRU la nuit. Plat de 300 à 500 MRU.

C'est tout nouveau à Nouadhibou ! Offrez-vous la possibilité de louer une khaïma pour y passer la nuit, ou juste y déguster un méchoui ou une grillade. Le campement khaiymtek Karm est situé à l'entrée de la ville, juste après le poste de police. 8 khaïmas y sont disponibles, le temps d'une soirée hors du commun, pour s'inventer nomade ! Plusieurs plats sont proposés : méchoui, viande et riz, etc. Une expérience à tenter pour profiter de l'environnement et du ciel étoilé, sous une tente, comme si vous étiez en plein milieu du désert.

CAMPING DE LA BAIE DU LÉVRIER €

Boulevard Médian
✆ +222 46 50 43 56
Simple à 400 MRU, double à 600 MRU, 4 lits à 250 MRU par personne, camping ou khaima à 200 MRU. Cuisine à disposition.

Ouvert depuis 1994, cet établissement est également connu sous l'appellation « Chez Ali ». Sa situation est idéale, puisque le Camping de la baie du Lévrier est situé en plein centre-ville. Si vous y séjournez, pensez à apporter votre serviette, vos affaires de toilette, ainsi que votre papier WC... Un espace est disponible pour cuisiner, à condition que vous ayez votre matériel pour ce faire. Les chambres sont spartiates, possibilité de dormir sous tente.

AUBERGE EL EZZE RAHA €€

À 80 km de Nouadhibou, après Boulenouar, à droite près de la station-essence.
✆ +222 36 23 88 87
Chambre 700 MRU. Petit-déjeuner 100 MRU.

Pour les routards qui n'ont pas le temps de s'arrêter à Nouadhibou en allant vers Nouakchott, cette auberge, située à 80 km environ, juste après la ville de Boulenouar, permettra une pause à l'abri du vent et de la chaleur, sur ce goudron qui parfois peut sembler interminable... Les chambres sont assez grandes, au confort modeste mais correct. Un salon se trouve à l'entrée, et elles sont dotées de douche et de climatisation. Un service de restauration est possible, sur commande, à partir de 200 MRU. Bon à savoir et pratique.

CENTRE DE PÊCHE SPORTIVE ET DE LOISIR €€

A 12 km au nord. Sur la baie de l'Étoile.
Chambres à partir de 1 200 MRU, suites à 3 000 MRU, petit-déjeuner à 200 MRU. Repas complet à 500 MRU.

L'établissement a volontairement restreint sa capacité d'hébergement à 24 personnes, dans des bungalows, équipés de salle de bains, avec terrasse et vue sur la mer. Vous y dégustez de succulents poissons, pêchés par vous-même ou par d'autres pêcheurs, dans le restaurant d'intérieur ou sur la terrasse ombragée. Si le bateau à moteur du centre est disponible, possibilité de vous promener sur le banc de sable faisant face, paradis pour les oiseaux migrateurs. Traversée pour 500 MRU.

HÔTEL AL-JAZEERA €€

556 boulevard Maritime
✆ +222 45 74 53 17
Chambre simple à partir de 1 200 MRU, chambre double à partir de 1 400 MRU. Suite : 1 800 MRU. Petit déjeuner : 150 MRU.

Situé à 1 km de l'aéroport et proche du centre-ville, l'hôtel Al-Jazeera dispose de 60 chambres environ. Une fois le portail d'entrée franchi, vous serez protégé des bruits du boulevard par un grand jardin fleuri, au fond duquel se situe le long bâtiment qui abrite les chambres. Son architecture est plutôt typique, et le personnel aux petits soins. Le propriétaire, Monsieur Sidi, est aussi celui du centre de pêche et de loisirs. Vous pourrez y prendre le petit-déjeuner en option, et, pour les autres repas, les restaurants sont tout près.

HÔTEL MAURITALIA €€

212 Boulevard Maritime
+222 45 74 32 18

Chambre simple : 1 600 MRU, chambre double : 2 300 MRU. Toutes les chambres doubles sont de petites suites.

Lina, la propriétaire d'origine italienne, est installée à Nouadhibou depuis de longues années et pourra répondre à toutes vos questions. Elle a su entretenir son hôtel avec goût. Une fois le portail franchi, une petite oasis de verdure vous accueille. Des parterres de fleurs poussent à l'abri du vent et protégés du soleil par un arbre immense. Les chambres aux murs colorés sont bien équipées (climatisation et télévision). La suite dispose d'un grand salon. Les salles de bains avec baignoire sont d'une propreté irréprochable.

VILLA MAGUELA €€

Cabanon 3
+222 41 56 54 90

4 chambres à lit double, salle de bains privative : 600 MRU.Camping-car : 400 MRU par jour.Petit déjeuner : 300 MRU.

On l'appelle aussi « la villa rose », couleur de sa façade et du mur d'enceinte. Une maison d'hôtes au charme inégalé, écologique et autonome, parfaitement intégrée au site. Construite sur un promontoire rocheux, ses pièces s'ouvrent sur la baie de l'Étoile. On y est en harmonie totale avec l'océan. Petit plus, une magnifique terrasse et sa plage privée pour une baignade à l'abri. C'est Victor, un Hollandais, qui gère les lieux. Son accueil chaleureux et sa disponibilité feront de votre séjour une parenthèse enchantée. Fourgons et camping-cars bienvenus.

HÔTEL DELPHIN €€€

Boulevard Maritime îlot N lot 6-20
+222 33 93 10 00
www.delphin-hotel.com

Chambres individuelles à partir de 2 500 MRU, chambres doubles à partir de 3 200 MRU, suites à partir de 3 900 MRU.

L'Hôtel Delphin a ouvert en mars 2022. Il dispose d'installations modernes adaptées aux besoins des clients qui viennent à Nouadhibou pour raisons professionnelles ou pour passer quelques jours de repos. La tranquillité et le confort des chambres y sont appréciés. Au dernier étage se trouve le restaurant Tour Bleue, où vous pourrez déguster un petit-déjeuner buffet, ainsi que le déjeuner et le dîner à la carte avec une vue imprenable sur la ville et le port. L'hôtel propose un service de transport pour l'aéroport, situé à 2 kilomètres.

HÔTEL FREE ZONE €€€

boulevard Dubaï
+222 45 74 06 06

Chambre simple : 2 500 MRU. Suites : 3 000 MRU. Suites royales : 5 000 MRU.Petit-déjeuner compris.

L'hôtel Free Zone fait partie des derniers hôtels haut de gamme construits à Nouadhibou. Il est doté de chambres au confort moderne et de suites avec lit *king size*, ainsi que de toutes les commodités. Vous n'y trouverez pas de restaurant mais nombreux sont les supermarchés et restaurants à proximité. En revanche, n'hésitez pas à profiter du copieux petit-déjeuner continental, vous ne le regretterez pas ! L'hôtel propose des cours de fitness et d'aérobic gratuitement. Une navette vous conduira jusqu'à l'aéroport sur demande.

HÔTEL OASIAN €€€

Cansado
+222 45 74 90 45

Chambre simple à partir de 2 000 MRU, double à partir de 2 600 MRU, suite à partir de 3 360 MRU, petit-déjeuner compris.

Cansado est un peu une ville dans la ville. C'est en effet le quartier où habitent les employés de la Société nationale des industries minières de Mauritanie (SNIM). On trouve les magasins de la SNIM, la clinique de la SNIM, les terrains de tennis et de pétanque de la SNIM et l'hôtel Oasian, qui est l'hôtel de la SNIM ! Vous pouvez néanmoins être hébergé dans une des 39 chambres ou dans une des 3 suites. Au rez-de chaussée, boutiques d'objets artisanaux. Restauration à l'intérieur ou sur la terrasse-jardin surplombant l'océan.

HÔTEL SAHEL €€€

+222 45 74 38 57
www.hotel-sahel.com

Chambre double 3 005 MRU, suite 3 616 MRU. Petit-déjeuner inclus. Pas de service de restauration.

D'un très bon rapport qualité-prix, l'hôtel Sahel est à proximité de l'aéroport. Le personnel y est très serviable. Ses chambres sont spacieuses et lumineuses. Le petit-déjeuner, continental, est servi dans la salle commune. Bien qu'il n'y ait pas de restaurant au sein de l'hôtel, vous trouverez facilement de quoi vous régaler en sortant de l'enceinte de l'établissement (le restaurant La Paillote, par exemple, se trouve à deux pas). Le wifi est en accès libre, et vous pourrez garer votre véhicule dans un parking privé sécurisé.

HOTEL TASIAST €€€

Boulevard Maritime J25

✆ +222 45 74 51 07

www.hoteltasiast.com

Chambre simple à 4 000 MRU, double à 5 000 MRU, petit-déjeuner non inclus.

Sur trois étages, cet hôtel répond à bien des exigences. Les chambres sont parfaitement équipées et le wifi est à haut débit (fibre optique). L'hôtel Tasiast se compose de 20 chambres et 8 suites, réparties entre standard, double ou classe affaires. Une salle de bains se trouve dans chacune des chambres. Petit-déjeuner en option, à prendre en chambre ou dans la cafétéria. Très belle vue depuis le dernier étage et aéroport à proximité. Possibilité d'organiser réunions, séminaires ou encore banquets dans la salle de conférence.

HÔTEL VALENCIA €€€

boulevard Dubaï

✆ +222 42 88 88 88

https://www.hotelvalenciandb.com/

Chambres simples et doubles 2 750 MRU. Appartements à partir de 3 300 MRU.

L'hôtel Valencia fait partie des constructions récentes, situées sur le boulevard Dubaï et dotées d'un équipement très moderne. Salon d'accueil VIP, suite nuptiale, connexion wifi, ascenseur, salle de sport… Les chambres et toilettes au design contemporain sont très spacieuses. Le personnel dévoué est à votre service. Il propose un service de blanchisserie/laverie, repassage, livraison de courses, paniers repas, location de voitures, navette vers l'aéroport… Copieux petit-déjeuner continental et bonne restauration sur place.

LE PÊCHEUR €

Quartier Socogim

Plats entre 200 et 500 MRU.

Vous reconnaîtrez le restaurant par son toit, couvert de tournesols ! Comme son nom l'indique, Le Pêcheur offre un grand choix de poissons à sa carte, mais ce n'est pas tout : la cuisine y très variée, et bien des Mauritaniens s'y rendent pour leur spécialité, les brochettes ! Brochettes de poulet, mouton, chameau, foie de chameau, bœuf, poissons... À l'entrée, ces dernières grillent sur le barbecue et vous ouvrent immédiatement l'appétit. Très bon pain fait sur place dans cette petite adresse, située à proximité de l'aéroport.

AMMOS €€

Boulevard maritime

✆ +222 41 00 00 79

Ouvert du mardi au dimanche, de 12h à 23h30. Plats de 400 à 600 MRU.

Avec sa façade blanche et bleue, le bâtiment invite déjà au voyage. Le portail ouvre sur un jardinet où poussent quelques plantes aromatiques. À l'intérieur, une petite salle où tout se décline en blanc et bleu aussi. Les tableaux décorant les murs vous transportent dans un village de pêcheurs en Grèce. Normal, Nikolas, le propriétaire, est grec. Son restaurant est d'une propreté impeccable et l'accueil très souriant. Au menu, salade grecque et assortiment de poissons grillés. Tout est raffiné. Les pizzas sont excellentes. Peut-être les meilleures de Nouadhibou ?

ATLAS KEBAB €€

boulevard Maritime

✆ + 222 46 28 17 18

Plats entre 150 et 300 MRU.

L'Atlas Kebab est un restaurant de spécialités turques. L'accueil y est très sympathique et, pour vous accueillir et vous faire patienter, le propriétaire vous offre immanquablement un thé turc ! Au menu : couscous, poissons, pizzas et, surtout, choix varié de *pidés* (spécialité incontournable de la Turquie : il s'agit d'une sorte de pizza à la forme ovale et allongée, garnie de viande hachée, de fromage ou encore de légumes). Une vraie escale ottomane en plein centre de Nouadhibou, tout près des hôtels Valencia et Free Zone !

GALLOUFA €€

Boulevard Maritime

✆ +222 22 16 87 79

Ouvert de 8h à minuit. Plats de 400 à 600 MRU.

Belle ambiance dans ce restaurant où Yuka propose une cuisine généreuse inspirée de son Espagne natale. C'est le rendez-vous de tous ses compatriotes, travaillant à Nouadhibou. Les connaisseurs viennent y déguster le poulpe à la galicienne, les langoustes grillées et toutes sortes de tapas. Pensez à réserver le vendredi… C'est paella ! Grand choix de pâtisseries et pour les occasions spéciales (fêtes, anniversaires, etc.) Yuka la généreuse préparera le gâteau de votre choix. Sur le parking, vente d'objets artisanaux africains.

NORD

MARBELLA CAFÉ €€

Boulevard Médian

Plats entre 300 et 500 MRU.

Ouvert récemment, le Marbella vous accueille dans une grande salle à la décoration et au mobilier modernes. Terrasses vitrées, au rez-de-chaussée comme à l'étage. L'équipe y est jeune, dynamique, ce qui se ressent lorsque vous tendez l'oreille sur la musique d'ambiance ! À la carte : sandwiches, pizzas, mais aussi poissons, nuggets, pâtes, etc. Possibilité de commander à emporter. Le service est rapide, ce qui n'est pas toujours le cas des adresses mauritaniennes... Pratique, pour ce restaurant situé face aux hôtels Valencia et Free Zone.

PLEINE LUNE €€

boulevard Médian

✆ +222 25 00 99 29

Petit-déjeuner : 250 MRU.Plat du jour : 200/250 MRU.Plats à la carte : 350/500 MRU.

Dans l'entrée du restaurant, une vitrine de viennoiseries et desserts met déjà en appétit... À garder en tête pour un petit-déjeuner ou un goûter sur le pouce, à emporter ! Georgette gère son équipe depuis de longues années. Contrainte de quitter l'ancienne adresse, son nouvel établissement s'épanouit sur le boulevard Médian, non loin du restaurant Mérou. Décorée de belles photos de Mauritanie, la salle de restaurant s'ouvre sur un grand jardin avec khaïma. Cuisine variée avec un grand choix de poissons, calamars et crevettes.

LE MÉROU €€

BP 576

✆ +222 47 42 92 58

Plats entre 200 et 350 MRU.

Très bonne cuisine tant sur le plan quantitatif que qualitatif dans ce restaurant du centre-ville, un des plus vieux de Nouadhibou. Spécialités chinoises et carte mixte... Un drôle de mélange on vous l'accorde, mais qui fonctionne plutôt bien ! La viande au fer étonnera : le serveur posera devant vous une marmite où frémissent encore des émincés de bœuf et de légumes. À tester ! Le cadre y est un peu désuet, malgré le joli bougainvillier qui orne la façade d'entrée. Dommage, l'accueil pourrait être un peu plus chaleureux. 5 tables.

SUCRÉ SALÉ €€

WXQ8+WHH

✆ +222 25 06 83 83

Plats entre 250 et 350 MRU.

Voilà une adresse pour boire de bons cocktails (sans alcool évidemment, république islamique oblige...), comme par exemple l'excellent Virgin Mojito ! La carte est variée, vous y trouverez même des pizzas ! Et l'on peut aussi y déguster de très bonnes crêpes sucrées, et autres pâtisseries à se damner, même pour le petit-déjeuner. Avis aux fans de football : le restaurant est équipé d'une grande salle avec un immense écran plat pour les soirées de matches ! En somme, un lieu de rendez-vous original et assez atypique pour la ville de Nouadhibou.

NORD

LA PAILLOTE €€

212 Boulevard Maritime

✆ +222 45 74 32 18

Cuisine méditerranéenne, plat à partir de 300 MRU.

Dans une belle salle climatisée très accueillante, le restaurant de l'hôtel Mauritalia est une excellente adresse pour un bon dîner. Ses crevettes grillées, sa soupe de poisson et son tiramisu ne vous laisseront pas indifférents, croyez-en notre expérience ! Et après tout, c'est agréable de retrouver un brin de gastronomie après plusieurs repas sandwichs, ou pour changer un peu des spécialités locales si vous en avez envie... N'hésitez pas à y réserver votre table, même si vous n'êtes pas client de l'hôtel : vous en sortirez ravi.

BOULANGERIE PRINCE

boulevard Médian

✆ +222 38 18 98 78

La boulangerie Prince connaît un grand succès depuis son ouverture, en 2020. Située face à l'hôpital cubain, vous la reconnaîtrez facilement... Les voitures sont garées en double, voire triple, file devant sa vitrine ! Un grand choix d'excellentes viennoiseries, de gâteaux et de tartes salées, qui font le régal des gourmands. Très bons jus de fruits frais également, sur demande. La grande amplitude horaire de cette boulangerie emblématique de Nouadhibou permet de ravir les lève-tôt comme les plus feignants (dès 6h30 jusque tard le soir).

MARCHÉ KEIRAN

Derrière le marché central.

Un vrai labyrinthe de petites échoppes où vous trouverez melhafas (voiles mauritaniens), chaussures, produits de beauté, couturiers... Une autre partie du marché vous transporte en Afrique de l'Ouest : les étals proposent arachides, beurre de karité, savon noir et un grand choix de wax. À l'étage, on découvre de petits salons où les Mauritaniennes dessinent de minutieux tatouages au henné, et se font des confidences auxquelles vous n'aurez probablement pas accès ! Prenez le temps de vous y perdre, vous en sortirez avec des souvenirs, des couleurs et des odeurs.

HAMMAM LAS PALMAS

Au deuxième robinet

✆ +222 45 74 84 19

Un établissement à l'hygiène impeccable doté de 2 grandes salles de bains collectives. Vous y serez frotté vigoureusement au savon noir, par des mains et avant-bras rompus à la tâche, et pour finir rincé à grandes eaux, alors revigoré ! Outre le hammam, vous trouverez dans ce lieu diverses prestations, telles qu'un salon de coiffure et d'esthétique, du maquillage, des pédicures, des manucures... Vente de parfums sur place également. Pour accompagner ce moment de détente, laissez-vous tenter par un thé, café ou jus de fruits.

PORT DE PÊCHE ARTISANAL

Il se développe à l'est de Nouadhibou en essayant de survivre malgré les prélèvements gigantesques effectués par les navires-usines étrangers qu'ils croisent au large... Il faut voir ces pirogues aux couleurs chatoyantes, d'apparence fragile, et les imaginer, elles et leurs équipages, luttant pour ramener à bon port les poissons que les grosses unités de pêche veulent bien leur laisser. Leur récolte est vendue dès leur retour sur la terre ferme, et en un rien de temps elle est écoulée. Ces artisans de la pêche ont bien du courage.

PRESQU'ÎLE DU CAP BLANC ★

Au nord, vers le Sahara occidental, c'est un combat incessant entre les déferlantes de l'océan et les falaises abruptes. Au sud, c'est le début d'une plage de sable ininterrompue qui se prolonge sur des centaines de kilomètres... C'est beau, non ? Après les chaudes et difficiles heures passées sur la route pour arriver à Nouadhibou, il serait dommage de ne pas profiter de ce magnifique site. En prenant quelques précautions, vous pourrez accéder à la plage et vous aventurer prudemment dans les vagues... Mais attention, cela secoue ! La grande croix qui domine l'endroit est là pour commémorer la mémoire de marins bretons disparus en pêchant la langouste.

RÉSERVE SATELLITE DU PARC DU BANC D'ARGUIN ★★

La réserve se trouve tout au bout de la presqu'île du cap Blanc.

Au nord de Nouadhibou, jusqu'en 1997, on avait recensé environ 300 phoques moines ici et le long de la côte du Sahara occidental. Lorsque l'on sait que la population mondiale de cette espèce ne compte plus que de 500 individus, on prend mieux conscience de l'importance vitale de la réserve du Cap Blanc, d'autant plus que les autres phoques moines sont répartis en plusieurs colonies assez restreintes et donc peu viables. En 1997, les autorités ont retrouvé 150 phoques moines échoués sur la plage, sans compter les éventuels individus morts en mer. La cause de cette catastrophe n'a jamais vraiment été élucidée... On a évoqué un virus ou l'ingestion par les animaux d'une algue toxique.

Toujours est-il que la situation politique actuelle au Sahara occidental empêche tout recensement fiable des phoques moines survivants.

Plusieurs dizaines d'entre eux sont présents sur la côte atlantique, à 30 km au nord de Nouadhibou, mais dans la partie du Sahara occidental. Une ONG espagnole, en coopération avec la Mauritanie, travaille sur la protection de l'espèce. Aujourd'hui, rencontrer un phoque moine au pied de la falaise du Cap Blanc s'avère utopique, même si le gardien du musée entretient la légende. Si vous souhaitez relever le défi, armez-vous de patience, d'un bon appareil photo, et arpentez la côte sculptée par les vents. À défaut de repérer un phoque moine, vous verrez probablement nombre d'oiseaux, et pourrez faire une jolie récolte de coquillages !

AMATLICH

Vaste champ de dunes, l'erg Amatlich se déploie des falaises de Tifoujar à la zone d'Akjoujt. Situé au sud de l'Adrar, il offre une variété de paysages sublimes pour qui rêve amoureusement du désert : canyons, oasis, panoramas de dunes couleur ocre à perte de vue, plateaux plus rocailleux... La meilleure façon de parcourir cette région, c'est en méharée : nombreuses sont les randonnées organisées dans cette région, à pied et avec la compagnie de dromadaires, chargés de tout l'équipement nécessaire pour un bivouac au cœur des éléments, sous la voûte céleste. À seulement 50 minutes de l'aéroport d'Atar, l'erg Amatlich est immédiatement dépaysant.

ERG AKCHÂR

Les dunes de l'erg Akchâr viennent taquiner l'océan. Le désert se jette dans la mer, voilà deux immensités qui se rencontrent, c'est beau, même émouvant ! Vous pouvez traverser vers Akjoujt au sud de l'Akchâr, en partant d'El Mhaïjrat vers Benichab, puis vers Akjoujt. Des dunes orange sont posées sur un reg gris... Ici, les couleurs changent en fonction de la hauteur du soleil : ce sont des tableaux qui tous les jours changent, des tableaux vivants, à ciel ouvert. Attention si c'est vous qui conduisez : les dunes sont très molles par endroits, il faut les contourner et faire de nombreux zigzags avant d'arriver à Akjoujt, pour ne pas vous ensabler.

ATAR

Beaucoup moins réputée que Chinguetti et Ouadane, ses illustres voisines, Atar n'en est pas moins la porte d'accès à la région de l'Adrar, et c'est là que se trouve le petit aéroport qui accueille chaque dimanche les voyageurs venus de France. Son nom signifie « route » en soninké, et « nouvelle ville » en berbère. Atar a connu une forte augmentation de sa population avec l'arrivée des touristes amoureux du désert, et était réputée assez tumultueuse en haute saison. Aujourd'hui, elle se remet à espérer après plusieurs années de fermeture.

De création plus récente que les villes historiques de Mauritanie puisque sa mosquée date du XVIIe siècle, Atar a vécu pendant longtemps du commerce transsaharien entre le nord et le sud. Pendant la période d'occupation française, ses habitants se sont opposés farouchement à cette entreprise. Les Français avaient fait de la prise d'Atar un enjeu majeur de la pacification de la Mauritanie. Sa chute, en 1909, n'assure absolument pas la fin des ennuis pour la France, puisque la région est agitée de soubresauts, provoqués par des chefs rebelles, jusqu'en 1933. Elle retrouve presque son prestige en 1960, à l'occasion du choix de la capitale de la nouvelle république indépendante. Sa situation géographique lui fait espérer qu'elle sera choisie, mais on lui préfère Nouakchott.

En 1957, la ville a failli être emportée par la crue de l'oued. Des digues la protègent depuis lors.

MUSÉE DE TOUEZEKT

✆ + 222 546 49 31

En direction de Choûm, à 12 kilomètres d'Atar, se trouve le musée de Touezekt, ouvert en 2005 par le mécène El khalil Ould Dah N'Tahah. Cette petite structure présente de façon détaillée et précise les us et coutumes des Mauritaniens : près de 6 000 pièces archéologiques y sont exposées, ainsi qu'une centaine de manuscrits ! Vous pourrez y observer des pièces de monnaie, timbres, médailles militaires, ustensiles et costumes traditionnels... Et autres collections témoignant de l'histoire. Comme quoi, beaucoup de bonne volonté peut pallier le manque de moyen.

ALLIANCE FRANCO-MAURITANIENNE

rue du cinéma

✆ + 222 22 80 69 80

L'alliance dispense des cours de français langue étrangère, et prépare aux sessions de Delf et Dalf (diplômes permettant de valider des compétences en langue française) pour les apprenants d'Atar et de toute la région. Une bibliothèque et un club d'astronomie enrichissent le programme scolaire, aux portes du désert. En partenariat avec Point Afrique, des visites guidées au cimetière militaire et au petit musée archéologique de la ville sont organisées.

DÉTOURS MAURITANIE

✆ +222 42 07 87 87

www.voyagemauritanie.com

Basée à Atar, Détours Mauritanie Voyages est une agence à taille humaine dirigée par Sylvain Philip, passionné du Sahara. Depuis 1994, toute l'équipe partage avec ses clients excursionnistes sa passion du désert alliée à une réelle (et vérifiée) expertise du terrain, le tout avec rigueur et professionnalisme. Les circuits sont conçus sur mesure, en fonction des désirs des voyageurs et dans la plus pure tradition saharienne. Organise également des escapades au banc d'Arguin. Site Internet très bien fait, avec du vrai contenu.

LES RANDONNEURS

✆ +222 46 45 35 24

Dans le métier depuis plusieurs lustres, Mohamed Boydya jouit d'une belle réputation en Mauritanie, auprès des hôteliers comme des expatriés, mais aussi en France où il a déjà exercé ses talents de conteur lors de festivals. Mohamed propose des circuits dans tout le pays : treks, expéditions en 4x4, séjours en camps aménagés... Très chaleureux, assez drôle et excellent conducteur, il adapte ses tarifs en fonction de la demande. Ce spécialiste du voyage cousu main collabore fréquemment avec Point-Afrique et assure la logistique du raid TransMauritania.

SALIMA VOYAGES

43JF+622

✆ +222 46 56 92 30

www.salimavoyages.com

Salima Voyages, l'une des meilleures agences de la région, propose un bel éventail de circuits organisés, depuis la randonnée pédestre dans l'Adrar oriental (21 jours), où le bivouac est au rendez-vous, jusqu'à l'incursion dans le Tagant (Rachid, Ksar el-Barka, Nbeika, Matmata...) en passant par la sortie en lanche à Iwîk. Salima organise aussi des séjours à la carte et vous conseille sur ce que vous pouvez faire ou non (tout n'est pas forcément réalisable). Il est également loisible de louer un 4x4 avec chauffeur et, éventuellement, cuisinier.

AUBERGE DES CARAVANES €€

✆ +222 44 30 45 11

Camping à 300 MRU/personne et chambre de 600 à 1 500 MRU. Petit déjeuner à 250 MRU.

Propriété d'Ahmed Ould Wenane, à l'instar des auberges des caravanes de Chinguetti et de Terjit, cette structure hôtelière – sise dans un quartier tranquille du sud de la ville, entre N1 et aéroport – offre à sa clientèle des chambres se partageant des sanitaires collectifs et d'autres, climatisées, jouissant d'une salle de bains privative. Lors de notre passage, la moitié d'entre elles étaient en cours de rénovation. Il est loisible, sur commande, de dîner sur place, que ce soit avec des mets locaux ou des plats extra-mauritaniens. Wifi disponible.

AUBERGE ET CAMPING INIMI €

✆ +222 47 55 45 37

www.campinginimi.blogspot.com

Nuit en camping-car ou autre véhicule à 150 MRU/pers, sous tente entre 150 et 200 MRU/pers, en chambre de 400 à 700 MRU.

Une chouette adresse ! Votre hôte, le chaleureux Sidi Ahmed vous propose sept chambres et trois cases, basiques mais propres et opérationnelles, des sanitaires collectifs, bien entretenus, des repas de bonne facture, préparés par son épouse, une aire de camping, agréable, une machine à laver, et le wifi gratuit. Cet établissement familial, dont une extension est envisagée, est situé entre oued et N1, à quelque 2 km au sud du point-rond et à grosso modo 1 km de l'aéroport.

AUBERGE MER & DÉSERT €€

Îlot Tinery

✆ +222 25 02 74 01

www.aubergemeretdesert.com

Nuit en camping-car ou tente à compter de 250 MRU/pers. Chambre à partir de 600 MRU. Petit déjeuner non compris.

Établie dans le sud de la ville au cours des années 2000, cette auberge, quiète à souhait, ne manque pas d'atouts ! Citons, en guise d'exemples, l'accueil chaleureux de Nicole (la propriétaire) et Aïcha (la gérante), les cases et *tikit* bichonnés, le grand parking privé et sécurisé à destination, entre autres, des camping-caristes, les sanitaires collectifs « nickel chrome », la confortable pièce commune où les palmes sont mises à l'honneur et les repas servis, sans oublier le sacro-saint wifi. Pour vous y rendre, suivez le balisage depuis la N1.

BAB SAHARA €€

Route d'Azougui ✆ +222 46 47 39 66
www.bab-sahara.com
Camping à 250 MRU/personne, chambre de 1 000 à 1 450 MRU. Petit déjeuner à compter de 160 MRU.

Ouvert en 1999, le Bab Sahara constitue indubitablement un « bon plan » ! En attestent la quiétude, la propreté et la joliesse de la concession. Dûment aménagée, cette dernière abrite deux charmantes cases équipées (salle de bains, climatisation...), des douches et cabinets collectifs régulièrement récurés, une cour délicieusement ombragée agrémentée d'un relaxant hamac... Durant la haute saison touristique, outre la possibilité de rencontrer Justus, le propriétaire, vous pourrez bénéficier du wifi et dormir, si le cœur vous en dit, sous une belle toile maure...

O'DAR KANAWAL €€

N1
✆ +222 42 90 73 74
Chambre à 600 ou 1 000 MRU.

Édifiée à 100 mètres de la N1, à 3 km au sud du point-rond, cette maison d'hôtes – parée de schiste, dotée d'un jardin où croissent les palmiers et ceinte d'un mur en adobe – est facilement identifiable. Un patio, agrémenté d'une fontaine centrale, commande l'accès aux chambres, climatisées ou non et peu ou prou ornées d'artisanat local, au salon au sein duquel sont servis les repas, et aux sanitaires collectifs, spacieux, faïencés mais ne sentant pas toujours la rose. Le bâtiment est coiffé d'un toit-terrasse, non aménagé mais offrant toutefois une joliette vue.

ÉTOILE DU NORD €€

N1
✆ +222 48 66 11 11
www.hoteletoiledunord.com
Chambre simple 1 200 MRU, double 1 500 MRU. Suite à partir de 2 500 MRU. Petit-déjeuner 200 MRU. Repas 400 MRU.

Inauguré dans la seconde moitié des années 2010, cet hôtel – établi sur les confins de la cité, à moins de 500 mètres de la fourche où s'originent les routes de Choum et de Chinguetti – devrait convenir aux aventuriers ayant besoin d'un peu de confort avant d'aborder les contreforts de l'Adrar. Si la salle de restaurant n'est pas très attrayante, le chaleureux accueil, les propres, équipées et (hyper) climatisées chambres (au nombre de sept) ainsi que les moelleux tapis, matelas et coussins (installés le soir venu) contrebalancent le tout.

LES TOILES MAURES €€

Piste de Voum Chour
✆ +222 46 55 35 35
www.lestoilesmaures.net
Tarifs sur demande.

Directeur de l'agence de voyages Pro Services Tours, Cheibany est également aux commandes de cette agréable auberge. Situé dans une zone agropastorale respirant la quiétude, à environ 2 km au nord de la ville, cet établissement est accessible via une piste sablonneuse longeant l'oued d'Azougui. Par-delà la canisse ceignant la propriété, soignée, se dressent dattiers, tentes (durant la haute saison) et cases (rénovées il y a quelques années). Les repas se prennent, généralement, sous une toile tendue au milieu de la cour. Une belle adresse.

HÔTEL EL WAHA €€

✆ +222 41 29 80 35
Chambre à 1 200 MRU. Petit déjeuner non compris.

Sur le papier, l'hôtel El Waha (également connu sous le nom d'Oasis) a tout pour plaire : un excellent emplacement, à mi-chemin entre le point-rond et l'aéroport, dans un quartier dont le calme est à peine troublé par le va-et-vient des élèves du lycée, tout proche, ainsi que de charmantes cases, faisant office de chambres. En pratique, ce qui fut naguère le plus luxueux établissement hôtelier d'Atar n'est plus que l'ombre de lui-même : salle commune à la façade décatie, équipe pas toujours réactive, équipement des chambres quelquefois daté et hors service...

CAFÉ DE L'AMITIÉ €

✆ +222 47 71 93 37
Ouvert tous les jours de midi à minuit. Plat de 70 à 100 MRU.

Le Café de l'Amitié n'est pas La Tour d'Argent, loin s'en faut, mais il draine routards, expatriés et locaux attirés (principalement en soirée) par le fumet de la viande grillée et le grésillement de la friture. Plus calme que ses semblables bordant la N1, notamment aux abords de la mosquée En-Nour, ce restaurant, dénué de tous chichis et situé face au siège de la wilaya de l'Adrar, propose des casse-croûte et plats simples (sandwichs, kébabs, shawarmas...), à emporter ou à consommer sur place, très corrects et peu onéreux. Accueil souriant.

CHEZ HAWA €

✆ +222 44 60 85 19
Ouvert midi et soir, sept jours sur sept.
Plat de 50 à 70 MRU.

Simples, très bon marché et excellents. De quoi parlons-nous ? Mais des plats concoctés par Hawa, pardi ! Dans son petit restaurant, ouvert depuis belle lurette, elle prépare, avec amour, mafé, *thiéboudiène*, yassa, mets trahissant ses origines sénégalaises, ainsi que l'indémodable et international steak-frites. Au sein d'une pièce étriquée et sombre, mais néanmoins propre, vous coudoierez des locaux dînant ou emportant leur repas commandé. Sis non loin du point-rond, du marché et de la mosquée En-Nour, cet établissement est une véritable institution à Atar.

AZOUGUI

Azougui est à 8 km d'Atar. La route goudronnée qui y mène est parallèle à une ligne électrique et à une canalisation d'eau qui permet pour le moment à Atar de faire face à sa consommation. La route, d'abord rectiligne, arrive bientôt à la passe de N'Tarazi où il faut s'arrêter pour admirer la superbe palmeraie qui s'étend devant vous, plusieurs dizaines de mètres en contrebas. Azougui a été le siège de la capitale des Almoravides au XIe siècle, ils y édifièrent la forteresse Arki au milieu de vingt mille palmiers. De nos jours, Azougui est une oasis paisible et qui s'enflamme lors de la Guetna, la fête des dattes qui a lieu en juillet et août.

AUBERGE OUED ILLIJ €

A 5 km d'Atar, à l'entrée d'Azougui.
✆ +222 46 00 11 12
www.azougui.com
Chambre 40 €, suite tout confort 80 €.
Petit-déjeuner 6 €, déjeuner et dîner 12 €. Wifi.

Saad Yayah a fait de ce lieu une véritable oasis de verdure, « loin du stress et les yeux pleins de dépaysement » annonce-t-il ! Cette auberge est composée de maisons traditionnelles en terre sèche, que l'on rejoint en suivant de belles allées en pierre bordées de palmiers. L'intérieur, comme dans toutes les demeures de Mauritanie, est meublé de nattes, de tapis et de coussins richement décorés. De nombreuses activités sont organisées mais vous pourrez aussi tout simplement vous reposer en admirant de magnifiques couchers du soleil.

CAMPING-AUBERGE DU PUIGAUDEAU & AZIZA €

À 9,2 km du rond-point d'Atar.
✆ +222 46 45 49 16
Chambre 1 000 MRU. Case et tente 500 MRU.
Petit-déjeuner 150 MRU. Déjeuner et dîner 300 MRU.

Bienvenue chez Mamina Evin (Mamine pour les intimes), Aziza, et leurs fils Isselmou et Ahmed, guides et cuisiniers. C'est l'endroit idéal pour vous imprégner de la culture maure, déguster la cuisine d'Aziza, ou partir avec Mamine dans le désert du Sahara… Autour du traditionnel thé de bienvenue, Mamine vous accueille en français, arabe, anglais ou espagnol et peut-être même en breton ! Sa pancarte affiche « de l'armor à l'art maure », ce qui n'aurait pas déplu à Odette du Puigaudeau.

Col de N'Tarazi.

ÉTOILE DU NORD €€

✆ +222 36 30 51 72

12 chambres à 1 200 MRU, 3 suites à partir de 1 500 MRU. Petit-déjeuner 200 MRU, déjeuner et dîner 400 MRU.

Cet hôtel est une dépendance de celui portant le même nom, situé dans la ville historique d'Atar. Localisé dans l'oasis de Teyaret, à Azougui, celui-ci propose des chambres et suites dotées de climatisation, d'eau chaude, de télévision, de réfrigérateur, avec une literie haut de gamme. Un restaurant y concocte tous les repas soigneusement et, élément phare, une piscine accessible aux enfants et adultes vous offrira de quoi vous rafraîchir joyeusement. L'Étoile du Nord est sans conteste l'une des meilleures adresses de la région.

PASSE D'AMOGJAR

S'il existe une piste mettant Atar à 85 km environ de Chinguetti, l'ancien passage, plus long d'une trentaine de kilomètres, vous fait emprunter la passe d'Amogjar. Un détour qui, croyez-nous, en vaut largement la peine ! 10 km après Atar environ, prenez sur la gauche et vous voilà dans l'un des plus beaux sites de la Mauritanie. C'est là qu'en 1984 a été tourné *Fort Saganne*, le film d'Alain Corneau, avec Philippe Noiret, Sophie Marceau et Gérard Depardieu. Un film inspiré du roman éponyme de Louis Gardel, qui avait placé l'action de son livre en Algérie, près de la frontière marocaine. Pour des raisons de sécurité, le tournage s'est fait en Mauritanie.

Aujourd'hui, puisque la nouvelle piste est plus rapide, et donc empruntée plus fréquemment, la passe d'Amogjar n'est plus entretenue. Pourtant c'est regrettable, l'itinéraire étant vraiment superbe ! La région est très riche en peintures et gravures rupestres notamment. Si vous choisissez de passer par Amodjar, veillez à ne pas sortir du chemin : des éboulis peuvent tomber des massifs tabulaires alentour. De plus, vous pourriez bien vous enfoncer dans un canyon se terminant par une impasse, et ne plus pouvoir en sortir : par endroits en effet, il y a tout juste la place pour la largeur d'un véhicule, sans possible demi-tour ! Une fois la passe franchie, vous retrouverez la nouvelle piste. Chinguetti est au bout de cet itinéraire rectiligne.

TERJIT ★

Paradisiaque ! Terjît est une des rares oasis de Mauritanie dont la source soit libre, un lieu de visite incontournable pour les touristes visitant l'Adrar. De plus, l'eau qui descend du plateau en petites cascades successives s'écoule en toute saison ! Vous pouvez accéder au plateau qui surplombe l'oasis en vous enfonçant à l'intérieur de celle-ci. Deux bassins font office de piscines. Il est possible de s'y rafraîchir à condition de ne pas utiliser de savon ni de shampoing. 40 familles mauritaniennes vivent ici, merci pour elles. À 1 km à vol d'oiseau (15 minutes en voiture) se trouvent les grottes de Legueira, qui abritent de belles peintures rupestres.

JARDIN D'EDEN

Oasis Tekemkent

Une palmeraie au milieu de l'oasis Tekemkent, qui dispose d'un jardin botanique avec arbres fruitiers : grenadiers, pamplemoussiers, manguiers, bananiers, citronniers. Le potager est rempli de plantes aromatiques : basilic, citronnelle, menthe... Une oasis qui porte son nom divinement bien ! Vous aurez même la possibilité de vous baigner dans un grand bassin à l'ombre des dattiers... Un bassin qui sert en outre à arroser toutes les plantes du jardin. Cette palmeraie dispose également de tentes et de toilettes pour l'hébergement.

AUBERGE DES CARAVANES €

✆ +222 22 30 45 11

Chambre simple à 700 MRU, double à 800 MRU. Petit déjeuner à 200 MRU, déjeuner et dîner à 350 MRU.

Arboré et fleuri, cet établissement constitue un petit îlot de verdure implanté depuis quelques lustres au beau milieu du village. Bien que l'auberge ait changé de mains dernièrement, elle demeure une agréable option pour quiconque souhaite passer une nuit ou deux au sein de cette magnifique contrée. À l'ensemble (cuisine, chambres, sanitaires extérieurs...), plutôt bien tenu, s'agrège une *khaïma* sous laquelle tapis, matelas et coussins moelleux vous attendent. Possibilité de déjeuner et de dîner sur commande. Une bonne adresse.

CHEZ JEMAL TERJIT €

✆ +222 36 12 91 84

250 MRU par personne, petit-déjeuner à 250 MRU, repas à 250 MRU.

Anciennement appelée auberge Tourvine, cette adresse est tenue par Jemal qui dit s'y sentir comme au paradis ! Attaché à la région puisque son grand-père est à l'origine de l'oasis, Jemal accueille les visiteurs dans des tentes berbères, au confort simple, meublées de nattes et tapis. Des bâtiments en pierre sèche abritent les sanitaires et la cuisine. Le décor est vraiment grandiose : de hauts plateaux de pierre noire, des dunes de sable autour, des palmeraies, la source toute proche. Les couchers de soleil y sont inoubliables.

OUJEFT

Si vous souhaitez faire une boucle magnifique, éloignée des sentiers battus, celle passant par Oujeft est une pépite, à effectuer obligatoirement en 4x4 avec un chauffeur connaissant parfaitement la région.

Oujeft, sans avoir l'ancienneté des villes historiques de Mauritanie, n'en a pas moins été créée au XVIIIe siècle. De par sa situation géographique, la cité a joué un rôle stratégique de premier ordre pendant la colonisation française. À l'écart des grands axes de pénétration habituellement utilisés par les Français et repliée à l'abri des contreforts du massif de l'Adrar, Oujeft a souvent été utilisée comme base arrière par les insoumis à l'autorité française. C'est d'ailleurs d'ici que partit, en 1905, une attaque en direction de Tidjikja, au cours de laquelle Xavier Coppolani trouva la mort. Aujourd'hui, Oujeft est un gros bourg calme où le sentiment de quiétude prévaut. Dans un rayon d'une cinquantaine de kilomètres autour d'Oujeft, il y a beaucoup d'oasis qui valent le détour. Celles de Berbâra et de Toungad méritent une halte pour la tranquillité et la sérénité qu'elles dégagent, loin du tumulte de certains lieux trop fréquentés. Mention spéciale pour l'oasis d'El-Hnouk : elle est en effet comme incrustée entre deux falaises, tel un bijou dans son écrin.

Non loin de l'oasis d'El-Hnouk se trouve le lac de Leglatt, inconcevable et en contradiction totale avec l'idée que peuvent se faire les néophytes d'un Sahara sec et aride où la vie serait absente. Entre autres niches de vie dans ce désert, citons Tintâne, Agmeimîne et Echaîla.

CHINGUETTI ★★

Lorsque vous venez d'Atar, après plusieurs dizaines de kilomètres d'une piste caillouteuse au milieu du reg, l'arrivée sur Chinguetti est majestueuse. Les silhouettes colorées des habitants qui avancent lentement sur le sable suspendent le temps. Chinguetti est une merveilleuse cité, où il faut entrer sans bruit, sur la pointe des pieds. Vous distinguez d'abord, au loin, l'imposante masse des dunes du puissant erg Ouarane, au pied duquel Chinguetti semble à la fois blottie et coincée. Les dunes font à la fois le bonheur de cette ville en proposant aux touristes une vision irréelle qui en fait son succès, et malheureusement son malheur, puisqu'elle est régulièrement prise d'assaut par le sable.

Dans cette « Sorbonne du désert », comme on l'appelle parfois, on distingue nettement l'oued qui sépare les constructions récentes de l'ancienne ville où vivent encore quelques familles, et où se trouvent la mosquée, une école et quelques bibliothèques. Le soir tombé, il règne un étrange silence dans ses ruelles, alors que durant la journée, elles grouillent de vendeurs de colifichets et de représentantes de coopératives qui tentent d'alpaguer le touriste venu visiter les bibliothèques.

Les principales tribus qui composent la population de Chinguetti sont les Ida-ou-Ali, les Laghlal et les Oulad Gheilan.

Capitale spirituelle. L'origine de la ville remonte au XIIIe siècle, lorsque des nomades créèrent Abweir, à quelques kilomètres de là, dont on peut encore voir des vestiges au nord-est de Chinguetti en suivant l'oued. Des conflits survenus entre les habitants d'Abweir incitèrent une partie de sa population à s'établir quelques kilomètres plus loin, sur l'emplacement de l'actuelle Chinguetti. Le commerce transsaharien florissant assura longtemps la prospérité de la ville. À son apogée au XVIIIe siècle, Chinguetti comptait une douzaine de mosquées. Avec le déclin des caravanes, le XXe siècle vit la ville péricliter, comme toutes les autres cités historiques de Mauritanie qui dépendaient essentiellement du commerce transsaharien.

Sans entrer dans la polémique pour savoir si Chinguetti est ou n'est pas la septième ville sainte de l'islam, contentons-nous de préciser que le *Coran* ne mentionne que trois villes saintes : La Mecque, Médine et Jérusalem. Ce qui est indéniable en revanche, c'est que Chinguetti était un point de rassemblement très important pour les caravanes de fidèles en partance pour le pèlerinage de La Mecque. A tel point que, lorsque l'on demandait à ces pèlerins d'où ils venaient, ils répondaient tous de Chinguetti. La Mauritanie porta même un temps le nom de pays de Shinguet, c'est dire l'importance spirituelle de cette cité.

Sortie de la zone rouge. Chinguetti comme Ouadane ont été les deux grandes victimes de la zone rouge établie par les gouvernements occidentaux. Aujourd'hui, Chinguetti est passée en zone jaune, c'est-à-dire vigilance renforcée, ce qui l'autorise à recevoir de nouveau beaucoup de visiteurs.
À noter que l'oued qui sépare les deux parties de la ville est également l'axe – une piste pas toujours bien définie – qui permet de rejoindre Tanouchert et Ouadane si on ne désire pas emprunter la route, plus courte mais moins spectaculaire.

FORT CLAUDEL

Nous devrions plutôt parler des bâtiments du fort, car c'est un ensemble de plusieurs constructions qui constitue l'ancienne garnison française au temps de la colonisation. En janvier 1909 en effet, Chinguetti tombe aux mains des légionnaires français qui, 10 ans plus tard, y construisent le fort Claudel, en l'honneur d'un de leurs commandants. Le plus important des édifices du fort est constitué d'imposants piliers qui supportent de belles arcades. Le poste Claudel, réhabilité en 1983, témoigne du patrimoine architectural colonial en Mauritanie.

BIBLIOTHÈQUES ★

Donation (non obligatoire) à la discrétion du visiteur.

Il y a plusieurs bibliothèques privées à Chinguetti qui renferment toutes de magnifiques manuscrits, dont certains vieux de 1 000 ans. Ces documents à la calligraphie exceptionnelle étaient utilisés par les érudits qui étudiaient et enseignaient ici, d'autres accompagnaient les fidèles tout au long du chemin qui devait les mener à La Mecque. On estime à 3 000 le nombre d'ouvrages à Chinguetti, principalement religieux, répartis dans 12 collections.

On peut visiter certaines de ces bibliothèques, comme Ahel Alamane. L'une des plus représentatives est certainement celle de la famille Melaïnine, avec qui plus est un musée regorgeant d'objets utilitaires de l'époque, qui jouxte cette bibliothèque. À voir également, celle de la fondation Al-Ahmed Mahmoud, qui arbore fièrement sa devise : « Le savoir est la seule richesse que l'on peut distribuer sans risque de se ruiner. » Avec un peu de chance, le patron des lieux vous fera une petite conférence dont il a le secret dans la cour intérieure. Il évoquera l'histoire, la grande, avec l'origine du nom Mauritanie (né en 1899), mais aussi la petite, comme lorsque 32 000 chameaux d'une caravane sont passés en une seule journée à Chinguetti. Il décrira aussi les objets réunis dans la cour, comme des meules, des mortiers, un *impluvium*.

Au final, il dévoilera quelques-unes de ses pépites sur papier, comme de vieux Corans avec enluminures, qu'il sortira d'un meuble poussiéreux en mettant toutefois des gants. Une expérience forte, où l'humour n'est pas absent !

MINES DE BANCO

Le ciment mauritanien, autrement dit le banco, est utilisé comme liant pour bâtir les maisons. À Chinguetti, on l'extrait depuis des siècles d'une mine située à moins d'un kilomètre au sud-est de la ville. On accède à des galeries souterraines de plusieurs centaines de mètres, en se laissant descendre au fond d'un puits accroché à une peau de bête. Ce n'est évidemment pas de tout repos, mais la découverte de ces galeries labyrinthiques est étonnante. Elles sont hautes de plusieurs mètres par endroits et laissent un espace à peine suffisant pour ramper à d'autres.

VIEILLE VILLE ★★

Pour tenter d'imaginer ce qu'a pu être cette ville, il est nécessaire de déambuler dans les ruelles de Chinguetti, ensablées et obstruées par les éboulis. Vous respirez Chinguetti en vous y promenant, vous mesurez la menace du danger qui guette la ville en tombant, à l'angle d'une rue, sur les dunes de l'erg Ouarâne. Dans ce dédale, au détour d'une habitation, quelques chèvres apparaissent, comme pour vous montrer le chemin. Ne vous fiez pas à l'état extérieur des maisons, certaines sont encore occupées en juillet et en août pour la Guetna, la fête des Dattes.

© LENA HA - SHUTTERSTOCK.COM

Bibliothèques.

MOSQUÉE ★

© DORSTEFFEN - SHUTTERSTOCK.COM

La mosquée de Chinguetti est un superbe bâtiment en pierres sèches, restauré à de nombreuses reprises. C'est l'un des rares édifices de la vieille ville encore intact, et pour cause ! On aperçoit de très loin son minaret caractéristique, qui servait de repère aux fidèles rentrant du pèlerinage à La Mecque. La mosquée ayant était fondée au XIIIe siècle, son minaret serait le deuxième plus ancien encore en service dans le monde entier ! Les quatre angles de sa tour se terminent par des pointes sur lesquelles sont empalés des œufs d'autruche.

AUBERGE DES CARAVANES €

Nouvelle ville

✆ +222 36 09 10 46

Camping à 300 MRU/personne et chambre de 600 à 1 500 MRU. Petit déjeuner à 250 MRU.

Cet établissement se compose de 53 chambres partagées entre les annexes et la structure principale. Ouverte en 1989, cette dernière, qui mériterait un *lifting*, dispose d'une grande cour commandant l'accès aux rudimentaires chambrettes et aux sanitaires collectifs. Beaucoup plus racée, la « maison des médecins », sise de l'autre côté de la rue, jouit, *a contrario*, de chambres équipées raffinées et d'un patio où glougloute une fontaine et où gazouillent les oiseaux. Le ronron continu de la centrale thermique voisine perturbe malheureusement la quiétude des lieux...

AUBERGE ÉTOILE DU DÉSERT €

6 chambres, sans climatisation ni eau chaude, 400 MRU. Repas 300 MRU, petit-déjeuner 200 MRU.

Voilà une adresse entièrement dédiée aux petits budgets. L'auberge se situe à l'entrée de Chinguetti, sur le bord de la route et avant la station-service. De construction traditionnelle en pierre, le bâtiment abrite 6 chambres au confort simple, sans climatisation mais les murs épais tentent de garder un peu de fraîcheur. La douche est également rustique, sans eau chaude. Dans la grande cour, une khaïma se dresse pour accueillir les moments de détente et les repas partagés. Bon accueil. Une façon toute simple de découvrir Chinguetti.

AUBERGE NOUATIL TOURS €

Lorsque l'on vient d'Atar, c'est le premier bâtiment, sur la droite, en arrivant à Chinguetti.

✆ +222 48 45 06 05

1 000 MRU la chambre, avec petit-déjeuner. Pas de climatisation. Wifi. Repas 350 MRU.

Nouatil, c'est l'auberge de Mouhamedou Ould Ebnou, qui fut maire de Chinguetti de 1990 à 1999. Il a non seulement imaginé, mais aussi financé, la construction de la piste qui met Chinguetti à 83 kilomètres d'Atar ! À cette adresse, 24 chambres sont proposées aux voyageurs : vous aurez plaisir à vous reposer dans ces domes blancs aux volets bleus, qui tranchent avec l'ocre du désert, et ressemblent à des maisons troglodytes. Les repas pourront également être pris sur place. Vous profiterez aussi de la connaissance singulière de Chinguetti par son propriétaire.

LA ROSE DES SABLES €

Nouvelle ville

✆ +222 27 46 67 63

Camping à 300 MRU/personne, lit en dortoir à 400 MRU et chambre de 900 à 1 500 MRU. Petit déjeuner à 200 MRU.

En venant d'Atar, prenez à gauche après l'Éden (l'auberge, pas le paradis...), puis la deuxième rue à droite... Vous voilà arrivé à bon port... Où ? Mais chez Cheikh, pardi ! Cordial maître des lieux, ce dernier a fait de son auberge, ouverte en 1998, une agréable halte. Plantons le décor : une *khaïma* au mitan de la cour, un coin resto (repas sur commande), de proprettes petites chambres (climatisées ou non), un appartement équipé (réfrigérateur, salon...), de corrects sanitaires collectifs (WC turcs et anglais, douches...) et *tutti quanti*. Wifi disponible.

Scène de vie quotidienne à Chinguetti.

AUBERGE ZARGA €

Face à l'épicerie de Chinguetti. Côté ville nouvelle, juste avant l'oued sur la gauche.

www.zargatours.wordpress.com

Chambre avec salle de bain 400 MRU. khaima 300 MRU. Méharée 1 000 MRU.

L'auberge située en plein cœur de la nouvelle ville propose des chambres individuelles ou doubles, avec wifi, pour petit budget. Confort rustique mais Abdu, le gérant, fait le maximum pour satisfaire les clients. Quant au lodge, il se situe directement dans les jardins périphériques, à 10 minutes à pied de la ville. Vous serez logé sous une tente berbère, entouré de plantations de blé, carottes, betteraves, mandariniers... Avec même la possibilité de vous rafraîchir dans la petite piscine (qui est le réservoir d'eau pour arroser !).

AUBERGE LA GUEÏLA €€

Après la 2e station-service, prenez une piste sur la droite en venant d'Atar. ✆ +222 46 48 25 26

www.lagueila.com

Chambre double : 1 600 MRU pour 2 personnes. Chambre simple : 1 300 MRU. Repas complet : 550 MRU.

Une maison d'hôtes de standing avec espace bien-être, née du projet de Sidi et Sylvette. Les chambres s'orientent autour d'un patio fleuri où chantent les oiseaux. La terrasse réserve une belle surprise au coucher du soleil. Les sanitaires (séparés) sont étincelants et l'air conditionné est disponible dans les chambres. Le salon séduit par sa convivialité et sa fraîcheur au moment des repas et veillées. Idéal pour se ressourcer. L'espace bien-être propose des soins-massages du visage et du corps, ainsi que des soins traditionnels mauritaniens (dessins au henné).

L'EDEN MAISON D'HÔTES €€

A l'entrée de Chinguetti,
à gauche en venant d'Atar.
✆ +222 36 46 25 96
www.eden-chinguetti-hotel.com
14 chambres à 1 300 MRU, petit-déjeuner non compris (250 MRU). Repas : 400 MRU.

L'Eden est la maison d'hôtes de Mahmoud Ould Beija, acteur du tourisme local depuis près de 30 ans. Originaire de Chinguetti, il offre par son hébergement l'une des plus belles façons de découvrir la ville ancienne, ainsi que les paysages environnants : 14 chambres, toutes pourvues d'une salle de bains privative, vous accueillent au milieu du désert de l'Adrar. Mahmoud et son équipe sont à votre service : les repas, préparés sur place, ont bon goût et sont des moments de convivialité. Outre repos et fraîcheur, vous pourrez y programmer plusieurs types d'excursion.

LODGE EDEN TIMEGUEST €€

À 1,5 km de l'oued Chinguetti.
✆ +222 36 46 25 96
www.eden-chinguetti-hotel.com
8 chambres avec douche, patio, wifi. Chambre 1 100 MRU.

Les Lodges de l'Éden sont installés en bordure de l'erg Ouarane, immensité dunaire de plusieurs dizaines de milliers de kilomètres carrés. Construits en matériaux locaux, vous y trouverez confort et simplicité, le tout les pieds dans le sable... Avec l'impression d'être seul au monde, calme et déconnexion sont garantis ! Les levers et couchers de soleil y sont splendides. Mahmoud et son équipe vous accueillent pour votre séjour, s'occupent des repas, et sont à votre disposition pour l'organisation de visites et d'excursions à la carte.

TANOUCHERT ★

L'oasis méconnue de Tanouchert est située à mi-chemin entre Ouadane et Chinguetti. Nous disons méconnue, car elle est souvent snobée par les circuits organisés qui préfèrent suivre la piste nouvellement refaite à l'ouest de Tanouchert. Cette dernière, bien que plus longue d'une quarantaine de kilomètres, est en effet beaucoup plus rapide et confortable, mais les paysages traversés en passant par Tanouchert sont beaucoup plus intéressants. Cette petite oasis mérite le détour pour son authenticité. Les nomades sont tous reliés à une palmeraie où ils se retrouvent l'été pour la *Guetna*, ou Fête des Dattes, un événement autant social que familial.

AUBERGE CHIGALY €

À la sortie de la palmeraie, vers Chinguetti.
✆ +222 32 43 02 39
Case en pension complète avec toilettes et douche : 800 MRU.

Auparavant cultivateur, Chigaly Ould Bigue a ouvert cet hébergement en gardant son activité originelle, dont vous profiterez car, en période de récolte, il vous sert les légumes arrivant frais de ses jardins. Demandez-lui de vous faire visiter son potager, il le fera avec plaisir tout en vous expliquant les problèmes auxquels il est confronté pour arroser son terrain. L'hébergement s'effectue dans des cases. Dans le livre d'or, cette phrase : « Peuple du désert, vous êtes magnifique », et cette datation : « Entre le 3 et le 10 février, car on a oublié le temps. »

ERG OUARANE

En arrivant à Chinguetti vous le voyez, à la fois inquiétant par son immensité, et rassurant par le calme qu'il inspire. Au sud-ouest de la ville, il s'étend sur environ 300 km, et constitue le prolongement occidental de l'erg Chech qui commence dans le désert algérien. Il suffit d'emprunter quelques rues ensablées de l'ancienne ville pour constater les dégâts qu'il provoque et pour se rendre compte de l'inutilité d'engager un combat, perdu d'avance, contre une telle puissance. L'alizé continental, avec ses vents principalement orientés au nord-est, est son principal allié dans le travail de conquête et de destruction qu'il conduit ! Ces dunes, ô combien représentatives du désert et souvent magnifiées par le biais d'illustrations et de cartes postales, laissent comme un goût d'amertume à Chinguetti. L'erg abrite quelques oasis dans la région de l'Adrar, ensuite il n'y a plus d'eau. Les couloirs permettant de circuler facilement entre les immenses cordons de dunes sont appelés les *Mghalig*.

Laguelia est une oasis située à l'est des monts Zarga et au sud-ouest de Chinguetti, au milieu de l'erg Ourarane. Elle est moins étendue que d'autres oasis de l'Adrar, plus connues, comme celles de Mhaïreth ou Tergit. Les randonneurs qui viennent découvrir la région s'y arrêtent pour un pique-nique ou un bivouac. Les véhicules motorisés n'y accèdent pas. Quelques habitants permanents entretiennent la palmeraie et plantent un peu de légumes (carottes notamment) et de céréales.

OUADANE ★★

Ouadane est certainement la plus impressionnante des cités historiques de Mauritanie. Les maisons de sa vieille ville s'accrochent désespérément au flanc de la falaise. Un financement portugais a permis d'en restaurer une partie. L'accès à son enceinte est désormais soumis à un droit d'entrée de 100 MRU, et les guides attendent les visiteurs à l'entrée.

Un peu d'histoire. Beaucoup d'érudits des cités anciennes avaient acquis leur savoir en étudiant à Ouadane. Malheureusement, les conditions de vie extrêmement difficiles, principalement causées par l'aridité croissante du climat, entraînèrent l'exil d'une partie de la population de Ouadane, essentiellement vers Chinguetti. Ouadane fut fondée en 1141 sur les ruines de 4 villes, elles-mêmes créées en 742. La ville connut un rayonnement spirituel intense pendant sa période de prospérité, elle était en plus idéalement située sur la route des caravanes qui assuraient le commerce transsaharien. C'est à Ouadane que la première université du désert vit le jour, on y publia *L'Abrégé du droit islamique*. Le plus vieux manuscrit retrouvé en Mauritanie l'a été à Ouadane, il est aujourd'hui à la bibliothèque nationale de Nouakchott.
La conservation des manuscrits se heurte à de nombreux obstacles : la chaleur, la poussière, le sable, la lumière et la condensation sont de redoutables ennemis. Récemment, des moyens modernes ont été employés pour tenter de préserver ce patrimoine sur site : les manuscrits les plus précieux et/ou détériorés ont été scannés pour que les chercheurs puissent les étudier sans les manipuler.

Comme toutes les autres villes historiques de Mauritanie, Ouadane a connu un déclin à son entrée dans le XXe siècle, avec la raréfaction des caravanes commerciales, mais aussi la dilution du banco (ciment), la présence de termites, le vent... L'exode de la population a continué jusque dans les années 1960, et ce n'est que depuis une dizaine d'années qu'une prise de conscience collective a entraîné un retour des natifs de Ouadane. Aujourd'hui Ouadane, dont le nom signifie « la cité des deux oueds » (l'oued du savoir et l'oued des dattes), revendique haut et fort son patrimoine. Le développement de la ville passe par un intérêt touristique croissant qui doit lui permettre de retrouver une partie de son aura, tout en préservant et en restaurant son riche passé culturel et spirituel.

BIBLIOTHÈQUES ★

Plusieurs bibliothèques privées existent à Ouadane. Vous y découvrirez de superbes manuscrits. L'une des plus intéressantes est certainement celle de Sidi Mohamed Ould Abidin Sidi (✆ +222 44 95 52 10). Il aime à répéter que la conservation de ces trésors se heurte à de nombreux obstacles, dont le premier est lui-même ! Il n'y a donc aucune raison de lui reprocher de ne montrer que des manuscrits seulement vieux de 2 ou 3 siècles : il a la justesse d'esprit de garder à l'abri les plus anciens, pour ne les montrer qu'à des chercheurs. Qui peut lui en tenir rigueur ?

VIEILLE VILLE ★★

Entrée : 100 MRU.

La ville dispose de 8 symboles que vous ne visiterez peut-être pas tous : la rue des 40-Savants, la maison des Armes, la nouvelle mosquée, les fortifications, l'ancienne mosquée, les trois maisons des fondateurs de la ville, le puits fortifié et, enfin, les deux tours érigées pour contrôler l'accès au puits.

Bon plan : dans la maison du hadj Yacoub, se poster sur le balcon et savourer le bruit apaisant du vent dans les palmiers, tandis que le regard s'étend au loin vers le désert, en direction de Chinguetti...

Ouadane a finalement été abandonnée pour 3 raisons : le ciment (banco) se dissolvait sous la pluie, les termites faisaient s'écrouler les toits et enfin le vent. Dans le bas de la vieille ville, pour éviter les querelles concernant la délimitation de parcelles de terrain au cas où le sable viendrait à recouvrir les enclos, les fondations de ceux-ci sont profondes de 2 mètres, empêchant ainsi toute contestation !

La cité ancienne a fait l'objet de restaurations au compte-gouttes, en fonction des budgets reçus. En 2002, un financement portugais a permis de réhabiliter la mosquée, la rue des 40-Savants et quelques maisons. Ailleurs, beaucoup de murs et façades se trouvent en équilibre instable. Fataliste, le guide vous dira que c'est ainsi depuis tant d'années, donc pourquoi s'inquiéter ? Ce dernier s'avérera indispensable, car les centres d'intérêt sont nombreux et difficilement repérables par un néophyte. Facile de s'égarer dans ce gigantesque labyrinthe, qui ne conviendra cependant pas aux personnes à mobilité réduite.

AUBERGE EL GHALAWIYA €

Sur la hauteur, face aux vestiges de l'hôtel Palace.

Chambre climatisée 1 000 MRU, tente 300 MRU, petit-déjeuner inclus. Déjeuner et dîner 250 MRU.

Cette auberge avec wifi pourra faire l'appoint en cas de nécessité. Cela manque un peu de verdure et d'ombre, mais l'accueil est volontaire et sympathique. L'adresse possède des cases, ainsi que 4 tentes et 8 chambres climatisées, avec un service de restauration très correct. Les « toilettes » [sic] sont un peu spartiates. Intéressant : Salama, le propriétaire, peut vous organiser un tour sur mesure, en chameau ou en 4x4, vers l'oasis de Maiateg et le fort portugais, et des nuitées en bivouac, pour de petits et courts circuits.

AUBERGE VASQUE €

Piste Ouadane-Atar

✆ +222 47 68 96 66

Chambre 1 200 MRU. Petit-déjeuner 200 MRU. Repas 300 MRU.

Cet établissement, que seuls palmiers et oued séparent de la cité, est un véritable coup de cœur ! Zaida, la propriétaire des lieux au sourire radieux et au dynamisme à toute épreuve, est une vraie rencontre ! L'auberge, c'est son projet à elle, et à elle seule. Ici, vous pourrez déguster de bons petits plats, dormir sous la *khaïma* [durant la haute saison uniquement], sur le toit ou dans une chambre équipée [climatiseur, salle de bains...], boire le thé de l'amitié avec les membres de la famille et *tutti quanti*. En somme, on se sent bien chez Zaida...

AUBERGE AGOUEIDIR €€

✆ +222 20 73 79 27

14 chambres climatisées à 1 500 MRU, 1 suite à 2 500 MRU, 8 huttes à 500 MRU. Repas 400 MRU, petit-déjeuner 250 MRU.

Sans doute l'adresse la plus confortable de Ouadane, et qui existe depuis 1997. Elle ravira les trekkeurs fourbus et désséchés après leur rando dans le désert : 8 cases ventilées, 10 chambres climatisées avec salle de bains et douche avec eau chaude, 6 tentes. Le tout autour d'un grande cour avec palmiers et verdure, le jardin est entretenu et c'est bien agréable. L'auberge est située aux portes de la vieille ville de Ouadane : y faire une balade au soleil couchant offre un panorama comme un songe, aux tons ocres et changeants.

MAISON D'HÔTES TINLLABE €€

✆ +222 36 32 58 57

7 chambres climatisées avec douche et eau chaude. Chambre 1 200 MRU, repas 400 MRU, petit-déjeuner 200 MRU.

© TINLLABE

La maison d'hôtes Tinllabe est intimement liée à l'histoire de Ouadane. L'architecture de l'auberge copie celle des ksars des cités anciennes. Entièrement en pierres décoratives, elle s'articule autour d'une cour centrale où quelques palmiers offrent une ombre bienvenue. C'est sous la tente traditionnelle que les repas et le thé vous seront servis. Les 7 chambres au confort simple sont très propres. Les murs épais vous protègent de la chaleur. Isselmou vous accueille avec l'hospitalité légendaire de la région et tente de répondre à vos attentes.

AUBERGE MAIETTEGUE €

✆ +222 46 99 14 39

5 chambres à partir de 350 MRU par personne. 3 khaïmas à partir de 300 MRU par personne. Repas à partir de 350 MRU.

Le seul hébergement [écrit également Mayateg] situé en plein cœur de la ville, géré par la sympathique Fatma au sourire qui ne trompe pas. Les 5 chambres sont bien entretenues et colorées. Vous pourrez aussi décider de faire le choix d'une khaïma pour passer une nuit moins conventionnelle, et vous approcher de l'esprit nomade. Vous pourrez commander divers plats : couscous mauritanien, leksour [galette de céréales], riz et viande, pâtes... Les WC sont à la turque. Mayateg est le nom d'une oasis toute proche, d'où l'appellation de ce restaurant.

Dans la vieille ville de Ouadane.

AUBERGE VARENI €

Située juste à côté de l'ancienne gendarmerie.
+222 46 87 35 08

Chambre climatisée 1 000 MRU. Chambre non climatisée 600 MRU. Case 400 MRU. Petit-déjeuner 200 MRU. Repas 400 MRU.

L'accueil d'Abdoulah est très chaleureux, et il sera toujours prêt à vous rendre service. L'auberge Vareni est l'une des plus anciennes adresses de Ouadane : ouverte depuis 1993, les installations ont été bien entretenues et rénovées, ce qui en Mauritanie mérite d'être relevé, d'autant que la région a souffert de l'absence de touristes quelque temps. Vous aurez le choix entre chambres climatisées ou non, et cases, pour un confort un peu plus sommaire mais tout à fait correct. Vous pourrez également vous sustenter, de petit-déjeuner au dîner.

AGUADIR

À une vingtaine de kilomètres de Ouadâne, sur la piste qui conduit à Guelb er-Rîchât, se dresse le petit fort d'Aguadir. Ce bâtiment en banco comporte 4 tours, on pense qu'il a été édifié il y a environ 5 siècles par des marchands portugais qui faisaient le commerce de la gomme. Ce fort subit par la suite de nombreuses attaques, notamment marocaines, car il est situé sur la piste qui mène à Tombouctou. Il est néanmoins en assez bon état, bien qu'aucune fouille sérieuse n'ait été entreprise ici malgré la présence soupçonnée de restes de poteries. Un projet initié par le gouvernement portugais prévoit de remédier à cela, tout en restaurant ce fortin.

TIN-LABBÉ ★

À 6 km de Ouadane, dans la direction du nord-ouest, Tin-Labbé est un village troglodyte. Dans les environs, de nombreux rochers sont recouverts de mots en arabe et en tifinagh, l'écriture touarègue, attestant ainsi de la présence ancienne de peuples d'origines diverses dans la région. Quand vous êtes à Tin-Labbé, vous n'êtes plus très loin de l'Algérie : un poste frontalier a d'ailleurs été inauguré en 2018, le premier depuis l'indépendance de l'Algérie et de la Mauritanie. Il se situe à Tindouf, côté algérien, et a pour objectif de développer les relations bilatérales, la circulation des biens, des personnes, ainsi que le commerce et l'économie.

GUELB ER-RICHAT ★★

Le dôme arasé du Guelb Er-Richat, qui apparaît au cours du Secondaire, se situe aux confins des noires montagnes de l'Adrâr mauritanien, à l'ouest, et des plates immensités de cailloux, de dalles rocheuses et de dunes du bassin de Taoudenni, à l'est. Ce site est constitué de trois cercles concentriques plus ou moins distincts, que l'on franchit en empruntant des passes pour arriver au centre. Ces cercles se trouvent successivement à environ 10 puis 5 km du centre, le dernier n'en étant éloigné que d'un kilomètre. Cet étrange système est si imposant qu'il apparaît aujourd'hui sur toutes les cartes, même à petite échelle. À cause de sa taille, il n'a été révélé que fort tard, par le professeur Théodore Monod, en 1934. En effet nul, qu'il vienne des rêches plateaux du nord ou des dunes de la Majabat Al Koubra, au sud et au sud-est, ne pourrait imaginer que ces crêtes basses soient organisées en un système concentrique aussi parfait, vaguement elliptique de 22 km et 25 km de diamètre, surgissant d'une boutonnière de 45 km, le Taguenzé, ouverte dans le plateau gréseux.

Ce n'était pas une météorite. Si l'origine du Guelb er-Rîchât a longtemps été sujette à plusieurs hypothèses, certaines même farfelues, il semble bien que, de nos jours et en l'état actuel des connaissances, la probabilité d'une météorite responsable de ces plissements de terrain soit écartée. Les scientifiques sont pratiquement unanimes pour affirmer que cet endroit est le résultat de ce que nous pouvons appeler, pour simplifier, un volcan avorté.

Il y a plusieurs milliers d'années, voire plusieurs millions, une bulle de magma s'est présentée à la surface du sol en provoquant des plis. Après avoir crevé la croûte terrestre, le magma ne suivant plus, elle s'est retrouvée sans énergie pour la propulser. Elle s'est ensuite piteusement dégonflée pour laisser place à un lac, aujourd'hui disparu, en son centre. La formation du Guelb er-Rîchât nous fait penser à un soufflé que l'on sort du four et qui retombe instantanément. Cette version imagée va faire hérisser le poil de certains scientifiques, mais elle a le mérite d'être comprise de la plupart d'entre nous. Et de toutes les façons, elle est plus près de la réalité que l'hypothèse de la météorite. Cela dit, il vous appartient de partir à l'aventure sur le site et de, peut-être, proposer une autre vérité…

© FRANÇOIS JANNE DOTHEE

Dans l'erg Maghteïr, l'ancienne maison d'un marabout.

CAMP BOISÉ

Un bel endroit pour bivouaquer : beaucoup d'arbres, entourés de belles dunes. En fait, il s'agit plutôt du seul endroit où bivouaquer ! Vous y trouverez même un puits, ce qui est rare aux alentours. Les coordonnées GPS de ce site sont : 21°07'34"N, 11°22'41"W. Maintenant, prenez un peu de hauteur, montez encore, et imaginez votre tente, plantée dans la zone du Guelb er-Richat... Rien que pour cela, le bivouac vaut le coup à cet endroit ! On dit que c'est au camp boisé que Théodore Monod rejoignait son épouse, après avoir exploré le cratère et ses secrets.

NORD

EL-GHALLAOUIYA

Prenez la direction du nord-est pendant environ 80 km avant d'atteindre le fort d'El-Ghallâouïya, à la limite de la région du Tiris Zemour. Essayez d'imaginer ce que pouvait être la vie des occupants de ce fort et ce dont ils devaient faire preuve pour tenir le coup et résister à la chaleur, à l'isolement, sans parler des assaillants !

Ici, vous êtes au bout du monde. Il est intéressant d'y venir d'un point de vue historique, mais aussi pour les paysages traversés au cours du trajet. La passe de Thanié permet de jouir d'un superbe panorama sur les rochers environnants et celle de Maqteïr donne l'occasion d'admirer la mer de dunes du même nom.

ERG MAGHTEÏR ★

L'erg Maghteïr fait partie de ces puissants massifs de dunes courant de l'ouest algérien à l'ouest de la Saoura jusqu'aux rivages de l'Atlantique. Naissant sous le nom général d'Erg Chech, il finit sa course dans l'océan sous le nom d'Azefal. Un cap du plateau de l'Adrar se dresse comme une proue de navire, le tarf Tazazmout. Il marque l'entrée du couloir menant à un haut lieu du Sahara mauritanien, El Beyyed.

El Beyyed, témoin du Paléolithique. El Beyyed se trouve au pied du grand dhar de l'Adrâr et, au nord, se développe un erg immense et puissant : la Maghteïr. Le couloir d'El Beyyed présente, sur près de 20 km en direction d'El Ghallaouiyya, une quantité considérable de matériel issu du Paléolithique : lames, éclats, pointes, bifaces. Les multiples sites d'art rupestre représentent ici des échantillons de faune dite « éthiopienne » : girafes, éléphants, rhinocéros... Il est fascinant de se dire qu'une telle population occupait alors la Mauritanie, aujourd'hui si désertique ! Cette faune aurait disparu de la zone il y a environ 10 000 à 12 000 ans. Les sites de gravures d'El Beyyed sont connus depuis 1932 (découverte du lieutenant Girard). Les quatre stations (au moins) du secteur semblent montrer une importante présence humaine par le passé, ce que corroborent les différents points d'eau encore existants, et surtout l'importante industrie lithique.

Le pays n'est pas vide ! Tout au long de votre parcours, surtout si le pâturage est bon, vous pouvez apercevoir des tentes de nomades, brunes (en laine et poils) ou blanches (en toile), dont les bords sont relevés dès qu'il fait chaud ou qu'il n'y a pas de vent. Vous aurez peut-être même l'occasion de pénétrer sous l'une de ces tentes pour boire un thé (trois verres !) et le *zrig*, lait de chamelle frais ou caillé, coupé d'eau sucrée... À la condition sine qua non d'y avoir été invité, ou si les nomades rencontrés font partie de la famille du guide et des chameliers qui vous accompagnent. Si ce n'est pas le cas, n'insistez pas. Les troupeaux de chameaux, de chamelles et de chamelons sont partout dans l'erg Maghteïr, ainsi que les chèvres, les moutons, les bovins, les ânes. À la saison chaude, même si le pâturage est bien vert, c'est un spectacle captivant que de voir l'abreuvage de toutes ces bêtes, qui attendent patiemment leur tour aux puits ou aux oglats (ensemble de puits).

MUSÉE DU NÉOLITHIQUE

100 MRU par visiteur.

En plein désert, sous une hutte, Yeslem a rassemblé des centaines de pièces du Néolithique, telles que des bifaces, des dents d'éléphants, des poids pour filets de pêche... Il faut l'encourager dans son initiative de sauvegarde, car ce sont autant de pièces qui ne fileront pas dans les bagages de collectionneurs peu scrupuleux. On ne peut s'empêcher d'avoir une pensée pour Théodore Monod, le scientifique et explorateur, qui en son temps arpentait le relief mauritanien à la recherche de telles pièces. Coordonnées : 21°29'36»N,11°19'53»W

MAJABAT AL KOUBRA

Ce nom signifie « l'étendue de la Grande Solitude ». Théodore Monod a surnommé ainsi le Djouf et cette appellation figure encore sur plusieurs cartes. Le mot « djouf », qui signifie « ventre », désigne la dépression de Taoudenni au Mali. L'explorateur a parcouru ce désert aride en tous sens, avec la même passion et la même curiosité pendant des années.

Il s'étend depuis El Ghallaouya jusqu'à Aratanne (430 km) et depuis Ouadâne jusqu'à Araouane (1 700 km dont 900 km sans point d'eau). Il couvre une superficie d'environ 250 000 km². Plus précisément, la Majabât al-Koubrah est comme un polygone dont les sommets seraient les points d'eau : Chinguetti - Ouadâne - El Ghallaouya - l'erg Chech - Puits d'El Mrayer - Bir Ounane - Araouane - Faguibine - Oualata - Aratâne - Tichett - Oguilet-en-Nemadi - Chinguetti.

Massif sans point d'eau. Le massif est monotone, sableux et sans points d'eau. Ce sont des dunes blondes à l'infini, sans arbre et sans ombre, sans puits et sans eau. Les géographes arabes Al-Bakri et Ibn Battûta l'avaient déjà signalé. Au XIXe siècle, Heinrich Barth avait pu obtenir quelques informations. Certaines régions, dont fait partie le Djouf, restent méconnues, même des nomades, souvent rebutés par l'absence de points d'eau et la rareté des pâturages. Parcourir une distance de 500 km sans point d'eau est pourtant réalisable avec des chameaux.

Lorsqu'il traverse ces étendues vides, Théodore Monod navigue à la boussole pendant 3 semaines avec un seul azimut. Le 12 décembre 1954, il part de Ouadâne en autonomie complète. Pour les préparatifs, il a calculé ses réserves en eau. Calcul très simple mais vital qui donne 0,63 litre, soit 9 petits verres de thé par jour (ce qui est peu pour un effort physique intense). Il ne prévoit qu'un seul repas cuit par jour, le soir.

Cinq chameaux. Théodore Monod est accompagné de 2 guides et de 5 chameaux : 2 chameaux de monte, 2 chameaux de bas pour l'eau et 1 chameau haut-le-pied (nom que lui donnent les méharistes) qui a refait sa bosse au pâturage et qui est résistant. Il emporte aussi une radio. De son expérience de survie en milieu saharien, Théodore Monod rapporte quelques maximes : « Traces de chacal, eau proche. Traces de fennec, ceins-toi et marche. » Il faut toujours faire manger les chameaux en cours de route surtout quand les pâturages sont rares et incertains.

CHOUM

Sis à moins de 5 km du Sahara occidental et traversé par la ligne de chemin de fer Nouadhibou-Zouérate, le bourg de Choum, où demeurent quelque 3 000 habitants, est surtout connu, de nos jours, en tant que nœud de communication. En effet, outre le rail, qui la fend, la localité voit passer l'axe routier bitumé Zouérate-Atar en son sein. Dénuée d'hôtel, la petite agglomération offre néanmoins la possibilité de se restaurer après un périple sur les pistes de la région ou de s'avitailler avant de monter dans le train. Sachez enfin que des minibus et taxis collectifs attendent les passagers à leur descente de wagon afin de les acheminer à Atar.

MONOLITHE DE BEN AMIRA ★

À 4 km au nord de la ligne de chemin de fer entre Nouadhibou et Choûm, au kilomètre 395, Ben Amira est un des endroits les plus époustouflants de la Mauritanie. Il est le plus grand monolithe en Afrique (plus de 600 m) et le troisième plus grand au monde, après Uluru et le mont Augustus en Australie. La légende raconte qu'à l'origine il n'y avait qu'un seul monolithe et que lors du « divorce », l'homme serait resté avec les 2 enfants (les 2 monolithes plus petits), tandis que la femme, Aîcha, serait partie avec sa servante pour s'installer 5 km plus loin...

ZOUERATE

Le point culminant de la Mauritanie se trouve tout près de Zouérate, le Kediet ej-Jill, à 915 m d'altitude.
Les premières prospections mettent au jour du minerai de fer en 1935, mais ce n'est qu'en 1960 que la Mauritanie, nouvellement indépendante, entreprend des investissements pour l'extraire. Le problème de l'acheminement est résolu en construisant la seule voie ferrée du pays qui transporte le fer de Zouérate à Nouadhibou sur plus de 600 km. L'exploitation de ces mines à ciel ouvert débute en 1963. L'exceptionnelle teneur en fer du minerai extrait, environ 65 %, assure rapidement de nombreux marchés à ce qui va devenir la première source de rentrée en devises pour la Mauritanie.
En 1974, les autorités mauritaniennes décident de nationaliser les mines de Zouérate, qui dépendent désormais de la Société nationale industrielle et minière (SNIM). Les exportations de minerai étant liées à la santé de l'économie mondiale, les rentrées de devises subissent les contrecoups du choc pétrolier au cours des années 1970 et 1980. L'amélioration des perspectives économiques mondiales et la découverte de nouveaux gisements permettent à la Mauritanie d'envisager l'avenir des mines de fer avec confiance. De récentes prospections, principalement en direction du nord-est, laissent augurer de la découverte de nouveaux gisements, non seulement de fer mais aussi d'autres métaux.

Le train du désert, qui relie la mine de Zouérate à Nouadhibou.

MINES À CIEL OUVERT

Même s'il est extrêmement difficile de les visiter quand on ne connaît pas un membre du personnel de la SNIM, cela vaut la peine d'essayer. Dans une atmosphère chargée d'une poussière rougeâtre, vous déambulez sous une chaleur insupportable, conséquence du soleil mais aussi des fours, en prenant garde aux monstres d'aciers qui charrient le minerai et en sursautant à chaque tir de mines... Une impression de fin du monde, dantesque et terrifiante à la fois ! Ces mines sont malheureusement le théâtre de nombreux accidents de travail, la plupart du temps assez graves.

HÔTEL TIRIS ZEMMOUR €

Rue principale
✆ +222 44 99 66 77
Nuit à 1 500 MRU.

Voici l'un des plus vieux hôtels de Zouérate, qui mériterait d'être rénové. Vous le reconnaîtrez à sa grande façade ocre et jaune pâle. L'établissement est assez propre dans l'ensemble, mais l'entretien des installations laisse à désirer. Le wifi et l'eau chaude y sont capricieux... Ce qui peut être le cas ailleurs en Mauritanie ! Cela étant dit, pour un passage éclair, l'hôtel Tiris Zemmour fera l'affaire ! Et puis si vous avez fait le choix de séjourner à Zouérate, ces éléments ne devraient ni vous étonner ni vous déranger.

HÔTEL TAZADIT €€

✆ +222 45 74 06 05
Chambre double 1 700 MRU, petit déjeuner inclus. Cuisine internationale 300 MRU pour le repas complet.

Situé au centre-ville, avec une vue sur la Kedia d'Idjil, c'est l'hôtel de la SNIM (Société nationale Industrielle et Minière), appelé auparavant Oasian. Quoiqu'un peu impersonnelles, les chambres sont spacieuses, confortables et équipées de tout le confort moderne (climatisation, wifi, frigo-bar, TV...). Studio, bungalow, chambre simple ou double : vous avez le choix ! L'hôtel dispose en outre d'un restaurant, d'une capacité de 60 couverts environ, proposant une cuisine internationale, où vous pourrez déjeuner ou dîner face au point culminant du pays.

HOTEL LYEZID €€€

Route de l'aéroport
✆ +222 22 44 35 33
www.hotellyezid.com
Chambre de luxe : 2 500 MRU, suite de luxe : 4 500 MRU, petit déjeuner compris.

Cet établissement, le plus récent de Zouérate, accueille les visiteurs des installations minières, et tous les autres aussi ! Il spécifie qu'il est interdit de faire du thé dans les chambres... Histoire qu'il ne devienne pas, dans le mauvais sens du terme, un « hôtel flambant neuf ». Grand lit, TV, climatisation, coin salon, salle de bains... : vous y trouverez tout le nécessaire pour un séjour agréable. Pour les repas, outre le petit-déjeuner, il faudra aller à l'extérieur : épiceries aux alentours, ou en face, au restaurant Zadnas.

EL AZRAG ★

Le paléolac de l'Azrag et ses environs sont chéris des paléontologues et archéologues. Nichée entre les contreforts du Kediet Ej-Jill et le massif dunaire d'El Hammami, la contrée de l'Azrag est située à 25 km au sud-est de Zouérate. L'étude des ossements fossilisés et du matériel lithique, découverts à l'entour de la sebkha, a permis de faire remonter la présence humaine dans cette zone à plus de 100 000 ans. Ainsi le site de Hammami-la-défense, mis au jour en 1966, a livré des restes osseux d'animaux (éléphants, hippopotames...) et d'innombrables artefacts (bifaces, hachereaux...) datés du Paléolithique moyen. Apparenté à un site de chasse où le gibier était dépecé, Hammami-la-défense ne fut pas investigué comme envisagé par les chercheurs à cause du déclenchement des hostilités entre l'État mauritanien et le Front Polisario au cours de la décennie 1970. Depuis lors, les fouilles sont demeurées balbutiantes. L'Azrag a également dévoilé racloirs, grattoirs et autres perçoirs propres à l'Atérien (90 000 à 20 000 BP), un faciès africain du Moustérien. Enfin, plus proche de nous, au Néolithique, on note la confection, spécifique du nord mauritanien, de bouteilles en œuf d'autruche gravées. Dans cette zone, l'une des principales attractions est la diatomite, une roche sédimentaire blanche tapissant le paléolac d'Azrag. Pourquoi ? Pour les empreintes de pas laissées, il y a près de 9 200 ans, par des proboscidiens, des bovidés et des humains...

SALINE D'EJ-JILL

Les efflorescences salines de la sebkha d'Ej-Jill ponctuent de blanc ce coin de désert coincé entre le Sahara occidental et la ville de F'Dérik. Probablement exploité à partir du Xe ou du XIe siècle, le site d'Ej-Jill tint une place de choix dans le commerce caravanier transsaharien. À l'instar de Bilma, au sein de l'actuel Niger, ou de Teghazza (supplanté par Taoudenni en 1585), au septentrion du Mali, Ej-Jill dut sa notoriété au sel. La sebkha fut, en effet, une étape importante entre les cités d'Afrique du Nord, telles que Marrakech et Sijilmassa, et les centres urbains subsahariens, tels Koumbi Saleh (capitale de l'empire de Ghana) et Niani, à l'époque médiévale. Les barres de sel extraites étaient acheminées vers le sud à dos de chameau. Située à la croisée de plusieurs axes commerciaux importants, Ouadane bénéficia de cette industrie salicole sur laquelle elle avait, en grande partie, la mainmise. Céans transitaient or et ivoire du Soudan occidental et sel d'Ej-Jill, utilisé notamment pour la conservation des aliments. Le déclin de l'empire du Mali et l'avènement concomitant de l'empire des Songhaï, au XVe siècle, firent glisser vers l'est les pistes caravanières, reléguant Ej-Jill et Ouadane au second plan. Les quantités de sel récoltées connurent alors un étiage important. L'activité reprit des couleurs au XIXe siècle, atteignant son acmé entre 1875 et 1891 (1 200 tonnes produites par an). De nos jours, des sauniers s'attellent encore artisanalement à cette tâche.

CHEGGA ★★

Si vous disposez de temps et des autorisations indispensables (délivrées par l'état-major des forces armées ou le gouverneur de la wilaya du Tiris Zemmour), vous pouvez tenter cette odyssée. L'émotion suscitée par la majestueuse beauté des paysages vous comblera. Doté d'une source d'eau douce et de gravures rupestres datant du Néolithique, Chegga fut, à l'époque coloniale, un emplacement stratégique, un fortin (*bordj*) servant de base aux militaires français ayant été érigé sur une terrasse adossée à l'escarpement du Hank. On a notamment retrouvé en ce lieu des cartes détaillant les stratégies pour défendre cette position. Un cimetière abrite les tombes des courageux ayant terminé leur vie dans cette région désolée. Aujourd'hui, Chegga sert de garnison à l'armée mauritanienne. Si vous êtes arrivé jusqu'ici, pareillement à Théodore Monod ou Odette du Puigaudeau, chapeau ! Mais il vous reste à revenir car Chegga est situé dans l'extrême nord-est de la Mauritanie, à 1 300 kilomètres à vol d'oiseau de Nouakchott, ce qui représente bien plus par la voie terrestre. Sur une carte, vous verrez que Chegga est localisé à une vingtaine de kilomètres de l'Algérie et à une cinquantaine du Mali. Venir ici ne s'improvise pas, ce n'est d'ailleurs pas conseillé. La proximité de frontières internationales attire régulièrement trafiquants et autres bandits qui connaissent parfaitement la topographie locale, et les autorités n'ont pas les moyens de contrôler cet immense territoire désertique.

ERG CHECH

L'erg Chech fait fi des frontières et s'étale depuis le Touat, en Algérie, jusqu'aux confins orientaux de la *moughataa* de Ouadane, en Mauritanie, en passant par le Mali. Contrairement à sa frange orientale, algérienne, la portion mauritanienne n'est atteignable qu'au prix d'une folle équipée sur les pistes menant à El Mreïti. Ce lieu-dit paumé, qui commande l'accès à l'erg, se compose d'une garnison militaire et d'un point d'eau. Il recèle également une remarquable sépulture antéislamique coiffée d'un tumulus et pourvue d'une chapelle. Actuellement, la zone est interdite à toute personne ne disposant pas des autorisations idoines (voir « Chegga »).

ERG IGUIDI

Bordées par la hamada du Drâa, au nord, la pénéplaine du Karet, que domine le fort de Chegga, au sud, et l'erg Chech, à l'est, les dunes linéaires de l'erg Iguidi chevauchent la frontière algéro-mauritanienne. Ces cordons sablonneux, orientés nord-est/sud-ouest sous l'effet de l'harmattan, s'étirent sur plusieurs centaines de kilomètres. D'accès difficile, ces langues de sable, flaves ou mordorées, sont occasionnellement visitées par des gazelles. Pour l'heure, la visite de l'erg – inclus, depuis 2017, dans la zone militaire décrétée par le ministère de la Défense afin de lutter, entre autres, contre le trafic de drogue – est formellement déconseillée.

ORGANISER SON SÉJOUR

Si les richesses naturelles et culturelles de la Mauritanie vous appâtent, il ne vous reste plus qu'à planifier votre départ, organiser votre séjour et préparer vos valises ! Les bourlingueurs aussi bien que les vacanciers adeptes de voyages organisés trouveront dans les pages qui suivent quelques tuyaux afin de profiter à plein de leur escapade au sein de ce pays inondé de soleil. En effet, point d'enquiquinement (espérons-le !) pour le globe-trotter soucieux des formalités d'entrée (visa biométrique...), des modes de transport nationaux (autocars, minibus, pickups...), des prestations proposées par les voyagistes (circuits guidés, location de 4x4...), des compagnies aériennes desservant Nouakchott, des moyens de paiement ou encore des questions sécuritaires... Nous vous invitons enfin, pour davantage d'informations et de conseils pratiques, à vous référer à notre rubrique « Inspirer »...

ARGENT

La monnaie est l'ouguiya mauritanien (abréviations : MRU, OM et UM). Un ouguiya comporte 5 khoums. Les pièces en circulation sont les suivantes : 1 khoum, 1, 2, 5, 10, 20 ouguiyas. Les billets en circulation sont : 50, 100, 200, 500 ouguiyas.
Début 2023, 1 € valait 37,5 MRU. À noter que beaucoup de Mauritaniens calculent encore en anciens ouguiyas (MRO), soit en ajoutant un 0, ce qui peut parfois susciter des malentendus...

BUDGET / BONS PLANS

Quelques idées de prix :
Une course en taxi : 20 MRU en moyenne (si taxi partagé).
Un paquet de cigarettes : de 70 MRU à 100 MRU suivant la marque.
Un sandwich : 90 MRU.
Un plat dans un petit restaurant : de 150 MRU à 200 MRU.
Une bouteille d'eau : 10 MRU (75 cl).
Un litre d'essence à Nouakchott : 43 MRU (38 MRU le litre de gasoil).
Une baguette, un pain au chocolat, un croissant : 10 MRU.
Si votre voyage s'articule autour d'hôtels avec chambres climatisées et de restaurants d'un standing équivalent, cela risque de vous coûter pas mal d'argent, soit entre 3 000 MRU et 5 000 MRU par jour (soit 70 € à 120 € par jour). En revanche, vous pouvez vivre correctement en Mauritanie en ne dépensant quotidiennement que 300 MRU à 1 200 MRU (de 7 € à 30 €), si vous fréquentez des petites auberges et des restaurants de quartier.
Les déplacements à l'intérieur du pays restent le problème le plus épineux à résoudre. Si vous louez un véhicule, ce sera obligatoirement un 4x4 à moins de ne circuler que sur des routes goudronnées, une perspective qui ne présente pas beaucoup d'intérêt. La location d'un 4x4 avec chauffeur revient à environ 3 500 MRU par jour (autour de 85 €), carburant non compris. L'autre solution consiste à se déplacer à l'intérieur du pays avec les moyens de transport locaux, taxis collectifs, voire camions. Dans ce cas, comptez de 80 MRU à 100 MRU par tranche de 100 km. Attention toutefois au manque de confort de cette solution (imaginez une Mercedes rouillée avec 10 personnes à son bord), réservée aux plus téméraires pour les grands trajets.

PASSEPORT ET VISAS

Pour vous rendre en Mauritanie en avion, vous pouvez obtenir un visa biométrique d'entrée à l'aéroport de Nouakchott ou à celui d'Atar pour la somme de 55 € en espèces, et valable un mois. La même procédure vaut pour ceux qui viennent par la voie terrestre, notamment aux frontières sénégalaises et marocaines. La vaccination contre la fièvre jaune est obligatoire. Même si on vous la demande de moins en moins souvent, la non-présentation de votre carnet de vaccinations ou l'absence de certificat de vaccination contre la fièvre jaune peut vous valoir d'être refoulé à la frontière, tout comme l'absence de visa sur votre passeport.
Attention ! L'obligation de déclarer l'intégralité de ses devises à l'entrée sur le territoire mauritanien a été supprimée par la circulaire N° 006/GR/98, émise par le gouverneur de la Banque centrale de Mauritanie le 27 juillet 1998.
Tous les passeports délivrés en France sont désormais biométriques. Ils comportent votre photo, vos empreintes digitales et une puce sécurisée. Pour l'obtenir, rendez-vous en mairie muni d'un timbre fiscal, d'un justificatif de domicile, d'une pièce d'identité et de deux photos d'identité. Le passeport est délivré sous trois semaines environ. Il est valable dix ans. Les enfants doivent disposer d'un passeport personnel (valable cinq ans).
Conseil : avant de partir, pensez à photocopier tous les documents que vous emporterez avec vous. Vous emporterez un exemplaire de chaque document et laisserez l'autre à quelqu'un en France. En cas de perte ou de vol, les démarches de renouvellement seront ainsi beaucoup plus simples auprès des autorités consulaires. Vous pouvez également conserver des copies sur le site Internet officiel (mon.service-public.fr). Il vous suffit de créer un compte et de scanner toutes vos pièces d'identité et autres documents importants dans l'espace confidentiel.

SANTÉ

Problème médical sur place. Les plus fréquents des problèmes de santé sont la diarrhée, les infections des voies aériennes et les maladies de peau. Il est fréquent de se faire piquer par des insectes dont certains transmettent des maladies (comme le paludisme) qui peuvent se déclarer après le retour. De plus, les piqûres d'insectes se surinfectent facilement en milieu tropical et il faudra être attentif aux petits bobos.

INTERVIEW

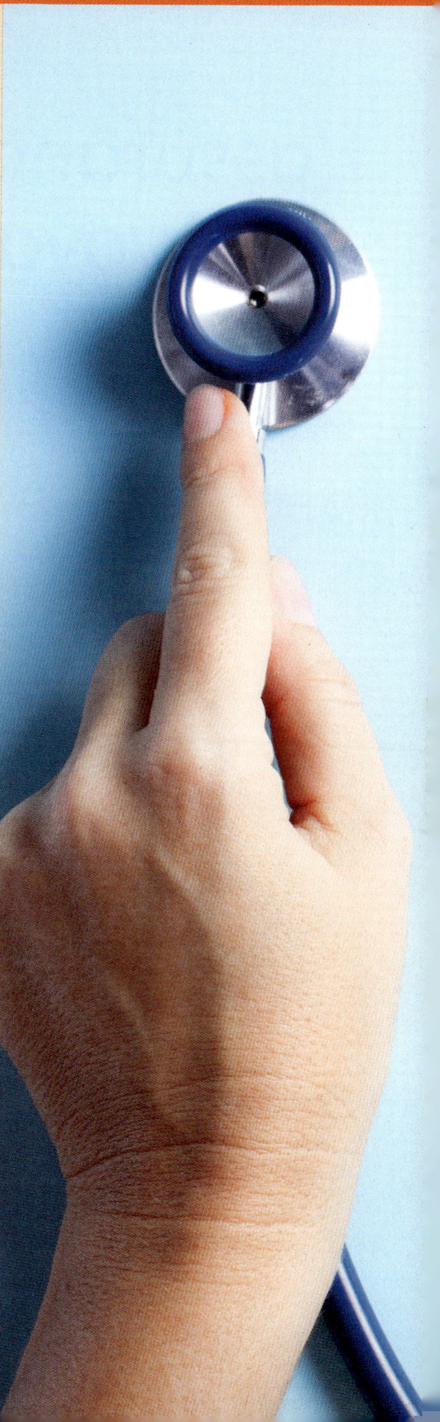
© NEIRFY

L'ASSURANCE VOYAGE, LE MEILLEUR MOYEN POUR PROTÉGER SA SANTÉ À L'ÉTRANGER

avec le DR CÉDRIC RAMAUT, directeur médical d'Allianz Travel

En cas de souci de santé sur place, que faut-il faire ?

Si l'on se trouve dans une situation urgente (accident grave, morsure d'animaux…), il est conseillé d'appeler les numéros d'urgence locaux. Une fois à l'hôpital, appeler son assisteur pour déclencher les procédures de prise en charge.

Est-il possible d'entrer en contact avec un professionnel de santé en cas de besoin ?

Allianz Travel dispose d'un service de téléconsultation médicale accessible en visio qui permet de s'entretenir avec un médecin 24h/24, 7 jours sur 7. La consultation se fait en français et des conseils sont donnés sur les démarches à effectuer. Une ordonnance peut également être délivrée.

S'agissant des frais médicaux, est-on forcément couvert par son assurance maladie et sa mutuelle à l'étranger ?

La sécurité sociale fonctionne uniquement dans les pays avec lesquels la France a passé des accords. Il faut pour cela demander sa carte européenne d'assurance maladie (CEAM). La sécurité sociale et la mutuelle couvriront alors les frais médicaux à l'étranger à hauteur de leur propre barème sous certaines conditions. Il est malgré tout conseillé de souscrire une assurance voyage, car la prise en charge des frais ne sera pas la même qu'en France.

Quel est le meilleur moyen de voir ses frais médicaux pris en charge ?

Dans les pays hors Europe, il est recommandé de souscrire à un contrat d'assistance avec un bon niveau de couverture des frais médicaux. Il est également important de choisir un assureur disposant d'un important réseau international dans le domaine médical.

En cas de problème médical, le rapatriement est-il prévu dans le contrat d'assurance ?

Oui, la majorité des contrats d'assurance voyage prévoit le rapatriement mais il n'est toutefois pas systématique. L'état de santé du patient peut nécessiter une hospitalisation / une immobilisation sur le lieu de séjour. Si le patient peut être traité sur place, l'assisteur l'orientera vers un médecin ou une structure médicale adaptée localement, et ce jusqu'à ce qu'il puisse à nouveau de voyager et rentrer chez lui.

Pour éviter les piqûres, veillez à vous couvrir bras et jambes en portant des tenues vestimentaires adaptées. Dans le désert, la chaleur du jour, le froid de la nuit et la déshydratation sont ce qu'il y a de plus à craindre.
Pour recevoir des conseils avant votre voyage, n'hésitez pas à consulter votre médecin. Vous pouvez aussi vous adresser à la société de médecine des voyages du centre médical de l'Institut Pasteur au ✆ 01 45 68 80 88 (www.pasteur.fr/fr/sante/centre-medical) ou vous rendre sur le site du ministère des Affaires étrangères à la rubrique « Conseils aux voyageurs » (www.diplomatie.gouv.fr/voyageurs).

En cas de maladie. Un réflexe : contacter le consulat de France. Il se chargera de vous aider, de vous accompagner et vous fournira la liste des médecins francophones. En cas de problème grave, c'est aussi lui qui prévient la famille et qui décide du rapatriement. Pour connaître les urgences et établissements aux standards internationaux : consulter les sites www.diplomatie.gouv.fr et www.pasteur.fr

Assistance rapatriement – Assistance médicale. Si vous possédez une carte bancaire Visa® et MasterCard®, vous bénéficiez automatiquement d'une assurance médicale et d'une assistance rapatriement sanitaire valables pour tout déplacement à l'étranger de moins de 90 jours (le paiement de votre voyage avec la carte n'est pas nécessaire pour être couvert, la simple détention d'une carte valide vous assure une couverture). Renseignez-vous auprès de votre banque et vérifiez attentivement le montant global de la couverture et des franchises ainsi que les conditions de prise en charge et les clauses d'exclusion. Si vous n'êtes pas couvert par l'une de ces cartes, n'oubliez surtout pas de souscrire une assistance médicale avant de partir.

Trousse à pharmacie. Il est sage, avant de partir, de se constituer une petite trousse à pharmacie qui pourra, si le cas se présente, vous rendre bien des services et vous permettre de continuer votre voyage dans les meilleures conditions. Il n'est pas question ici de se substituer à une consultation médicale obligatoire dès que des symptômes inquiétants apparaissent, mais simplement de prévenir, et quelquefois de soulager, certains désagréments pouvant survenir lors d'un voyage en Mauritanie. Voici quelques pistes pour constituer cette trousse : un antipaludéen, un anti-diarrhéique, un antipyrétique contre les maux de tête ou de dents (aspirine ou paracétamol), un antibiotique à spectre large, un collyre, un antiseptique digestif, un anti-vomitif. Les crèmes ou écrans solaires, les anti-moustiques, les désinfectants pour l'eau à boire et éventuellement un ASPIVENIN® peuvent compléter cet inventaire.

SÉCURITÉ

La sécurité, c'est le grand thème qui revient toujours quand on aborde dans les circonstances actuelles un voyage en Mauritanie. On s'en rend compte en discutant avec son entourage de son prochain voyage, et au plus tard à la lecture des informations du ministère des Affaires étrangères. Mais le débat continue sur place, avec les voyageurs étrangers que l'on croise dans les auberges ainsi qu'avec les professionnels du tourisme locaux. On en revient toujours au même sujet délicat. Délicat, parce que la menace terroriste est par essence invisible, et qu'elle est donc perçue différemment de part et d'autre de la Méditerranée.
Est-il sûr de se rendre en Mauritanie ? Nous ne prétendons pas apporter ici une réponse à la question, celle-ci étant bien trop naïve en soi. Mais les Mauritaniens répondront que le terrorisme islamiste a fait plus de morts en France et en Belgique que dans leur pays. Le tournant dans la fermeture au tourisme fut l'assassinat de quatre touristes français le 24 décembre 2007 à Aleg, au sud de la Mauritanie sur la route de l'Espoir, par un groupuscule rattaché à la mouvance salafiste algérienne. Ce tragique épisode a pour conséquence l'annulation du Paris-Dakar. S'en est suivie également une vaste politique de sécurisation des régions touristiques en Mauritanie. Trop tard, cet événement marque les consciences et on distingue très nettement un avant et après Aleg en ce qui concerne les chiffres du tourisme. Au Niger, des employés d'Areva dont 5 Français sont enlevés à Arlit en septembre 2010. A la suite de ces enlèvements, Maurice Freund, patron de la coopérative de voyageurs Point Afrique et présent au Niger au moment des faits, décide de suspendre ses vols vers la Mauritanie. « A Point Afrique, expliquait-il sur le site Rue89, nous avions la prétention de pouvoir être un des derniers remparts en créant de l'activité. Je vous donne un exemple : en 1996, selon les chiffres du Pnud [programme des Nations unies pour le développement, ndlr], le taux de prévalence de la pauvreté était de 58 % dans le nord de la Mauritanie. En 2002, ce taux était tombé à 21 %, grâce au tourisme. Autour d'Atar, on a créé quelque chose en amenant 600 personnes par semaine. Un trekker fait vivre une famille entière sur la saison. »

C'est à la suite des événements d'Arlit que le ministère des Affaires étrangères français instaure une zone rouge, formellement déconseillée à ses ressortissants, qui concerne pour la Mauritanie toutes les zones à l'est d'une ligne reliant Chinguetti à Tidjikdja.
Trois Espagnols travaillant pour le compte d'une ONG sont enlevés le 29 novembre 2009 sur la route Nouakchott-Nouadhibou, trois jours après le kidnapping d'un ressortissant français au Mali. En août 2009, un attentat suicide avait été perpétré contre l'ambassade de France à Nouakchott, ne faisant aucune victime.
Plus récemment en juillet 2010, on se souvient de l'opération militaire franco-mauritanienne pour la libération du Français Michel Germaneau, détenu par un groupuscule affilié à AQMI au Mali, probablement décédé avant l'assaut d'un manque de médicaments.
Dans la nuit du 1er au 2 février 2011, un véhicule bourré d'explosifs explose à Nouakchott. L'armée explique qu'elle a délibérément fait sauter l'engin qui tentait « de s'infiltrer dans la capitale pour y commettre des attentats » (propos recueillis sur le site www.jeuneafrique.com). Selon AQMI, les passagers auraient eux-mêmes déclenché l'explosion. Un autre véhicule piégé est intercepté par la gendarmerie près de Rkiz, dans le sud de la Mauritanie.
En janvier 2011, deux ressortissants français sont assassinés au Niger.
Voilà pour les faits.
Sur la sécurité dans la région de l'Adrar, Cheibany, directeur d'une agence de voyages de Nouakchott déclare : « Atar n'est pas une zone à risque […] Je défie quiconque de me faire état d'un problème sécuritaire dans l'Adrar depuis 1997 […] C'est la plateforme la plus sécurisée de Mauritanie. Une zone montagneuse constituée de cuvettes et de passes difficiles d'accès. Le nombre d'entrées est limité et lors des excursions, nous évitons les zones trop faciles d'accès. »
Pour conclure, la grande majorité des touristes qui reviennent de Mauritanie déclarent ne s'être à aucun moment sentis en insécurité. Les contrôles sont très nombreux sur les routes et la liste des passagers est demandée par les forces de l'ordre. Signalons aussi que l'extension du téléphone portable permet de transmettre la moindre nouvelle dans des temps très réduits. Comme dit Cheibany, « Atar est une ancienne garnison militaire. 90 % de la population de l'Adrar a au moins un membre de sa famille dans l'armée ou qui en a été membre. La population de l'Adrar n'a pas d'affinités avec le terrorisme. Et c'est une région qui tire profit du tourisme. Qui va donc se risquer à compromettre cette activité ? »
Aujourd'hui, la zone rouge du ministère français des Affaires étrangères (www.diplomatie.gouv.fr) a été fort logiquement restreinte aux zones frontalières. Il est d'ailleurs prudent de consulter le site du ministère (rubrique « conseils au voyageur ») avant son départ.

DÉCALAGE HORAIRE

Durant les six mois où la France applique l'heure d'été, lorsqu'il est 12h en Mauritanie, il est 14h en France. En hiver, 12h à Nouakchott correspond à 13h à Paris.

Chinguetti.

LANGUES PARLÉES

Si vous parlez le hassanya, cet arabe très pur particulier à la Mauritanie et pratiqué par environ 80 % de la population, vous n'aurez aucun problème pour communiquer. Sinon, le français doit permettre de se faire comprendre de suffisamment de Mauritaniens pour rendre le séjour agréable. Dans le sud du pays, le wolof, le soninké et le peul sont les langues les plus courantes au sein des populations négro-africaines. À part dans les milieux d'affaires, et éventuellement chez des prestataires de services touristiques, l'anglais ne sera d'aucune utilité.

COMMUNIQUER

- Pour appeler de Mauritanie vers la France, composez le + 33 suivi du numéro de votre correspondant sans le 0.
- Pour appeler de France vers la Mauritanie, composez le + 222 suivi des huit chiffres de votre correspondant.
- Le téléphone entre l'Europe et la Mauritanie fonctionne assez bien et, si ce n'est pas le cas, on y parvient presque toujours en insistant.
- Utiliser son téléphone mobile. Si vous souhaitez garder votre forfait français, il faudra avant de partir, activer l'option internationale (généralement gratuite) en appelant le service clients de votre opérateur.

Qui paie quoi ? La règle est la même chez tous les opérateurs. Lorsque vous utilisez votre téléphone français à l'étranger, vous payez la communication, que vous émettiez l'appel ou que vous le receviez. Dans le cas d'un appel reçu, votre correspondant paie lui aussi, mais seulement le prix d'une communication locale. Tous les appels passés depuis ou vers l'étranger sont hors forfait, y compris ceux vers la boîte vocale.

- Avec la prolifération des smartphones, les cybercafés ont moins la cote, mais n'ont pas disparu pour autant. La connexion wifi est généralement gratuite dans les cafés et restaurants, moyennant consommation.

On trouve des cartes SIM à partir de 200 MRU et des cartes de recharge à partir de 50 MRU.
Un exemple : une carte de recharge de 300 MRU chez Mauritel (le réseau plus performant) donne droit à 6 heures de communications nationales et à 400 MB d'Internet pendant un mois.
Les Mauritaniens sont férus de coups de fil et de WhatsApp, beaucoup moins d'e-mails, car les connexions sont souvent hasardeuses lorsqu'on sort de Nouakchott, et la 3G et le wifi sont souvent fort sollicités le soir dans les villes de l'intérieur, avec comme conséquence beaucoup de lenteur de chargement…

ELECTRICITÉ ET MESURES

L'approvisionnement électrique en 220 volts est plutôt bien assuré en Mauritanie. Les coupures de courant sont rares dans les grandes villes et rarement longues. Mais plus on s'éloigne des centres urbains, plus la fourniture d'énergie devient aléatoire, jusqu'à devenir inexistante dans les contrées les plus éloignées. Certains bâtiments s'équipent, petit à petit, de panneaux solaires, source d'énergie inépuisable dans ce pays. Les unités de poids et de mesure sont les mêmes qu'en France. Seule nuance, « kilo » est souvent utilisé comme abréviation pour « kilomètre ».

BAGAGES

Prévoyez un maximum de t-shirts et de pantalons en toile ou en coton plutôt qu'en matières synthétiques. Évitez de vous déguiser en portant des vêtements africains, vous seriez tout de suite catalogué comme touriste, ou de vous promener torse nu ou en short. Les Africains affirment que les shorts sont réservés aux enfants. En faisant simple, vous aurez les plus grandes chances de vous faire accepter.
Sauf si vous allez dans le nord entre novembre et mars, le sac de couchage est inutile, la température nocturne descendant rarement sous les 20 °C. En revanche, un sac à viande léger et peu encombrant sera indispensable pour se protéger du vent et du sable.
Si vous faites votre lessive, avec le climat régnant en Mauritanie, le linge séchera rapidement. Sachez que dans les auberges, seul le matelas est fourni. Pas d'oreillers ni de serviettes ni de savon...
Une paire de sandales facilement détachables sera utile, car on se déchausse souvent avant d'entrer sous la tente. Des chaussures de sport style running seront pratiques pour marcher dans les dunes (où le sable peut être brûlant). Une lampe frontale, un sac étanche pour les papiers importants, et un couteau de poche peuvent se révéler utiles, tout comme les lunettes et crèmes, indispensables protections contre le soleil. Pour se protéger la tête, ne vous encombrez pas d'un chapeau, vous trouverez très facilement sur place de quoi vous confectionner un superbe chèche. Ce turban, même s'il n'est pas enroulé dans les règles de l'art, préservera très efficacement du soleil, du vent, du sable, et vous rendra de multiples autres services.

S'Y RENDRE

Des vols réguliers relient Paris à Nouakchott, plusieurs fois par semaine, et d'octobre à avril vous pouvez même atterrir à Atar ! D'autres circuits sont possibles : en transitant par le Maroc, la Tunisie, l'Algérie, le Sénégal, le Mali, la Côte d'Ivoire ou la Gambie, vous pourrez ensuite relier la Mauritanie. Le prix moyen d'un aller-retour Paris-Nouakchott revient à 800 €, la variation de prix dépendant de la compagnie empruntée, mais surtout du délai de réservation... En vous y prenant six mois à l'avance, vous pourrez obtenir des tarifs intéressants. Certains sites, des comparateurs de vol, vous aideront à trouver les billets au meilleur prix, version vol sec ou package. Vous avez aussi l'option, pour diminuer votre charge mentale, de faire appel à des spécialistes : des agences, nombreuses, pourront vous proposer des voyages sur mesure à travers le pays, en fonction de vos envies. *Yalla* !

AIR FRANCE

✆ 09 69 39 36 54

wwws.airfrance.fr

Réservez en ligne ou par téléphone. Bagage en soute gratuit. Entre 55 et 100 € pour un bagage en soute supplémentaire.

Air France propose quatre vols par semaine entre Paris et Nouakchott. Certains vols sont directs, il faut alors compter environ 5h25 de vol, ou prévoient une escale à Conakry (compter alors 9h40 de temps de trajet). Il est aussi possible de partir depuis d'autres villes de France. La compagnie, qui existe depuis 1933, est synonyme de qualité, de service et de confort. La compagnie fait partie du groupe privatisé Air France-KLM et est également membre fondateur de l'alliance Skyteam. Sa flotte est majoritairement constituée d'Airbus âgés d'une dizaine d'années.

EASY VOLS

✆ 08 99 19 98 79

www.easyvols.fr

Pour voyager malin, il faut faire ses recherches en toute efficacité, sans perdre trop de temps à jongler d'un site à un autre. Pour trouver le bon vol au bon prix, l'idéal est la plateforme comparatrice de vols. Easyvols permet de comparer en temps réel les prix des billets d'avion chez plus de 700 compagnies aériennes et pas seulement des compagnies low-cost. Vous pouvez économiser jusqu'à 70 % du prix si vous êtes prêts à saisir au vol les meilleures offres. Des avis avisés de clients sont aussi consultables sur le site Internet.

ROYAL AIR MAROC

38, avenue de l'Opéra

✆ 08 20 82 18 21

https://www.royalairmaroc.com/fr-fr

Certifiée IOSA par l'Association du transport aérien international (IATA), la compagnie marocaine dessert de nombreux pays en Afrique, en Europe, en Amérique et en Asie. Elle propose plusieurs vols quotidiens de Paris vers Nouakchott, via Casablanca. Compter autour de 9h de trajet. Les prix des billets sont abordables et un bagage en soute de 23 kg est inclus dans le tarif. Lors des vols long-courriers, un repas à bord vous est offert. Royal Air Maroc possède une belle flotte composée entre autres de Boeing 737-800, d'Embraer 190 et ATR72-600.

MISTERFLY

www.misterfly.com

Ouvert du lundi au vendredi de 9h à 21h. Le samedi de 10h à 20h.

MisterFly.com est le nouveau-né de la toile pour la réservation de billets d'avion. Son concept innovant repose sur un credo : transparence tarifaire ! Cela se concrétise par un prix affiché dès la première page de la recherche, c'est-à-dire qu'aucun frais de dossier ou frais bancaire ne viendront alourdir la facture finale. Idem pour le prix des bagages ! L'accès à cette information se fait dès l'affichage des vols correspondant à la recherche. La possibilité d'ajouter des bagages en supplément à l'aller, au retour ou aux deux... tout est flexible !

SÉJOURS ET CIRCUITS

Vous n'avez pas l'âme d'un routard ? Vous rechignez à organiser votre séjour de A à Z ? Aucun problème ! Les voyagistes, quels qu'ils soient, ne manquent pas. Circuits guidés, séjours à la carte, location de véhicules... : les prestations sont légion. L'écrasante majorité des tour-opérateurs propose invariablement l'exploration de l'Adrar et de ses oasis, *ksour* et ergs. Certains se démarquent par leur spécialisation (pêche, raid automobile...) ou par les régions délaissées des touristes qu'ils offrent à la visite (vallée du fleuve Sénégal, Hodh Ech Chargui...) : idéal pour un voyage insolite hors des sentiers battus. N'hésitez pas à consulter les sites web de ces différents organisateurs de voyages afin de dénicher le séjour qui vous convient. Bien que plusieurs voyagistes aient investi des marchés de niche, la plupart d'entre eux offrent des tours adaptés (et adaptables) à toutes les bourses, toutes les durées et tous les goûts.

AKAOKA - COMPAGNIE DU TREK

15, place des Halles
GANGES
✆ 01 83 62 19 68
www.akaoka.com
Consulter le site Internet pour plus d'informations.

Cette agence construit avec vous vos équipées terrestres, de la randonnée individuelle au trek accompagné, en respectant vos choix de destination et vos envies. Elle a été fondée par deux passionnés d'aventure. Plusieurs circuits sont proposés pour la Mauritanie. Parmi ceux-ci, un « Trek en chameau de l'erg Ouarane à Chinguetti », un voyage en 4x4 et chameau à la découverte du Banc d'Arguin, ou encore une randonnée chamelière au coeur du Tagant...

NOMADE AVENTURE

40, rue de la Montagne-Sainte-Geneviève
PARIS (5e)
✆ 01 46 33 71 71
www.nomade-aventure.com
Ouvert du lundi au samedi de 9h30 à 18h30. Circuits sur mesure. Activités.

Nomade Aventure, comme son nom l'indique doublement, est une agence qui vous change de vos habitudes sédentaires. Avec ses voyages placés sous le thème de la nature, de la culture et de la rencontre, elle vous propulse vers de nouvelles aventures. Loin des meutes de touristes, vous mettrez à profit les bonnes connaissances des agents sur la région en profitant à la fois de circuits originaux et de spots incontournables. Nomade Aventure fait de votre voyage de véritables vacances en vous permettant de vous détendre, ils prévoient tout !

LA BALAGUÈRE

✆ 05 62 97 46 46
www.labalaguere.com
Ouvert du lundi au vendredi de 9h à 17h et le samedi de 10h à 12h et de 14h à 17h30.

La Balaguère est spécialisée dans la randonnée, les voyages à pied et le trek, et propose des séjours avec ou sans guide, pour les familles ou entre amis, et surtout pour tous les niveaux, du débutant au marcheur expérimenté. De nombreux voyages en groupes accompagnés sont organisés à destination de la Mauritanie. Opterez-vous pour un voyage à bord du train du désert, une escapade ornithologique dans le parc national du Banc d'Arguin ? Ou choisirez-vous la randonnée « Ouadane - Chinguetti » ? Organisation pointue et hébergements atypiques.

POINT-VOYAGES

✆ 04 75 97 20 40
www.point-voyages.com

Créée en 1996, sa raison d'être est le développement des relations Nord-Sud. En mettant en place des liaisons aériennes à bas prix sur des régions enclavées, elle souhaite favoriser le désenclavement de certaines régions fragilisées d'Afrique. Elle s'appuie sur un tourisme responsable, en partenariat avec les populations locales auxquelles les retombées économiques profitent directement. Point Afrique propose une large gamme de voyages et de thèmes pour découvrir la Mauritanie : randonnées chamelières, VTT, treks, séjours libres, itinérance, circuit en 4x4...

ATAR VOYAGES

Quarter Tevragh Zeina
NOUAKCHOTT
✆ +222 46 57 67 61
www.atarvoyages.com
Excursions, circuits, locations de véhicules.

© ATAR VOYAGES

Dirigée de main de maître par Seck, cette très professionnelle agence met en exergue les multiples facettes du pays. Outre l'organisation de séjours personnalisés, Atar Voyages déploie un éventail de circuits thématiques. Les ornithologues pourront ainsi assouvir leur passion en parcourant le parc du Diawling et celui du banc d'Arguin, les aficionados de méharées seront comblés et les amateurs de bivouac au creux des dunes soupireront d'aise. Sont aussi proposées une initiation à la conduite de 4x4 sur pistes, ergs et regs ainsi que la location de tous véhicules.

AGENCE VISA VOYAGE

32 rue Abou Bakr As-Siddiq
NOUAKCHOTT
✆ +222 45 25 11 60
Ouvert de 8h à 17h du lundi au jeudi, de 8h à midi le vendredi et de 9h à midi le samedi. Fermé le dimanche.

Sise entre les avenues Kennedy et El Hadj Omar Tall, l'agence Visa Voyage propose une gamme complète de services touristiques tels que la vente de billets d'avion (elle coopère notamment avec Point-Afrique et propose donc des vols secs aller-retour vers la France à des prix imbattables) et de circuits (produits par des organisateurs de voyages locaux et hexagonaux). Nous avons particulièrement apprécié la gentillesse et le professionnalisme de Mohamed et Aicha, qui font tout pour répondre aux diverses demandes des pérégrins.

CHINGUITTY VOYAGES

Ksar
NOUAKCHOTT
✆ +222 36 33 85 22
www.chinguitty-voyages.mr

La liste des prestations promises par Chinguitty Voyages s'apparente (presque) à un inventaire à la Prévert : location de véhicules automobiles (4x4, berlines, minibus...), réservation de chambres (hôtels, auberges...), élaboration de *business tours* (séminaires, *team building*...), soutien logistique lors de manifestations sportives (rallyes...), aérotourisme, etc. Bien entendu, sont également concoctés des circuits touristiques permettant de découvrir la Mauritanie, depuis le monolithe de Ben Amira jusqu'à Nouakchott en passant par l'erg Amatlîch...

MAURITANIAN BEST TOURS

NOUAKCHOTT
✆ +222 27 27 27 59

Dirigée par son fondateur, le trilingue Mohamed Lemine El Hassen, l'agence Mauritanian Best Tours propose à la fois des séjours sur mesure, conçus en totale concertation avec les voyageurs afin de répondre à leurs envies, et des circuits organisés tels que le tour de l'Adrar (en 4 jours), la découverte du parc national du banc d'Arguin (en 2 jours) et la visite de Nouakchott (en 8 ou 9 heures). Ses chauffeurs, aux manettes de 4x4 en parfait état, et ses guides, consciencieux, vous permettront d'appréhender au mieux la Mauritanie.

DÉTOURS MAURITANIE

ATAR
✆ +222 42 07 87 87
www.voyagemauritanie.com

Basée à Atar, Détours Mauritanie Voyages est une agence à taille humaine dirigée par Sylvain Philip, passionné du Sahara. Depuis 1994, toute l'équipe partage avec ses clients excursionnistes sa passion du désert alliée à une réelle (et vérifiée) expertise du terrain, le tout avec rigueur et professionnalisme. Les circuits sont conçus sur mesure, en fonction des désirs des voyageurs et dans la plus pure tradition saharienne. Organise également des escapades au banc d'Arguin. Site Internet très bien fait, avec du vrai contenu.

DÉSERT MAURITANIE

Avenue Gamal Abdel Nasser
NOUAKCHOTT
✆ +222 46 44 24 21
www.desertmauritanie.com

Désert Mauritanie est une agence de plus de 25 ans d'expérience qui propose de multiples possibilités de circuits : partez à la découverte des richesses culturelles qu'offre la Mauritanie, façon voyage personnalisé. Ainsi, vous pourrez arpenter le pays en trekking, à dos de chameau, à pied, en moto, en 4x4... Cette agence à la longue expérience en tourisme (la toute première du pays !) vous apporte aussi son aide pour les formalités d'usage sur place (visas, etc.). Idoumou, votre interlocuteur, est très à l'écoute de ses clients.

MTS

33 avenue El Hadj Omar Tall
NOUAKCHOTT
✆ +222 20 00 07 75
www.mts.mr

Bien en vue sur l'avenue El Hadj Omar Tall (ex-avenue Charles de Gaulle), Mohamed Salem Travel & Services (MTS), spécialisé dans la distribution de voyages, n'est pas, à proprement parler, un tour-opérateur. Dans les locaux de cette société, vous pourrez acquérir des billets d'avion, réserver une chambre d'hôtel à Tevragh Zeina ou à l'autre bout du monde, organiser vos transits en douceur et sélectionner le circuit organisé vous seyant le plus. Polyglotte, le staff de MTS a mis en place un service d'assistance joignable 24h/24 et 7j/7.

BIH TOUR DU DESERT

NOUAKCHOTT
✆ +222 32 53 22 60

Voici Bih, guide du désert mauritanien qu'il arpente à la recherche de nouveautés. A dos de chameau ou en 4x4, Bih propose des aventures sur mesure à travers la terre des sables. Ayant une connaissance approfondie de l'Afrique de l'Ouest, il est surtout spécialiste de la Mauritanie, prêt à vous faire découvrir son pays. Bih a tout le matériel nécessaire pour passer une bonne nuit sous la tente et confectionner un repas mauritanien. Il parle français, anglais, espagnol et néerlandais. Pour sortir des sentiers battus, c'est peu de le dire en Mauritanie...

CHINGUITTOURISM

✆ +222 46 04 05 04
https://chinguittourism.com
Circuits de 7 à 9 jours.

© CHINGUITTOURISM

Chinguittourism vise à faire connaître la Mauritanie et à informer ses visiteurs sur son passé historique, culturel et social. Cette agence a à cœur de vous sensibiliser et de vous donner accès à l'importante quantité de précieux et rares manuscrits conservés dans les bibliothèques des quatre villes anciennes, à savoir Chinguetti, Ouadane, Tichit et Oualata. Votre hôte, Mohamed Lamine, vous fera découvrir les paysages fascinants et grandioses disséminés partout dans le pays, et plus particulièrement dans la région de l'Adrar.

PRO SERVICES TOURS

NOUAKCHOTT
✆ +222 46 55 35 35
www.lestoilesmaures.net

Propriétaire de l'auberge Les Toiles Maures à Atar, l'allègre et loquace Cheibany partage son temps entre Nouakchott et l'Adrar. N'hésitez pas à prendre contact avec lui afin de vous enquérir des activités proposées par son agence, Pro Services Tours. D'une durée oscillant entre 8 et 15 jours et, dans la plupart des cas, programmés entre mi-octobre et mi-avril, les tours guidés vous mèneront – à pied, à dos de chameau, en 4x4 ou en train – dans les plus enchanteurs coins et recoins de l'Adrar, du Tagant et du parc national du banc d'Arguin.

MAURITANIE RAID

NOUAKCHOTT

✆ +222 26 17 12 88

Excursions en buggy et en quad.

© MAURITANIA RAID

Mauritania Raid propose des circuits uniques en quad, SSV, 4x4 et à dos de chameau. Cette agence partage avec vous sa passion pour le désert et les sports mécaniques, alliée à son goût pour l'aventure. Grâce à son équipe, vivez une expérience humaine exceptionnelle dans des paysages incroyables ! Elle vous proposera plusieurs types de circuits, d'environ 7 jours à la carte, sur mesure dans la région de l'Adrar, ou encore le long de la côte atlantique à partir de Nouakchott, en passant par le PNBA jusqu'au Cap Blanc à Nouadhibou.

LES RANDONNEURS

ATAR

✆ +222 46 45 35 24

Dans le métier depuis plusieurs lustres, Mohamed Boydya jouit d'une belle réputation en Mauritanie, auprès des hôteliers comme des expatriés, mais aussi en France où il a déjà exercé ses talents de conteur lors de festivals. Mohamed propose des circuits dans tout le pays : treks, expéditions en 4x4, séjours en camps aménagés... Très chaleureux, assez drôle et excellent conducteur, il adapte ses tarifs en fonction de la demande. Ce spécialiste du voyage cousu main collabore fréquemment avec Point-Afrique et assure la logistique du raid TransMauritania.

SAHARA PÊCHE AVENTURE

PARC NATIONAL DU BANC D'ARGUIN

✆ +222 46 54 64 11

www.saharapecheaventure.com

Dans l'onde amère du golfe d'Arguin vous ne taquinerez guère le petit goujon dulcicole mais bien plutôt le gros maigre (ceci n'est pas un oxymoron), le fusiforme cobia, le lippu mérou, la fameuse dorade, la prisée raie-guitare, le vermiculé maquereau et, bien entendu, la véritable star du coin, le mulet jaune. En compagnie du pêcheur émérite qu'est Dayhi, vous pourrez vous adonner, le temps d'un week-end ou d'une semaine, au *rock fishing* depuis le cap Tafarit et au *surfcasting* sur la belle plage sablonneuse qui s'étire d'Arkeiss jusqu'au promontoire de Tagarit.

SIDI RANDOS VOYAGES

12 Ilot K

NOUAKCHOTT

✆ +222 43 53 77 59

www.sidirandos.com

Quoique la randonnée pédestre figure parmi les animations proposées par Sidi Zeidane et sa compétente équipe (cuisiniers, chameliers, conducteurs de tout-terrain...), ce sont la méharée et le raid automobile qui s'adjugent la part du lion au sein de cette agence. Juché sur la bosse de votre camélidé, vous aurez ainsi la possibilité d'explorer des zones reculées et de rencontrer moult familles beidanes. Les expéditions en 4x4 – organisées de concert avec des tour-opérateurs européens, à l'instar de Tagoulmoust Aventure – raviront, quant à elles, les as du volant.

MAURITANIA DESERT VOYAGES

NOUAKCHOTT

✆ +222 36 77 73 33

www.mauritaniadesertvoyages.com

Jeune, polyglotte, dynamique et professionnel, tel est Alioune, le fondateur et directeur de Mauritania Desert Voyages. Depuis 2011, ce natif d'Azougui répond aux aspirations de ses clients en élaborant d'inoubliables séjours sur mesure. Que vous voyagiez seul ou en groupe, que vous désiriez bivouaquer ou dormir entre quatre murs, que vous privilégiiez l'interaction culturelle ou la randonnée nature, Alioune et sa chaleureuse équipe sauront répondre à vos attentes !

SALECK ÉTOILE TOURS

✆ +222 46 78 78 58

www.salecketoiletours.com

Saleck Étoile Tours, une agence nouvellement créée, vous propose de découvrir la Mauritanie en sa compagnie. Que vous vous décidiez pour une brève escapade ou pour un séjour prolongé, Mohamed et son équipe se mettront en quatre afin de rendre inoubliable votre voyage. Au menu ? Les imposantes dunes d'Azoueiga, la rafraîchissante oasis de Terjît, la bellissime *guelta* de Mhaïret, le spiralant Guelb Er-Richat, les historiques *ksour* de Ouadane et Chinguetti, les reliquats de Fort Saganne, la minière cité de Zouérate ou encore le gorgé de lumière golfe d'Arguin...

T'ORE MAURITANIA

NOUAKCHOTT

✆ +222 37 78 75 28

https://toremauritania.com/

Découverte de toute la Mauritanie, voyage sur mesure.

Explorez la Mauritanie sous toutes ses coutures avec T'Ore Mauritania ! Baba Ahmed et son équipe vous proposent des circuits de 5, 7 ou 8 jours à travers le pays, des itinéraires passant par les principaux points forts de la Mauritanie, dont le fameux train de minerai de fer. Les guides et chauffeurs se caleront à votre rythme, tout en aiguillant votre regard durant votre séjour, pour que vous ne manquiez rien des trésors du pays ! Bon à savoir : Baba parle couramment anglais, ce qui peut s'avérer utile et bienvenu selon avec qui vous voyagez.

VISIT MAURITANIA TOURS

✆ +222 41 40 14 00

www.visitmauritaniatours.com

Visiter les anciennes cités caravanières, se rafraîchir au mitan de l'oasis de Terjît, voguer sur une lanche dans le golfe d'Arguin, s'époumoner au sein des imposantes dunes d'Azoueiga, admirer le paysage depuis les fenêtres du « train du désert », déambuler dans Nouakchott ou découvrir la saillie rocheuse de Makhrougat, tout cela est possible avec Visit Mauritania Tours. Sous la houlette de Lemine Moulaye Taher, plongé de longue date dans l'industrie touristique et fin connaisseur du Sahara, cette sérieuse agence fournit des prestations de qualité.

SIDI TOURS MAURITANIA

Îlot K

NOUAKCHOTT

✆ +222 22 23 23 01

www.tourmauritania.com

© SIDITOURS

Féru de voyages et ferré sur son pays, polyglotte et épris de rencontres : tel est le portrait de Sidi Chighali Jedna, le fondateur et animateur de Sidi Tours Mauritania. À l'écoute et prodigue en conseils, ce dernier saura répondre à vos envies en vous concoctant un séjour sur mesure ou en vous proposant le circuit *ad hoc*. Planifiés avec soin et très bien encadrés, les tours, de un à quatorze jours, vous permettront de découvrir maints aspects de la Mauritanie. L'agence offre, en outre, la possibilité de louer des véhicules (berlines, 4x4).

TRARZA TOUR

✆ +222 46 43 25 59

Trarza Tour est le grand spécialiste des raids d'aventure sur le territoire mauritanien. Sidi, le responsable de l'agence, vous accompagne dans l'élaboration de votre raid et se fait fort d'avoir toutes les autorisations et contacts nécessaires à la bonne marche de votre organisation. Que vous soyez en 4x4, en camion, en moto ou en simple berline, Sidi vous accompagne partout en Mauritanie, du banc d'Arguin au chemin de l'Adrar, et assure le succès de votre circuit. Trarza Tour vous permet aussi de louer vos véhicules à Nouakchott et partir à l'aventure.

SALIMA VOYAGES

43JF+622

ATAR

✆ +222 46 56 92 30

www.salimavoyages.com

Salima Voyages, l'une des meilleures agences de la région, propose un bel éventail de circuits organisés, depuis la randonnée pédestre dans l'Adrar oriental (21 jours), où le bivouac est au rendez-vous, jusqu'à l'incursion dans le Tagant (Rachid, Ksar el-Barka, Nbeika, Matmata...) en passant par la sortie en lanche à Iwîk. Salima organise aussi des séjours à la carte et vous conseille sur ce que vous pouvez faire ou non (tout n'est pas forcément réalisable). Il est également loisible de louer un 4x4 avec chauffeur et, éventuellement, cuisinier.

EXPEDIA FRANCE

✆ 01 57 32 49 77

www.expedia.fr

Vous pouvez télécharger l'application mobile pour planifier votre séjour.

Expedia est le site n° 1 mondial du voyage en ligne. Un large choix de 300 compagnies aériennes, 240 000 hôtels, plus de 5 000 stations de prise en charge pour la location de voitures et la possibilité de réserver parmi 5 000 activités sur votre lieu de vacances. Cette approche sur mesure du voyage est enrichie par une offre très complète comprenant prix réduits, séjours tout compris, départs à la dernière minute... Son algorithme et sa base de données permettent en effet de proposer des formules vol et hôtel à peu près n'importe quand.

EASYVOYAGE

✆ 08 99 19 98 79

www.easyvoyage.com

Le concept peut se résumer en trois mots : s'informer, comparer et réserver. Des infos pratiques sur plusieurs destinations en ligne (saisonnalité, visa, agenda...) vous permettent de penser plus efficacement votre voyage. Après avoir choisi votre destination selon votre profil (famille, budget...), le site vous offre la possibilité d'interroger plusieurs sites à la fois concernant les vols, les séjours ou les circuits. Grâce à ce moteur performant, vous pouvez réserver directement sur plusieurs bases de réservation (Lastminute, Go Voyages et bien d'autres).

JETCOST

www.jetcost.com

Jetcost compare les prix des billets d'avion et trouve le vol le moins cher parmi les offres et les promotions des compagnies aériennes régulières et *low cost*. Le site est également un comparateur d'hébergements, de loueurs d'automobiles et de séjours, circuits et croisières. L'interface du site Internet est très simple d'utilisation. Après avoir lancé la recherche, on peut affiner les résultats en fonction de ses choix afin de trouver le vol le plus intéressant, la durée du trajet, les éventuelles escales ou encore l'aéroport d'arrivée.

YESLEM EXPLORATION

NOUAKCHOTT

✆ +222 46 40 26 45

Yeslem, qui connaît très bien le pays, élabore avec son équipe francophone plusieurs façons de découvrir la Mauritanie : randonnées pédestres, méharée à dos de chameau, voyage en 4x4... Diverses formules de voyages sont également proposées à la carte. Avec une assistance tout au long du voyage, c'est l'assurance d'un séjour dans les meilleures conditions. Yeslem Exploration fournit également, pour ceux qui le souhaitent, du matériel de camping. Des cuisiniers se chargeront de vos repas tout au long de votre séjour. Une adresse conseillée.

QUOTATRIP

www.quotatrip.com

Voyages sur mesure.

QuotaTrip est une nouvelle plateforme de réservation de voyage en ligne qui met en relation des voyageurs à la recherche d'expériences authentiques et uniques et des agences de voyages locales sélectionnées pour leurs compétences et leur sérieux. Le réseau de QuotaTrip couvre près de 200 destinations dans le monde entier. Le but de ce rapprochement est simple : proposer un séjour entièrement personnalisé aux utilisateurs. QuotaTrip promet ainsi l'assurance d'un voyage serein, sur mesure, sans intermédiaires et sans frais supplémentaires.

SE LOGER

Il n'y a pratiquement pas d'établissement hôtelier de gamme moyenne en Mauritanie. Vous trouverez des hôtels avec chambres climatisées et tout le confort, disponibles à partir de 1 200 MRU environ, ou vous logerez dans des auberges rustiques mais propres, pour 300 MRU. Il est prudent d'avoir avec soi un « sac à viande » lorsqu'on ne fréquente pas les hôtels de luxe... Au sud de la route de l'Espoir, et dans toute la région du fleuve, prévoyez de quoi combattre les moustiques, surtout en période d'hivernage. Aussi, en Mauritanie, la nuit tombe assez vite : munissez-vous d'une torche ou similaire, car l'électricité n'est pas présente dans l'intégralité du pays. Ni l'eau chaude d'ailleurs ! Qu'à cela ne tienne, vous trouverez toujours un abri décent, et n'oubliez pas que la Mauritanie est un pays de l'oralité : n'hésitez pas à verbaliser ce que vous recherchez, à discuter, et c'est l'hospitalité mauritanienne que vous rencontrerez.

BEWELCOME €€

www.bewelcome.org

Le système est simple : être hébergé chez l'habitant, partout dans le monde. C'est le site Internet qui se charge de contacter les accueillants et les postulants puis de les mettre en contact, que ce soit en ligne ou dans la vraie vie. Avec leur carte interactive, les profils des « *welcomers* » s'affichent, avec leurs disponibilités. Certains font part de leurs projets de voyage afin de pouvoir trouver des affinités, des opportunités d'action avec les membres du site. Idéal pour un voyage solidaire et plein de belles rencontres !

HOME EXCHANGE €€

www.homeexchange.fr

Abonnement annuel 149 €.

Et si vous échangiez votre maison avec d'autres pour partir en vacances ? HomeExchange est une plateforme d'échange de maisons et d'appartements entre particuliers. L'idée : un site Internet pour échanger son logement (studio, appartement, villa...) moyennant un abonnement annuel à l'agence en ligne, qui se charge de la présentation du bien et de la mise en contact des intéressés. Un excellent moyen de faire des économies pour partir en vacances et réduire ainsi les frais d'hébergement sur place. Le choix est large, avec plus de 450 000 offres dans 159 pays.

HELPX €€

www.helpx.net

Plateforme Internet pour séjourner chez l'habitant.

Des fermes biologiques, des B&B, des hôtels où l'étranger aide tout en bénéficiant, selon les hôtes, d'un hébergement, de repas ou de cours de langues selon le travail fourni. Un panel de lieux, partout dans le monde, où vivre durant une année ou moins, afin d'améliorer une langue ou vivre une expérience hors du commun pendant une année de césure. Lors de notre dernière visite sur le site, des propriétaires de *guesthouse* proposaient lit + déjeuner en échange de quelques heures de travail. Peut être une bonne affaire pour les plus jeunes.

HOSTELWORLD €

www.hostelworld.com

Depuis 2005, cette centrale de réservation en ligne permet de planifier son séjour à prix corrects dans le monde entier. Afrique, Asie, Europe, Amérique... Hostelworld est spécialisé dans les logements peu onéreux (auberges de jeunesse ou hostels...) mais proposant des services et un cadre plutôt soignés. Pour chaque grande ville, le site propose une sélection pointue d'enseignes partenaires et vous n'aurez plus qu'à choisir l'adresse la plus pratique, la mieux située, ou tout simplement la moins chère. Une plateforme bien pratique pour les baroudeurs.

SE DÉPLACER

Vous voilà arrivé en Mauritanie, au sortir de l'avion peut-être : comment vous rendre alors d'une ville à l'autre, dans ce pays si étendu ? Les moyens de locomotion autochtones sont nombreux en vérité, bien que pouvant paraître désorganisés du point de vue de l'Occident ! Au nord, vous pourrez emprunter le mythique train de minerai de fer, pour quelques heures. Au sud, ce sera le bac, pour traverser le fleuve Sénégal jusqu'au pays éponyme. Entre les deux, c'est à vous de voir : certains se tourneront vers la location de véhicule en autonomie, d'aucuns feront appel à un guide-chauffeur pour un tour organisé, quand d'autres encore préféreront les minibus ou taxis-brousse, au plus près des Mauritaniens. Pour les taxis, rendez-vous sur un carrefour ou un axe passager, vous les trouverez facilement. Enfin, sachez que nombreux sont les voyageurs traversant la Mauritanie à pied, à vélo, ou en camping-car.

MAURITANIA AIRLINES

www.mauritaniaairlines.mr

5 vols internes par semaine, entre Nouakchott et Nouadhibou.

La compagnie Mauritania Airlines propose des vols intérieurs, entre Nouakchott et Nouadhibou, à raison de cinq liaisons aller-retour par semaine environ. Le programme des vols est consultable sur le site Internet de la compagnie, et plusieurs agences existent dans le pays, si vous souhaitez réserver un billet : Nouakchott (avenue Gemal Abdel Nasser, immeuble Damane), Nouadhibou (boulevard Médian, immeuble BCMI), Zouérate (route de l'aéroport, immeuble Hôtel Tiris). Là encore, vous trouverez les numéros de téléphone sur le site.

COMPAGNIES DE MINIBUS

NOUAKCHOTT

Pour une liaison Nouakchott-Nouadhibou, entre 600 et 700 MRU.

En Mauritanie, les minibus permettent les liaisons d'une ville à l'autre, les distantes étant importantes dans le pays. Les principales compagnies sont : Première classe, El Moussavir, Essevir, Somacir, Prince. À Nouakchott, vous les trouverez sur les grands axes : N1 vers Atar, N2 vers Nouadhibou, N3 vers la route de l'Espoir, etc. Pour les plus longs voyages (de Nouakchott vers le Mali, la Guinée), adressez-vous à la Sonef. Et si vous souhaitez vous rendre au Sénégal, privilégiez un minibus jusqu'à Rosso, puis le bac pour traverser le fleuve.

BAC

ROSSO

Taxe du pont : 4 000 francs CFA à l'arrivée au Sénégal.

Rosso vit au rythme du fleuve qui la borde, la séparant en deux : Rosso Mauritanie d'un côté, Rosso Sénégal de l'autre ! Pour passer d'un pays à son frontalier, il vous faut prendre le bac. Ce type de grand bateau, à fond plat, permet le transport de véhicules, biens, marchandises, humains et autres pour traverser un bras de mer ou de fleuve. Si d'autres points de passage vers le Sénégal peuvent se faire via un pont (Diama par exemple, Rosso dans le futur), prendre le bac est une expérience à vivre ! C'est goûter à l'effervescence d'échanges quotidiens sur l'eau.

SOMASERT

NOUADHIBOU

✆ +222 45 74 90 42

Cette société, filiale de la SNIM (Société Nationale Industrielle et Minière), exploite le Train du désert, avec ses wagons vitrés et climatisés, qui fait la navette entre Nouadhibou et Zouérate d'octobre à avril. Elle a établi une charte de qualité pour sélectionner les hébergements, les loueurs de voitures, les chameliers, etc., pour faire en sorte que votre séjour se passe dans les meilleures conditions. Hors saison, si vous êtes un groupe d'au moins 20 personnes, le Train du désert pourra éventuellement se mettre en marche rien que pour vous.

AGENCE MAURITANIENNE SERVICES ET REPRÉSENTATIONS

Avenue El Hadj Omar Tall
NOUAKCHOTT
✆ +222 22 14 06 36
Comptez environ 2 500 MRU pour une location de 24 heures.

Mohamed et Boubakar forment une bonne équipe et ils s'occuperont de vous chercher un véhicule dès que vous vous serez mis d'accord. Encore une fois, la règle d'or pour faire des affaires en Mauritanie est de ne (vraiment) pas être pressé ! Et si jamais vous vous sentiez plus à l'aise de faire appel à un chauffeur plutôt que de conduire vous-même dans ce pays, aucun souci, l'agence mauritanienne des services et représentations pourra là aussi vous aider.

AVALLON RENT A CAR

N2
NOUAKCHOTT
✆ +222 36 29 65 65

Une agence de location de véhicules, située face à la Société générale. Les bureaux sont très propres et vous accueillent de manière hospitalière, vous proposant une gamme de véhicules variée, qui vous permettront de parcourir la ville ou le pays en totale autonomie, et en sécurité. De la citadine au SUV, vous trouverez certainement le moyen de locomotion qu'il vous faut dans cette agence. N'hésitez pas à mentionner le parcours que vous envisagez de suivre durant votre séjour, cela pourra aiguiller votre choix de véhicule. Et pensez à l'assurance !

EUROPCAR

Aéroport et Avenue El Hadj Omar Tall
NOUAKCHOTT
✆ +222 22 30 32 41
www.europcar.com

Le grand logo peint sur la concession inspire bien entendu confiance aux touristes, amenés à un moment ou à un autre, à déambuler sur l'avenue El Hadj Omar Tall. Ici, Europcar, c'est un peu comme Michelin, c'est un gage de qualité. À Boutilimit, c'est un hôtel qui porte ce nom prestigieux. Pour en revenir à nos voitures, l'avantage de cette structure plus conséquente, c'est la disponibilité immédiate des véhicules. Quant aux standards attendus sur le service, détrompez-vous, ici comme ailleurs, on négocie chaque détail du contrat.

PRO SERVICES TOURS

NOUAKCHOTT
✆ +222 46 55 35 35
www.lestoilesmaures.net
Circuits, méharées, randonnées, dans tout le pays. Prix très attractifs.

Vous voulez découvrir le pays ? Poussez la porte de Proservices Tours, on vous conduira dans le bureau de Cheibany. Installez-vous et laissez-vous compter l'histoire de la Mauritanie, les richesses de son peuple, les causes et conséquences des difficultés qui le touche... Au troisième thé (pour les plus sceptiques !), vous serez vous aussi convaincu de la sincérité qui anime ce grand érudit lorsqu'il parle de sa terre. Si bien qu'il en oublierait presque de vous parler des circuits qu'il organise et de son auberge, véritable havre de tranquillité à Atar !

CAR APP

NOUAKCHOTT

Si plusieurs compagnies ont vu le jour dans la période pré-Covid (AlloTaxi, MSP Taxi), elles peinent à fonctionner aujourd'hui. Ils existent des taxis individuels privés à l'aéroport qui vous conduiront où vous voudrez, autrement l'application CarApp est vraiment efficace : utilisant la géolocalisation, elle vous met en relation avec une communauté de chauffeurs véhiculés. Sécurité assurée grâce aux commentaires disponibles sur la qualité des chauffeurs, et rapidité : en moins de 5 minutes en général, un taxi vous attend là où vous l'avez demandé.

TAXIS

NOUAKCHOTT

Plusieurs compagnies de taxis tentent de sortir leur épingle du jeu à Nouakchott. Parmi elles, Taxi Rose, une compagnie privée particulièrement dédiée au transport des femmes, ce qui n'est pas commun. Elle est dirigée par Mina Mint Hamdi Ould Habib, que vous pourrez joindre au +222 45 25 48 00. Pour un chauffeur parlant le français couramment et connaissant la ville comme sa poche, adressez-vous à Abdul Taxi, au +222 36 20 33 40. Enfin, deux autres contacts au besoin : Allô Taxi au +222 37 61 00 12 et Fallu Taxi au +222 46 99 03 70.

S'INFORMER

Comment obtenir des informations sur la Mauritanie ? Si vous êtes de celles ou ceux qui préfèrent se jeter à l'aveugle dans un pays, cette rubrique n'est pas pour vous ! En revanche pour les autres... Lorsqu'un voyage se prépare, tout un tas de recherches se lancent : un guide de voyage, tel que celui que vous tenez dans vos mains, est une aide qui reste sommaire, plutôt un répertoire d'adresses vers lesquelles vous tourner, afin d'étendre votre champ de vision. Ci-dessous, vous trouverez plusieurs sites, consultables en ligne pour certains, tandis que d'autres ne vous serviront que sur place. Nous vous avons fourni un condensé de ce qui peut se faire (journalisme, littérature, opérateurs touristiques), afin que vous puissiez cheminer dans votre découverte anticipée de la Mauritanie. Sans oublier l'Ambassade de France et d'autres opérateurs du même acabit utiles aux ressortissants français à l'étranger.

BUREAU DU PARC NATIONAL DU BANC D'ARGUIN

KM 235 - **PARC NATIONAL DU BANC D'ARGUIN**
✆ +222 45 25 85 41
www.pnba.mr
Ouvert tous les jours de 8h à 18h. Droit d'entrée 200 MRU.

Au PK 235, peu avant Chami, se trouve le siège central du PNBA où l'on peut payer le droit d'entrée. En face se trouve le centre d'interprétation, construit en 2012. On y découvre de superbes photos aériennes, un échantillon de la faune et de la flore, une fresque qui décrit la vie des Imraguens, un squelette de dauphin... Si la porte est fermée, cherchez le gardien à l'arrière ou dans le bâtiment de l'autre côté de la route ! Une bonne introduction (ou conclusion) à la visite du parc.

PARC NATIONAL DU DIAWLING

PARC NATIONAL DU DIAWLING
✆ +222 45 29 35 10
www.pnd.mr

Bienvenue au Parc National du Diawling ! Le site Internet est assez bien fourni : il retrace les actions de conservation et de développement menées par l'équipe du parc, ainsi que la présentation et l'historique de ce dernier. Une rubrique s'intitule « Visiter le PND », qui vous sera utile pour obtenir des informations pratiques : comment vous y rendre, où y loger, quelles excursions sont possibles, quels produits artisanaux sont présentés, comment vous comporter dans le parc...

OFFICE NATIONAL DU TOURISME

ZRA 742
NOUAKCHOTT
✆ +222 45 29 90 90
Ouvert du lundi au jeudi de 8h à 17h, et le vendredi de 8h à 12h. Favoriser l'appel pour les contacter.

Si la Mauritanie possède un office national du tourisme, son siège ne répond pas vraiment aux critères en vigueur... « Ce bâtiment est surtout administratif, nous, on envoie les touristes vers les agences », justifie un préposé. Sachez que le pays est surtout de tradition orale, aussi n'hésitez pas à demander un rendez-vous avec le directeur ou son adjoint, très accessibles, ouverts d'esprit, prêts à rendre service, et avec un souci permanent de la sécurité et de l'accueil.

AGENCE MAURITANIENNE D'INFORMATION

http://fr.ami.mr

L'agence mauritanienne d'information est l'agence officielle de presse de la Mauritanie, qui présente des informations politiques et économiques, et ce en trois langues : arabe, français et anglais. Outre son site Internet, qui diffuse à la une un fil d'actualités dense, l'agence publie un magazine mensuel : *Horizons*. Celui-ci, d'une trentaine de pages environ, regroupe des articles de fond sur le pays, ainsi que des interviews, le tout illustré de photographies.

AMBASSADE DE FRANCE

NOUAKCHOTT

www.ambafrance-mr.org

L'Ambassade de France à Nouakchott est un opérateur du gouvernement français, dépendant du ministère des Affaire étrangères et du Développement international, effectuant plusieurs missions au sein du pays. Son site Internet, complet, retrace l'actualité diplomatique, son rôle, ainsi que les relations franco-mauritaniennes. Vous pourrez y trouver des informations sur les services aux Français, principalement à destination des résidents, néanmoins quelques-unes pourront vous être utiles lors de votre voyage (liste de médecins, pharmacies, hôpitaux par exemple).

CARNETS DE VOYAGE

36, Boulevard de la Bastille

PARIS (12e)

www.us.phoenix-publications.com

Publié par les éditions Phoenix, qui comptent déjà plusieurs revues à leur actif, ce trimestriel est consacré aux voyages avec des focus dédiés à la découverte d'une ville, d'une région, que ce soit en France, en Europe ou dans le monde. *Carnets de Voyage*, un magazine utile pour nous faire découvrir le meilleur d'une destination et nous faciliter le voyage. Pour de grandes ou petites escapades, les rédacteurs nous invitent à entrer dans leurs textes vivants, complétés de conseils pratiques, d'un agenda, de bonnes adresses et de superbes photos.

CRIDEM.ORG

www.cridem.org

Sans doute le meilleur site francophone d'informations en ligne pour la Mauritanie : les actualités et informations y défilent en continu. Le Cridem est une référence pour les expatriés, les locaux, ainsi que les voyageurs à destination du pays. Plusieurs rubriques s'y trouvent : santé/hygiène, économie/finance, justice/démocratie, culture/sports, éducation/emploi, pêche/élevage/agriculture, urbanisme/environnement, islam/religion, faits divers/insolite. De quoi avoir un panorama assez varié de ce qui se passe en Mauritanie !

FRANCE 24

80, rue Camille Desmoulins

ISSY-LES-MOULINEAUX

✆ 01 84 22 84 84

france24.com

Fondée en 2005, cette chaîne de télévision française d'information internationale en continu est accessible par le câble ou par le satellite dans certains bouquets de chaînes des hôtels du pays (canaux en français, en anglais, en arabe et en espagnol). Mais seuls les faits les plus retentissants de l'actualité locale sont traités. Dans les hôtels, vous pourrez aussi parfois trouver les chaînes *TV5 Monde* et *Euronews*. Cette dernière est diffusée en quatorze langues, dont le français, mais aussi en bosno-serbo-croate depuis 2021.

RFI

80, rue Camille Desmoulins

ISSY-LES-MOULINEAUX

✆ 01 84 22 84 84

www.rfi.fr

RFI (Radio France Internationale) est une radio française d'actualité diffusée mondialement en français et en 13 autres langues*, disponible en direct sur Internet (rfi.fr) et applications connectées. Grâce à l'expertise de ses rédactions basées à Paris et de son réseau de 400 correspondants, RFI propose à ses auditeurs des rendez-vous d'information et des magazines offrant les clés de compréhension du monde.

*anglais, cambodgien, chinois, espagnol, haoussa, kiswahili, mandingue, persan, portugais, roumain, russe, vietnamien.

TV5 MONDE

www.tv5monde.com

La chaîne de télévision internationale francophone diffuse des émissions de ses partenaires nationaux (France Télévisions, RTBF, TSR et CTQC) et ses propres programmes. La grille de TV5 Monde reflète la diversité de la création audiovisuelle francophone : cinéma, fictions, documentaires, jeux, divertissements, musique, jeunesse, sport, spectacles... TV5 Monde est diffusée dans plus de 200 pays et propose 9 chaînes régionalisées et 2 chaînes thématiques. Son audience moyenne hebdomadaire est de 55 millions de téléspectateurs.

RESTER

Si vous vous trouvez sur cette page, c'est que la Mauritanie, d'une manière ou d'une autre, vous appelle auprès d'elle plus longuement qu'un court séjour de vacances... Alors comment faire ? Vers quoi vous tourner ? L'humanitaire peut-être, le besoin d'être solidaire ? Un projet de recherche ou d'étude ? Un travail, un volontariat ? Sachez que la durée maximale de validité d'un visa pour séjourner dans le pays est d'un mois. Au-delà, il vous faudra solliciter une carte de séjour auprès du ministère de l'Intérieur mauritanien, et produire un contrat de travail. Il pourra également vous être délivré un visa de long séjour valable un an, sous certaines conditions. Les résidents en possession d'une carte de séjour n'ont pas besoin de visa pour rentrer en Mauritanie, à condition que leur séjour en dehors du pays soit inférieur à six mois. Ci-après, découvrez quelques secteurs qui pourront peut-être éveiller des vocations.

ACTION CONTRE LA FAIM

102, rue de Paris - **MONTREUIL**
✆ 01 70 84 70 70
www.actioncontrelafaim.org
Par téléphone de 9h à 13h et de 14h à 18h.

ONG internationale spécialisée dans la lutte contre la faim dans le monde, active dans les domaines de la nutrition, santé, sécurité alimentaire, de l'eau, de l'assainissement. L'association intervient dans des situations de crise. Le but étant de rendre les populations autonomes d'un point de vue de la nutrition, en apportant une aide concrète et en formant les intervenants locaux qui prendront le relais. Ses missions de volontariat durent de trois mois à un an en Afrique, Asie, Amérique, Europe centrale, dans le Caucase, au Moyen-Orient et dans les Caraïbes.

CLUB TELI

Les Clarets
SAINT-PIERRE-D'ENTREMONT
✆ 04 79 85 24 63
www.teli.asso.fr
Adhésion d'un an : 45 €.

Le Club Teli est une association d'aide à la mobilité internationale créée voici bientôt 30 ans, forte de 4 000 adhérents en France et dans 65 pays. Si vous souhaitez séjourner à l'étranger, quel que soit votre projet, vous trouverez par le biais de ce club des infos et des offres de stages, de jobs d'été et de travail pour francophones. Si vous avez besoin d'aide pour envoyer des candidatures, le Club peut vous aider à mettre votre CV aux normes du pays où vous souhaitez partir. Pour bénéficier de ces aides et informations, il faut adhérer.

WEP FRANCE

95, avenue Ledru Rollin
PARIS (11e)
✆ 01 48 06 26 26
www.wep.fr

WEP propose plus de 50 projets éducatifs et séjours linguistiques dans une trentaine de pays pour une durée allant de une semaine à 18 mois. Quel que soit votre projet d'études ou de volontariat à l'étranger, vous trouverez sur le site de WEP une rubrique qui y sera consacrée : étudier au lycée, dans une université, partir en séjour linguistique, faire une expérience professionnelle dans le cadre d'un stage ou vivre en immersion dans une famille. Possibilité également de planifier des programmes combinés (études et projet humanitaire par exemple).

VIE - VOLONTARIAT INTERNATIONAL EN ENTREPRISE

✆ 04 96 17 26 50
mon-vie-via.businessfrance.fr

Le VIE est destiné aux jeunes de 18 à 28 ans. Il s'effectue en entreprise, dans une ONG, dans une collectivité locale ou dans un service de l'État – allant de l'ambassade à l'établissement culturel en passant par le consulat. Par ailleurs, il peut durer de 6 à 24 mois et être renouvelé une fois, de deux ans au plus. Enfin, sa rémunération mensuelle est constituée d'un salaire fixe de 749,33 € et d'une indemnité supplémentaire dont le montant varie selon la mission.

INDEX

EDITION
Directeurs de collection et auteurs : Dominique AUZIAS et Jean-Paul LABOURDETTE
Auteurs : Laëtitia SEGON, Jonathan JACKOWSKA, Baptiste THARREAU, Mathias DESHOURS, Amandine GLEVAREC, Juliette COURTOIS, Adélaide SAUTER, Romain RISSO, Sylvie DEL COTTO, Kevin GIRAUD, François JANNE DOTHEE, Mathieu CELLE, Jean-Paul LABOURDETTE, Dominique AUZIAS et alter
Directeur Editorial : Stéphan SZEREMETA
Rédaction Monde : Laure CHATAIGNON, Morgane VESLIN, Pierre-Yves SOUCHET, Natalia COLLIER, Julie BEZ
Rédaction France : Briséis TEMPLE-BOYER, Audrey VEDOVOTTO, Marie VIGNERON, Nicolas WODARCZAK, Mélanie PEILLET

FABRICATION
Maquette et Montage : Romain AUDREN, Julie BORDES, Delphine PAGANO
Iconographie et Cartographie : Anne DIOT, Julien DOUCET

WEB ET NUMERIQUE
Directeur Web : Louis GENEAU de LAMARLIERE
Technical Project Manager : Hervé MARION
Développeurs : Guillaume BARBET, Adeline CAUX
Intégrateur Web : Mickael LATTES, Antoine DION
Webdesigner : Caroline LAFFAITEUR
Community Traffic Manager : Alice BARBIER, Noémie LE SAUX
Content Manager : Aliénor de PERIER

DIRECTION COMMERCIALE
Directeur commercial : Guillaume VORBURGER
Coordinatrice des Régies commerciales : Manon GUERIN
Account Manager Marketplace : Leila ROUGEOT
Responsable Régies locales : Michel GRANSEIGNE
Responsables Développement régie inter : Jean-Marc FARAGUET, Guillaume LABOUREUR et Camille ESMIEU
Assistante commerciale Régie internationale : Leila ANTRI-BOUZAR
Chefs de Publicité Régie nationale : Caroline AUBRY, François BRIANCON-MARJOLLET, Perrine DE CARNE MARCEIN, Jonathan TOUTOUX
Régie Mauritanie : Alexis DARNE

DIFFUSION ET PROMOTION
Directrice des Ventes : Bénédicte MOULET assistée d'Aissatou DIOP
Responsable des ventes : Jean-Pierre GHEZ assisté de Nelly BRION
Relations Presse-Partenariats : Jean-Mary MARCHAL

ADMINISTRATION
Président : Jean-Paul LABOURDETTE
Directrice des Ressources Humaines : Dina BOURDEAU assistée de Sandra DOS REIS et Eva BAELEN
Directrice Administrative et Financière : Valérie DECOTTIGNIES
Comptabilité : Guillaume PETIT, Aminata BAGAYOKO, Jeannine DEMIRDJIAN et Adama DIABY
Recouvrement : Fabien BONNAN assisté de Sandra BRIJLALL
Responsable informatique : Elie NZUZI-LEBA

PETIT FUTÉ MAURITANIE
LES NOUVELLES EDITIONS DE L'UNIVERSITE
18, rue des Volontaires - 75015 Paris.
✆ 01 53 69 70 00 - Fax 01 42 73 15 24
Internet : www.petitfute.com
SAS au capital de 1 000 000 € - RC PARIS B 309 769 966
Couverture : Chamelier et ses chameaux à travers les dunes du désert du Sahara Mauritanien © michaelypark - iStockPhoto.com
Impression : CORLET IMPRIMEUR - 14110 Condé-en-Normandie
Achevé d'imprimer : juillet 2023
Dépôt légal : 12/08/2023
ISBN : 9782305082196

Pour nous contacter par email, indiquez le nom de famille en minuscule suivi de @petitfute.com
Pour le courrier des lecteurs : info@petitfute.com

IMPRIMÉ EN FRANCE